Altruism Driven Economics

利他性の経済学

支援が必然となる時代へ

新曜社

舘岡康雄

まえがき

　産業革命このかた、自身の最大価値を実現するのが経済合理人であるという経済理論の前提を、私たちは信じ込まされてきたのではないだろうか。このような経済合理人を単位として、政治も経済学問も、数学までもが[1]組み立てられてきた。たとえばアダム・スミスの経済合理人[2]モデルである。仮に、他者と共通の利益を最優先させるとか、あるいは他者の利益を自己の利益より優先する行動様式の人がいたとしても、それは一部であって、他の大多数の人々の行動様式から自身を守るためには、他者が彼らの利益を最優先することを前提に組織やシステムを組み上げる必要があったのだ[3]。そうしなければ一朝にして滅ぼされてしまうことは、歴史が証明するところだからである。逆説的に言えば、人々がそう信じてこなかったなら、他者の利益を優先したり、蜜蜂のように全体の利益のために自身を犠牲にしたりする行為[4]が、洋の東西の歴史を問わず、賞賛されたりなどしなかっただろう。それは一般化できない、稀有なことだったからこそ、価値があったのである。

　だがそのような自己利益の追求の結果、今、世界は解決困難なさまざまな問題に直面している。環境問題にしても、テロ行為にしても、文明や利害が衝突して、混迷を深めるばかりだ。仮に利益を追求しようにも、安定した展望はもはや描くことができなくなっている。私たちを取り巻く地球規模の

諸問題は、21世紀に入っていよいよ複雑性と不確実性を高め、どうやら従来の科学や行動様式では解決できそうにないことに、私たちは気づき始めている[5]。

自身の最大価値のみを実現すればこと足りるとする原理は、もはや通用しなくなってきているのだ。本書では、これまでの常識に抗して、他者が自身に対して一定程度の利他的な行動をせざるをえず、そうするということがあらかじめ担保できる、もしくは理論に組み込めるとしたら、世の中に何が起こるだろうかということを問いかけていく。個人、組織、国家、世界観が、それによってどのように変わるだろうか。そのことを、理論と実践の両側面から明らかにする。

このような利他的行為の代表的な例といえば、支援である。支援とは、互いに関係をもつ者同士が、その関係性を変化させながら行為する中で、協力したり協働したりして[6]、相手の利益となるよう、助ける行動様式だからである。21世紀には、このような支援行為をお互いに普通にとりあうようになっていかざるをえないとしたらどうだろう。これまでのように、他者から奪ったり、他者を管理したりしても、自己の利益を最大化できない世界に、私たちは入りつつあるのだ。自己の利益を最大化するには、他者を支援し、他者をして自身を支援してもらうしかないとしたら、自身の行動の舵取りをどのようにすればよいのかという問いに本書は光を当て、一緒に科学したいのである。

特別な条件が揃わなければ人を助けないことを前提に構築された経済理論から、特別な条件がなくても、人は人を助けることを前提とする理論の構築である。問題の変化の本質を捉え、その本質に対応可能な行動様式は本当に支援へと向かうのであろうか。この本で、まったく新しいタイプの合理性を提示してみたい。それによって、過去の経済合理人の前提をくつがえそうではないか[7]。

利他性の経済学

目次

装幀＝加藤俊二

序章 もう一つ先の合理性へ

新しい共生の考え方

目の前に、あなたの欲しいものがある。あなたならどうするだろうか。昔の日本人は、それをすぐ取ろうとはしなかった。なぜなら、それを自分が取れば、他にも欲しい人が取れなくなることを慮（おもんぱか）るからである。また、自分がそれを取るにふさわしいかを考えたりもする。

一方、欲しいものを戦略や術数を駆使して取るのがあたりまえの文化の国に住む住民からみれば、そのような行為は幼稚なものと映るかもしれない。いかに最短に、最大のものを自分が得られるかに関する戦略や戦術のみが議論され、研究され、考案される。だがこのような思考のもとでは、「取る」ことの本質が深められたり、「取る」ことの背後にある哲学や思想は、尋ねられてこなかったと言ってよい。

勝者（搾取者）によって搾取が極まれば、敗者（被搾取者）が団結し、勝者にとって替わるとするのがマルクスの思想であった。しかしこれも、自分が取る側に回りたいということを前提にした帰結という点で、最初の勝者と次の勝者の次元に違いはなく、永久に階級闘争が続いていくことを、初めから論理に内包しているのだ。

現在、世界は情報革命によって緊密に結合され、いかなる国といえども単独では存在できないようになった。しかし一方で国々の歴史、経済、文化（経路依存性）は皆異なり、ますます多様化している。このような緊密な多様性の中にあって、いかにその多様性を保ちながら共生していくかが、大きな課題となっている。しかし、共生への確かな道標や駆動力は、いまだ示されていない。この共生への駆動力の実体を示そうとするのが、本書の狙いの一つである。「取る」ことの本質を見きわめて、「取る」ことを超克しなければ、そこに辿り着けないであろう。

民主主義は機会の均等をうたい、ゲームのルール内で支配側に回ることは正当化される。用意、ドンッ！で一番になったものが、「取る」ことを許され、誰でもそのルールに参加できることを受け入れる代わりに、勝ち側に回れなければ取られることを受け入れざるをえない。だから、「勝ち組」への飽くなき挑戦が実体の社会となる。競争によって現在の物質的な豊かさと便利さが生み出されたのだとすれば、確かにこの行動様式には一定の合理性があると判断してよいだろう。けれども、少ない勝者から多数の敗者が生み出され、世界の多くの国々、地域で人々が飢えに苦しむ一方で、たとえば日本では、一日に2000万食以上[1]の余剰食物が廃棄されている現実を直視すれば（深山 2003）、その先の合理性の探求が不可避ではないだろうか。経済学者ポール・クルーグマンによれば、企業と政府の違いは、企業は勝つことのみを考えればよいが、政府は敗者を含めたシステムを考える必要があるところだと言う。しかしながら、勝者を生んで敗者を手当てするという発想ではなく、勝者と敗者は同時に生まれるコインの裏表であり、同じものであるという発想から、新たなもう一つ先の合理性が拓かれることになるだろう。合理性の脱構築は、二項対立の先にある。

追求されるべき共生とは、富めるものと貧しきもの、産業の発展段階の早い国と遅い国、取る者と取られる者の共生ではなく、富めること、貧しきことの意味をなくし、早い遅いの意味を消失させ、取ることと取られることとの意味をもなくしてしまうということである。そのような合理性の構築が待たれている。世界はそのことを学習し、成長する時を迎えているのではないだろうか。

リアリティとパラダイムシフト

現在という時代を、どのように認識したらよいであろうか。米HP(ヒューレットパッカード)社のCEOを努めたカーリィ・フィオリーナによると、データの量は飛躍的に増大しており、今後三年間の情報量は、現在までの人類の歴史におけるすべてのデータ量を上回るという。情報と知識と技術とが絡み合いながら、データが飛躍的に生み出され、未曾有の領域に入っていくそうである。情報革命は、これからが本番なのかもしれない。また、世界の経済組織体のトップ100のうち51はなんと国ではなく、企業である。GMはデンマークより大きいし、エクソンモービルはサウジアラビアより巨大だ。ソニーはパキスタンより大きいのである（Tarek, 2005）。トップ5の企業のどれ一つとっても、その売上高は、182の国々のGDPを超えているのだ。このようなリアリティは、人類の過去の歴史では一度も体験したことがない。

ここで、中国の、当時は高官の娘であった友人と筆者とのメールを、彼女の許可を得て引用しよう。

〈彼女から〉

舘岡さん

昨夜お電話ありがとうございました。

昨日の話では人間が求めているもの、理想的な世界は、それぞれ違っているということが議論されましたが[2]、現在の段階では、物質に対する欲求が、精神的な欲求より多く求められています。そして、そういう傾向は人間の個体にあるだけではなくて、国の国策にも貫徹されています。

昨日のお話を続けるとしたら、現在いずれの国もその国策の中に、経済の発展を最優先にさせています。特に中国の場合は、過去最も重視されていたイデオロギーでさえどうでもいい位置に置かれて、伝統の礼、儀、情など、多分誰も考える余裕がなくなっています。

中国は生存と発展のために、現在経済の発展が急務であり、何より優先すべきことだと私も賛成します。伝統的なものを失いつつあることを覚悟しても、仕方がないのです。経済発展のために、欧米の競争原理を活用せざるを得ないです。競争原理が働けば働くほど、伝統的な精神的なものが失われていきます。

しかし、今の段階において伝統を取り戻そうと呼びかけても、無視されるだけだろうと思います。競争とアジアの精神という二つのものは矛盾しているのもの[2]であり、両立できないでしょうね。しかも、いいバランスを取ることは、私は大変困難であると思います。なぜなら、人によっていいバランスという基準は異なってくるからです。

中国は最終的にアメリカとの対等関係（対抗ではない）を実現するために、体力作りが大切です。そのために、欧米との協調関係を保つことは重要です。中国はいかに魅力的なマーケットかを一生懸命アピールしなければならないし、欧米の大きな市場は、中国にとっても魅力的な存在です。経済協力は何よりも優先されるでしょう。現実の世界の中では、国間のバランスはその国の経済力に大きく左右されているのが現実です。……途中省略。

私の意見は本当に自分の考えることだけですが、私の論理の上では、現段階では、だから何もできない、何もしなくてもいいという決断に容易に至ります。私のレベルでは、このような悲観的な結果が出ていますが、しかし、必ずしもそうではないと自分の中でも思っています。舘岡さんはそれ以上の深い考えをもっていると思います。それについて、また議論しましょう。教えてくださいね。

明日出発ですね。体を無理しないようにお気をつけていってらっしゃい。

〈筆者から、上記メールに答えて〉

Sさん

お返事が遅れてごめんなさい。このところ、いろいろあってバタバタしていました。それに、大賢の意見に一度で答えようと思ったので、ちょっとハードルが高くて、なかなか書けずにいました。というのは、この論旨の展開には、多くのトピックが相当に入り組んでいるからです。ざっとあげて[3]みましょうか?

① 欧米の競争原理がもたらす物質的豊かさの歴史におけるポジショニング

② 国家政策としての優先事項の取り方と、将来の絵図について

③アジア的な価値と、西洋的な行動との問題
④個人の多様性と全体の方向性の、バランスとブレについて
⑤日本精神やアジアの礼、義、情、徳、仁等の道義と、経済原理の関係について
⑥世界の流れに対して個人が取りうる、日常の運動の可能性に関して
⑦国家間のバランスと経済力と経済関係に関して
⑧儀[3]、仁、情、和などのプロパガンダの方法に関して
⑨これらのすべてを克服する政権と政策に関して

という具合です。これらは多分ご主人とSさんがいつも議論している内容で、これらすべてにあなたの納得いくレベルで論理展開するのは、一挙にはいかないでしょうね。そこで、私も路線変更して、一つひとつ私の考えを述べて、それにSさんの意見をいただいて、議論を磨き上げていきましょうか？　いずれにせよ、あなたとの議論が一段違うステージにあがって、私は嬉しく思っております。偉大な国、中国の賢女と議論が噛み合っていくとよいと思っております。

世界はダイナミックに動いている。Sさんとのわずか二人のメールのやりとりにも、世界の動きが入ってくるのが現代の実相というものだろう。Sさんと交わしたような問題群を解決するには、私たちは今のままでよいのだろうか。もし変容を必要とするならば、求められるパラダイムシフトは何だろうか？　一つのヒントは、**関係と動き**であると筆者は考えている。止まったままでは、一つの椅子に二人は座れない。しかし、お互いに動きあえば、時間をずらして交互に座ることが可能となる。

これはたとえば、上記の問題群の中の、競争の激しさと伝統・精神的なものの共存をどのように達成するかにあたる。この二つを個別のこととして同時に達成しようとすれば、競争が激しくなればなるほど、Sさんの指摘のように伝統や精神的なものは失われていく。しかし、競争が精神の荒廃をもたらしていることを指摘して、次の動きとして伝統や精神的なものでそれを回復させるようにすれば、両者の共存が可能となる。そのようにするということが、「関係と動き」を使うということである。

このメールはその後、さらにいろいろと議論が交換されていった。もしこのような問題群にきちっと答えきれないならば、私たちの未来には暗雲が立ち込め、現在の閉塞感が継続し、いよいよ危機は深まっていくと言っても過言ではないだろう。

しかしながら、筆者の立場はもっと楽観的である。問題は身体の痛みのようなもので、私たちの変容の道標となりうると考えるからである。私たちが変わることによって、問題の一部が解け、それによってその変容の妥当性が裏づけられ、さらなる変容によってその方向性の確からしさが構成的[4]に確認できるだろう。

物理や化学などの科学は諸刃の剣であり、数学も破綻というマイナス概念を担保している。宗教も哲学も人々の欲や恐怖を根底からは拭えてはいない。では、次なる問いは、私たちはどこへ向かえばよいのであろうか、となる。

私たちはどこから来てどこに向かうのか？

物理的に言えば、私たちは母体から生まれて、地球の土や海や大気に還っていくのであるだろう。もちろんそれが私たちの行く先でないことは自明である。長い歴史の中で営々と繰り返されてきた先人たちの努力が流れ行く先は、今大きな転換期を迎えているのかもしれない。峠にさしかかったと言ってもよいかもしれない。行き着く先が戦いでも、奪うことでも、競争でもないことを、誰もが望んでいるに違いない。

この本の主張は、私たちの向かうところは、「してもらうこと」と「してあげること」を交換することによる世界の構築である、ということにある。ＧＥを立て直した立役者として名高いジャック・ウェルチが成功したのは、本業に徹し、経済合理性を資本の力と人的資源の有効活用においたからであるとみるのが西洋的経営だ。しかし、こうもみることができないだろうか？　その改革は、他企業や市場との真摯なコミットメントがあったからこそ、換言すれば、得意な本業なるがゆえに、関連企業や市場に真にしてあげることが可能であり、本業なるがゆえに、関連企業から協力してもらえ人々から購入してもらうことが達成できたのだと。そういう見方が、21世紀的見解である。与えあうことによって紡がれる未来の現実化の、萌芽なのだ。競争力の本質は、相手に時間的にも空間的にも勝つことではなく、もっと深い何かが働いている可能性が高い。他者を支援していくことができるから、他者から支援してもらえるから、生き残っていくことができる（勝てる）とするのが、本書の見解に近い。

筆者は山が好きである。東京で最も高い雲取山に登ったときのことである。早朝に旭光を見ようと頂上に立ったとき、暗夜に鳥たちが集い、まだ太陽が見えないにもかかわらず、水平線が白み出してきた。そして驚いたことに、無風なのに木々の上部がサワサワと音を立て始めた。私の目線からはいまだ見えなくとも、あの高さからならば、水平線にかかった旭日が確かに見えているだろう。これが新たな時代に感応した木々のさざめきである。まるで、木々の囀(さえず)りのようでさえあった。

今地球上の至るところでこの木々のさざめきが始まっている。この囀りの本質を訪ねることを始めていこう。

第1章 管理の終わり

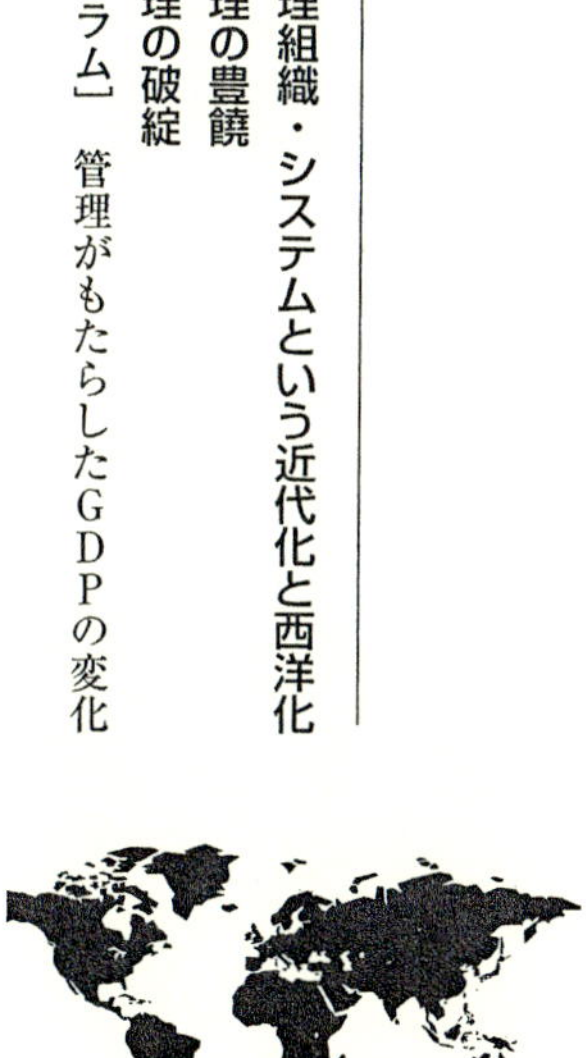

管理の時代が終わったと言えば、怒られそうである。誰に、であろうか。あなたの身の回りの人々で、怒りそうな人を想像してみよう。父親、あるいは長と名のつく人々？ 誰も管理されることなど決して好まないのに、なぜか管理を暗黙の必然として受け入れている。管理概念は権威と親和性が高い。管理には何か特別な効力あるいは魅力が潜んでいるらしい。逆に管理されると、安心する人々もいるらしい。

管理花盛りの時代を経てきても、なぜ人々がこれほど管理を避けがたいものとして受け入れてきたのか、という問いにはっきりと答えられる研究は、ほとんどない。逆に、このように問うたらどうであろう。明日から皆が管理を放棄したら、不安で、不安でたまらなくはないだろうか。会社人が定年後に迎えるどうしようもない空虚さの根源だ。管理概念を嫌っても遺棄しても、その効用のすべてを否定することはできない。それはなぜか。本書では支援概念について述べていくが、その前に、まず管理の本質からみていこう。現代において、管理はほとんどの人々の前に立ちはだかっているが、案外その本質は十分に共有化されていないのではなかろうか。

このまま管理の鉄鎖が強められていけば、個人も組織も、社会も、破綻を迎えるに違いないと誰もが感じ始めているにもかかわらず、私たちは依然として管理を捨てきれないでいる、否、それどころか、管理の矛盾をさらに管理を強めることで解決しようとさえしている。それほど固執される管理の妥当性とは、一体何なのだろう。

管理組織・システムという近代化と西洋化

私たちが管理社会にいるということに反論できる人は少ないだろう。なぜ私たちは管理を受け入れたのだろう。学校にいけばルールがあり、卒業して社会に出ても規範がある。逸脱者は罰せられる。しかし、社会は強い管理の鉄鎖の中にあっても、家庭が管理で紡がれていると思う人は少ない。家庭だけはオアシスであったはずだ。では、家庭が中心であった家内工業の時代には、管理はなかったのだろうか。管理とは一体いつ頃から、どのようにして登場してきたのだろうか。

ゲマインシャフトとゲゼルシャフト

[ダブルスタンダードの軋轢]

ドイツの社会学者、フェルディナント・テンニースは、自然発生的な共同体における権威と、目的集団における選択的な権威の構造と性質に着目して、それぞれゲマインシャフト、ゲゼルシャフトと呼んだ。19世紀のことである（テンニエス 1887）。

高校生から大学生だったころを思い出してみよう。よく法事など親戚の集まりで、年長で恰幅もよく、人生経験も豊かそうな伯父さんが仕切っているのを何度となく経験したことがあるだろう。このようなとき、あなたがいかに優秀であったとしても、誰もあなたに運営を託したり、従ったりはしない。あなたはどうしても、この集団を仕切れないのである。なぜか？　その力学がゲマインシャフトである。ゲマインシャフトとは、村落や家族にみられる親密な共同体関係をいう。個人は他者との結びつきの中に包まれている。ここでは、おのずから皆が従うものに、若者の鋭さは吸収されてしまう。

一方、その伯父さんも会社にいけば、課長や次長であったりして、その上司から仕切られる。伯父さんの穏やかさや重厚さも、一元的な利益実現という価値のもとに演じる役割の前には、脇役でしかない。これがゲゼルシャフトの世界観である。このようにゲゼルシャフトというのは、会社のような企業体に見られる共同体関係を言い、個人個人は目的合理的に他者と結びついている。

このように、ゲマインシャフトはなんとなく親密的で暖かい関係だが、悪く言えば因習的だ。一方、ゲゼルシャフトは機能的で効率的な印象を与えるが、冷徹で冷たい感じもある。産業革命以後、社会はしだいにゲマインシャフトからゲゼルシャフトに移行してきた。

現在の私たちは、この概念が提唱されてから150年以上も経っているのだから、すっかりゲゼルシャフトの社会になっていそうであるが、実はゲマインシャフトの関係も依然として根強く残っている。ダブルスタンダードの中にあると言えるかもしれない。企業社会にあっても、上司と部下や同僚間には家族関係のような残滓が残っているし、特に日本では、上司は部下の保護者のような役割があり、その傾向が強い。一方家庭のほうはといえば、核家族化（アトマイゼーション）が進行し、昔の大家族の温もりは薄い。核家族の不便さを感じながら、そうかと言って、大家族に戻れる忍耐力はない。会社でも良い人間関係を求めながら、内外の競争の激しさはそれを許容しない。どちらの中にもおり、どちらにも満足を感じることのできないストレスの中にいるというのが、真実らしい。

マイケル・ラーナーはその著『意味の政治学』（Lerner, 1996）の中で、冷徹な市場原理と物質主義および利己主義に汚染された人々は、他者を、自分にどの程度利益をもたらすかという取引の視点からしかみないようになり、そのため社会も家庭も崩壊に瀕していると説く。本来神に似せて創られた人間が再びその意味と価値を取り戻し、愛と他者へのケアによって、失われている人間本来の社会を復活させることを説いている。一方、堺屋太一はその著『大変な時代』（1998）の中で、空港使用料の高さや港湾の閉鎖性が日本の田舎化を急速に促進していると主張する。かつては、つまり国内でのビジネスが中心であった時代には合理性があったことが、現在は足かせになっているというわけだ。日本の官僚に国際競争力の視点が欠如していることを嘆いているのである。グローバルな意味で、ゲゼルシャフト性をさらに徹底しなければ、日本は生き残っていけないとする立場である。
一体、どちらの見解が正しいのだろう。どちらも正しく、どちらも間違っているとするならば、それらを止揚する第三の世界観が求められる。効率性を日々達成しながら、家庭の温かみも失わない。しかも、それを個人単位のみでなく、世界的規模で実現する。さらに、持続可能性（サステイナビリティ）をも保証する世界観である。そんな世界観が可能なのだろうか。

［言葉が拓く力］

家内工業がゲマインシャフトの関係として記述されるようになったのは、産業革命の時代に入ってからである。当時の社会は、ゲマインシャフトからゲゼルシャフトへと移行していく過渡期にあった。次の時代の新しい概念（ゲゼルシャフト）の出現によって、過去の時代の特徴が浮き彫りになってくる好例である。たとえば、量子論の出現によってニュートン力学の景色がよりはっきりと映し出されたように。

当時のゲマインシャフトの工業における最高傑作商品は、たとえば時計であった。ウエッジウッドなどの陶器も、代表的な家内工業の傑作だろう。ただ当時の人々は、それを大量に製造して庶民に届けるなどとは、思いもよらなかった。家内工業の真只中にあっては、それをゲマインシャフトとして認識することは難しかった。

血縁、近縁による共同体であることが特徴的で、それが意識化されていない家内工業において、ゲゼルシャフトという概念枠組みが登場したことによって、その時代の人々にゲマインシャフト性が鋭利に突きつけられ、その後の取り組みや組織や家族関係さえも、伝統志向から目的志向にガイドされることになっていった。逆説的に言えば、時代の過渡期にあっては、新たな概念を含む言葉は、過去を定義して未来を拓いていく力になりうるということである。過去の権威であった地縁、血縁、宗教的結びつきや村社会を廃して、新たな機能的な共同体を構築するためには、家長や村長(むらおさ)を古い概念として葬り去り、より大きな活動の場を提供する言葉が必要だったのである。言葉には、そのような力がある。ゲゼルシャフトはゲマインシャフトと対の言葉ではあるが、ゲマインシャフトとして過去に古き冠を被せ、自らをくっきりと描き出し、新しい時代の扉を開いていったのである。すなわち、目的志向的、機能的世界の追求と実現である。

そして、今は、目的的、機能的世界をふまえながら、さらにそれを越える新たな言葉が模索され始めている。このたびの問題の鍵は、ゲゼルシャフトの克服概念を見つけることである。過去にゲゼルシャフトという古き冠を被せ、自らをくっきりと描き出し、時代の扉を開いていく言葉は何か。それは利他性を内包する支援であるというのが本書の主張であるが、先を急ぐことはやめよう。まず、克服されるべきゲゼルシャフトの性質を、もう少し確かめていきたい。

管理・統制の出現

[第二のパラダイムシフト]

日本でも欧米でも、かつての家内工業の時代は、大まかに言えば、生産者と消費者が一致しており、情報もその家族なり、一族の中で共有化されていたと言えよう。情報の対称化（活動の参加者全員が同じ情報を有している状態）が確保されていたのである。ところが産業革命を迎え、人類はより高い物質的な生産性を求め、分業の時代に入っていく。

つまり、作業をできるだけ細分化して、個人がその繰り返し作業に徹したほうが、作業そのものは退屈でも、よりたくさんのモノを生み出すことができるというわけである。機械と人のシステムの出現がそれを可能とした。働き手は、そのシステムの要素となって、全体の一部を支え、最終的にそこから出てくるときには製品が完成している。

もちろん、家内工業のときにも分業はあった。父親の役割、母親の役割、あるいは子供の役割というように。この意味では、ゲゼルシャフトへの移行期の当初は、分業の内容をより細分化し、それを大規模に展開したにすぎなかったのかもしれなかった。しかしながら、分業が肥大化するにつれ、決定的に異なってくるのは、情報が全体の人に共有化されなくなったことである。この時点で、管理する必要が生じてきたと言えよう。管理する側と管理される側という二派に分離したのである。イギリスでは産業革命後、18世紀の初頭のことであった。この関係を図1‐1に示す。

本来一つのまとまりであったものが切り離され分割されていき、分割された系（相互作用を行う集合体）での合理性を追求する行動様式の確立（分業）が必要になった。切り離された中での経済合理性を確立する行動様式こそ、管理・統制の行動様式であると私は考える。産業革命によって得られた巨大なエネルギーを利用してモノを生み出すときに、分業の合理性が必要となってくるのである。

例として、物質社会の花形商品である車をみてみよう。

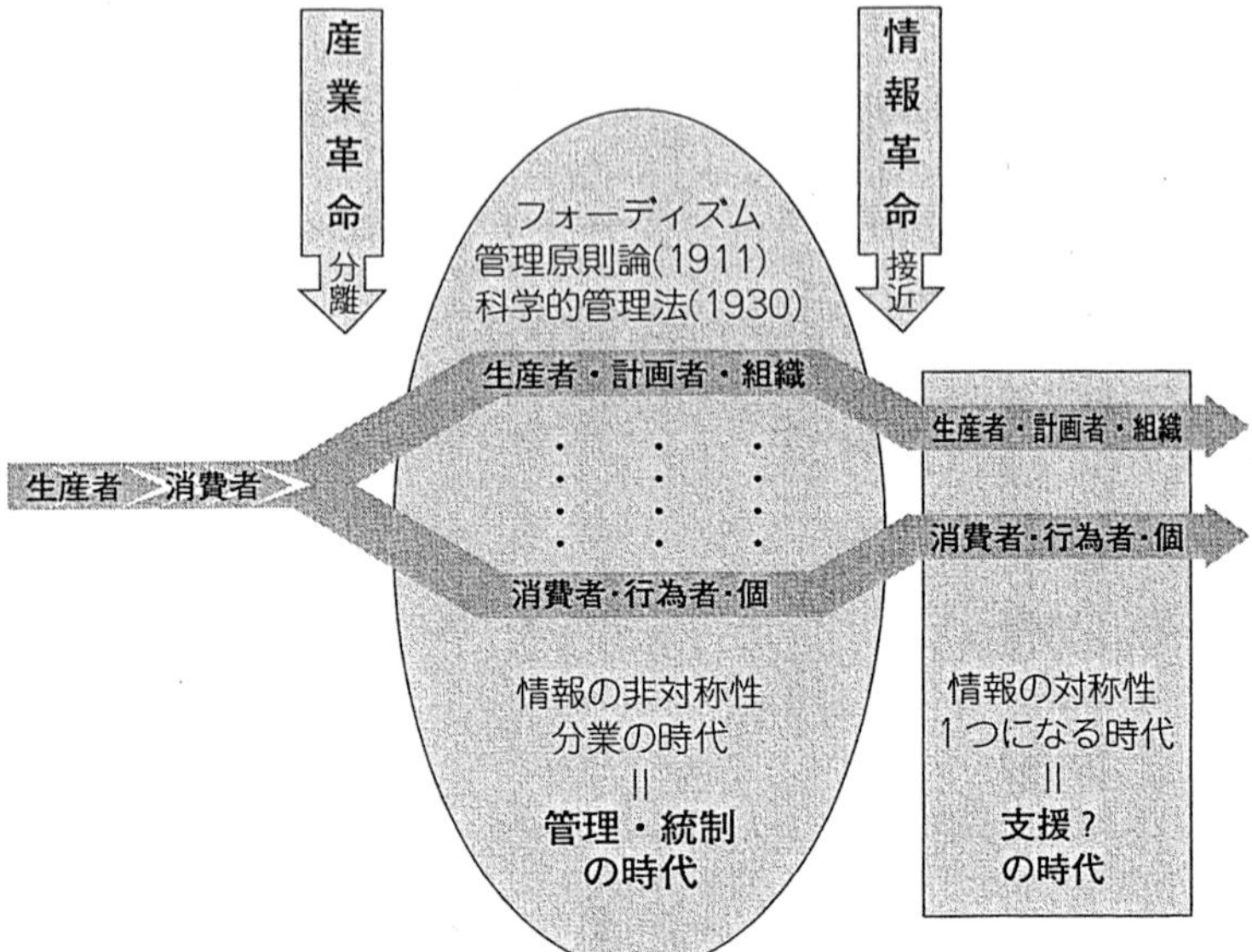

図1-1　モノから情報へのパラダイム転換

一般に車は3万点の部品からなるが、これを一軒の家内工業で造ることは容易ではない。運転をする人にとって最も身近な、機能や構造が比較的単純な部品であるハンドルでさえ、一人で設計から生産まで手がけるのは大変だ。ちょっと触れたくらいでホーンが鳴ってもいけないし、その音も不愉快な音ではいけない。また、高い回転性能を備えなければならない。さらに、これらのものをPPMオーダーの不良率（100万本に数本程度の不良）で、ラインで生産し、しかも他社に対してコスト競争力をもって実現しなければならない。芯材などの必要な資材をタイミング良く取り寄せなくてはならないだろうし、鉄やプラスティックなどの部材を作る人も必要だ。このようなすべてはとうてい一人ではできない。ここで、分業という作業の「切り離し」が起こってくる。

一人ではハンドル一本の設計くらいに熟達するのが精一杯であり、実際の自動車会社の設計者の一人当たりの役割分担・仕事量はそのようになっている。車一台を商品化するともなれば、数千人単位での役割分担が必要であり、それらがスムースに流れて初めて一般の人が購入できるレベルの価格で車が生産されえるのである。世界では年に6千万台くらいの車が完成されているから、車の領域だけでもいかに分業が行き渡っているかは、推して知るべしなのである。

だから誰かが今日は気が乗らないから設計しないとか、ハンドルを造りにいきたくないから止めるとか、ちょっといたずらをしてネジをいつもの半分の力で締めておこうとか、気ままなことをしたら、車というモノは成り立たなくなってしまう。一つの部品が欠けても、車は商品とはならないからである。会社に入ることとは、機械の歯車になることと言われる所以である。管理行動様式は、このようなニーズに応えることができる。

つまり、このような分業の中で、分けられたもの（切り離されたもの）を共通の目的に向かって動員し、意図したとおりに動かすために、計画と管理・統制が現れ、発展していくのである。計画どおりに動いてもらわなくてはならないから、そのように統制・管理し、その見返りとして報酬が与えられる。その報酬は、当初計画していた目標値がほぼ得られたときに想定される利益に依拠している。

この利益は、従来の家内工業的な仕事の進め方では決して解決することのない、エネルギーを有効利用し、モノを短期間に大量に、しかも安く造らなければならないという問題を、管理・統制の行動様式によって打破したことによってもたらされた。管理・統制の行動様式は、そこに光を当てながら登場してきたのである。狩猟から農業化社会への移行に次ぐ、ゲゼルシャフトの社会の実現という第二のパラダイムシフト[2]である。

[半分の夢]

産業革命のさなか、物質的豊かさの追求を放棄することができただろうか。あるいは、他者と切り離されること（分業）なしに、物質的豊かさを実現する方法もあったのだろうか。残念ながら、歴史の現実は、欲求の階層性を唱えた心理学者マズローの主張[3]を裏づけるかのように、まずは物質的な豊かさと安全を希求する方向に展開してきたと言えよう。

つまり、管理する者とされる者の分離を代償に、産業革命後発見されたエネルギーを有効に利用し、いかに多量にモノを生み出すかという工業化社会における最大の命題に、人類は答えを出すに至ったのである。これにより、従来は不可能だったことが可能となっていき、便利な暮らしを実現できるようになっていった。これが近代化というイベントだった。これを西洋人が最初に行なったという意味において、西洋化とも言えるかもしれない。

食料の生産に機械が導入され、少ない人数でも多くの人々を養える収穫をあげられるようになった。車や飛行機によって自由な移動が可能となり、宇宙空間にさえ歩を進めることができるようになった。科学と技術の時代の到来である。家内工業に始まった小さな試みは、分業と管理によって豊かなる物質社会に結実したと言えよう。

これは正に人類の夢の実現である。しかしながら、**半分の夢の実現**である。では、もう半分の夢とは何か。物質的に豊かな社会の実現の後の、豊饒なる心の社会の現実化である。それを本書で扱っていく。

最適化と情報の非対称性

あなたが知っていて、私が知らないのが情報の非対称性である。私が知っていて、あなたが知らないのも情報の非対称性だ。皆が知っていたほうが、問題の解決には良いような気がするが、実は、情報の非対称性こそ、管理の力の源泉なのである。すなわち、一部の人が多量の情報を持ち大多数が持たない状態という悪条件の中で、全体の最適化（最大のアウトプット）を実現しようとするのが、管理組織なのである。逆に言うこともできる。情報が対称的であると、多くの人がそれぞれの意見をもち、最適化が保証されなくなる可能性が出てくる。考慮すべき要因が増加しすぎてしまうからである。情報の非対称という制約があるからこそ、最適化が導き出せ、管理によってその実現が図れるというわけである。

工場のラインで一度でも働いたことがあればすぐに分かることであるが、作業者は一日の生産内容、量、作業の順番、すべてが他から与えられる。そして、自分の気持ちとは関係なく、作業を行なうことのみが求められる。そして管理科学では、その効率がどのような因子によって左右されるかが問われる。**人間の心理さえも、最大量のモノの生産を効率的に達成することを目指して、コントロールし利用しようとする。**

管理する側にとっては、管理される側——人間であれ、機械であれ、組織であれ、国（植民地）であれ——が、管理側の意図（計画）どおりに乱れることなく整斉と（きちんと）動いてもらわなくては困る。「整斉と」というのが管理のキーワードである。産業革命以降のモノ造りの世界観は、コントロールによって成り立ってきた。これは自然科学の根本的発想、態度にも共通にみられる。自身を自然から切り離して、自然を人間の意図どおりコントロールし、利用しようとしてきた。

これはモノを大量に、安価に造る上で、大変に成功したシステムであった。管理される側にとっても、優れた経営者に恵まれれば、難しくやっかいな経営活動に首を突っ込まなくても、気楽に必要な分配を得られることになる。過去においては管理によって最大の利益が得られ、管理されることによって、同じく最大の利益が得られるという構図が成立していた。管理を皆が受け入れた所以である。

管理・統制の行動様式は、モノを多量に生み出すという必要のもとに合理性を発揮し、今日のあらゆる社会、組織に行き渡り、家庭、個人の中にまで深く染み込んでいる。では、なぜ管理するとモノを多量に生み出すことが可能となるのだろうか。このことの本質を、次節でもう少し深めてみたい。

その前に、次の点について注意を喚起しておく必要があるだろう。管理とはつまりは計画どおりの実践であるが、計画が現時点で最適であるということを一体誰が保証するのかという問題である。管理者のほうに情報が偏っていることは言うまでもない。もっと良い計画があるかもしれないとしても、現実にそれらの計画を同時に実施することはできない[4]から、比較しようがない。もしそのような状態が嫌であれば、自身が独立し事業を起こして、管理側に回るよりない。その極端な例が、労働者の資本家の管理に対する革命といえる。しかしながら、人々を解放するはずの社会主義政権が、より管理を強めたのは不思議である。資本主義経済であろうが計画経済であろうが、金や権力を持っているものが基本的に管理側[5]に回る。管理では、人類のもう半分の夢、人々の心を開放することはできないのである。

管理の豊饒

管理・統制の合理性

管理と統制がもたらす合理性とは、一体何なのだろうか。管理が拓いたモダンの世界とは何であったのだろう。

管理・統制の行動様式は、産業革命後に分業が進み、大量生産が花開くなかで主流となり、かつ分業と大量生産を推し進める力ともなっていった。18世紀以降現在に至る経営学における組織論のほとんどすべてが、管理・統制の行動様式をベースにしたものになっていると言ってよい。

図1‐2に、組織論の研究の流れをまとめた。この図から明らかなように、機械論的組織論であれ、有機体的組織論であれ、ベストな組織形態は状況しだいで異なるとするコンティンジェンシーな組織論であれ、管理の要因が作業、人間の性向や感情、さらには外部条件との相互作用というような違い

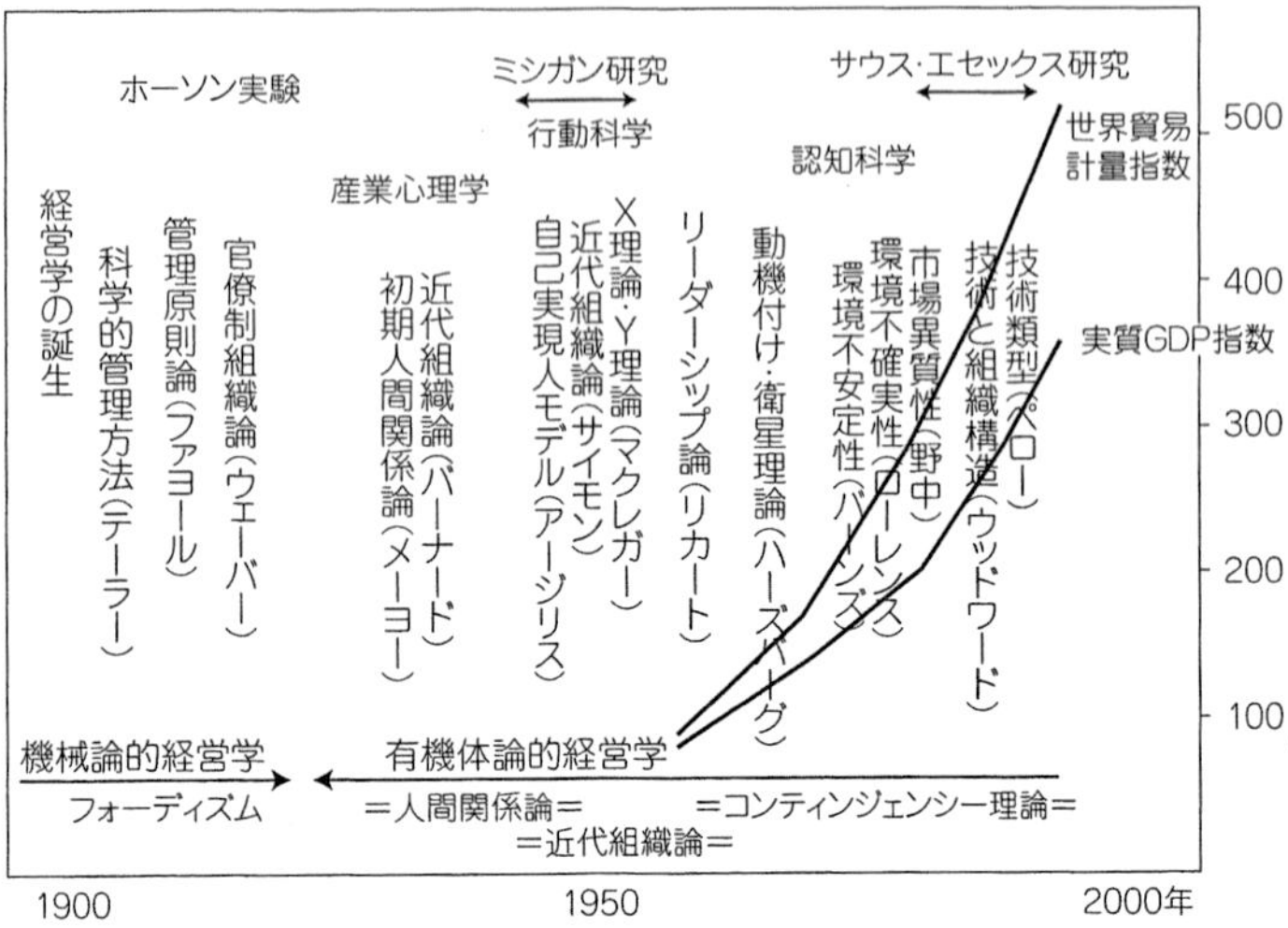

図 1 - 2　組織論の研究史

世界貿易と貿易GDP:（出典）UN「統計年鑑」

こそあっても、計画者が意図したアウトプットを効率よく出すためにどうするかを課題にしているという点では何ら変わっていない。まさしく管理・統制のオンパレードである。ここで管理・統制の合理性に関する代表的な古典的な知見を拾ってみたい。

科学的管理方法の父とされるアメリカのフレデリック・テーラーは、その著『科学的管理法』（1911）の中で、時間・動作研究を通して作業の無駄を排除し、工程や生産方法の改良によって、生産性の向上が図れるとしている。主観的、恣意的判断を排除し、科学的な管理に基づいた経営管理を提言したのである。またフランスのアンリ・ファヨールも、『管理原則論』（1930）で、管理活動と管理過程を定義し、それを効率的に遂行すれば、生産性が向上するとしている。企業活動を分析的に捉え、分業の状態を意識化することによって、機械的に向上を図ることができるとする。テーラーもファヨールも、人間をコントロール可能な精密機械の部品のごとく捉えて、その活動をコントロールしよう、もしくはできるとする人を部品の一部のように考える、要素還元主義的な機械論的パラダイムに立っていたと言える。

これらの代表的な管理・統制論では、管理・統制の合理性は、分業によって切り離された個々の作業と情報を、計画者の下に予測的に統合、展開し、それらを確実に実行させ、分業の効果を確実に達成することによって、大量生産、すなわちスケールメリットを最大限引き出すことによって得られるとする。この大量生産の合理性について、次に具体的にみてみよう。

誰もが大量生産が最も成功した例として認めるのは、自動車産業におけるフォードの事例だろう。T型フォードによって車が一般人の手に届くものになった話はあまりにも有名である。フォードは、拳銃のコルト45の部品ごとのモジュラー的組み立て方法と、当時の米国の精肉業者の物流に使用されたコンベア、それにテーラーの科学的管理方法を融合して製造ラインを創り上げた（フォーディズム）と言われている（堺屋 1998）。

現在でも、車を一台ずつ個別に造ろうとすれば、約3000万円くらいはかかる。それが100万円を切るところまで価格を下げることが可能になったのは、分業と大量生産のお陰である。どうしてこのようなことが可能となるのであろうか。

この問題を製造業を例にとって、企業活動としての合理性から考えてみよう。図1-3に、製造業における主な経済活動を示す。

この図から分かるように、まずどのようなものを造るかというマーケティングがある。この段階で

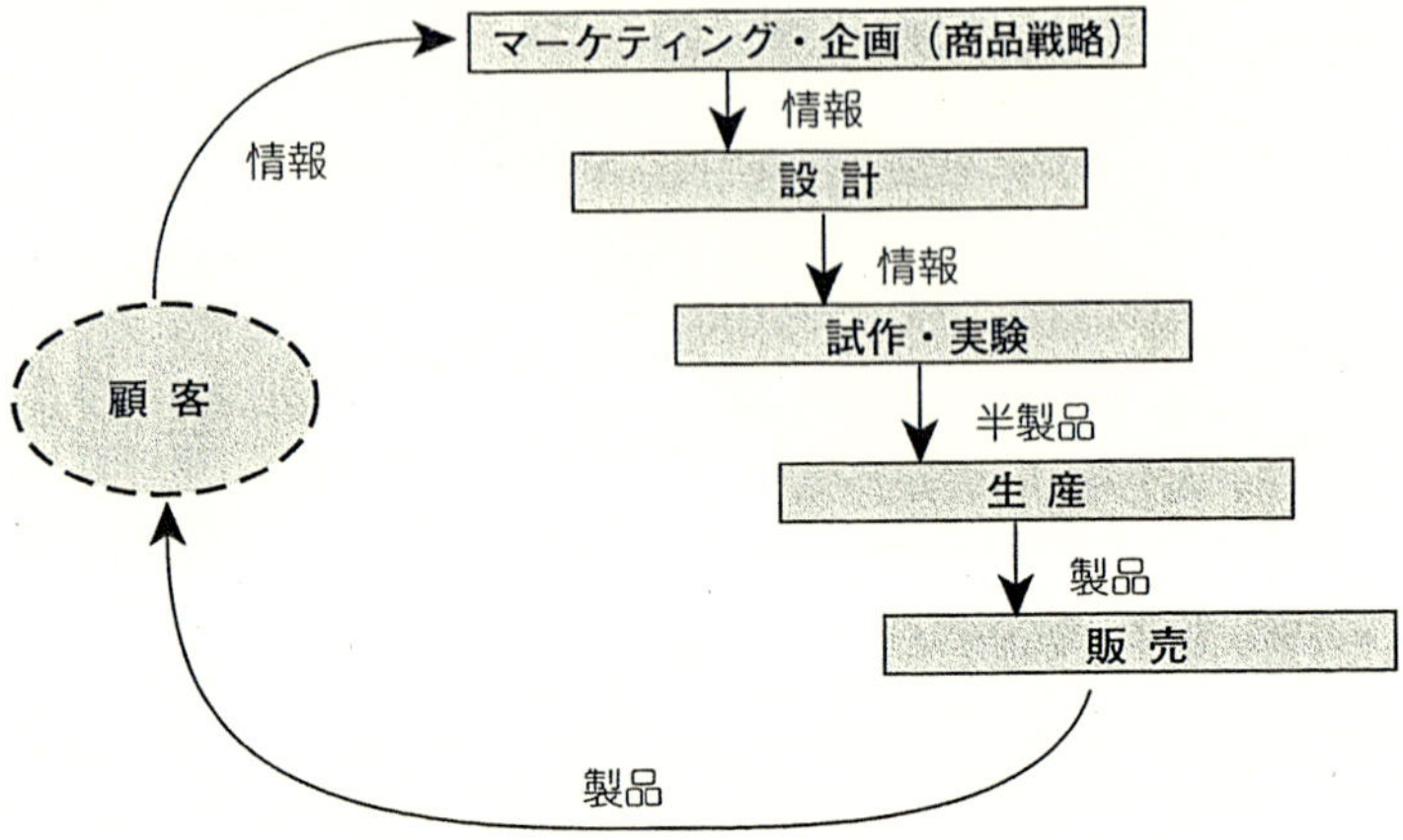

図1-3　モノづくりの代表的な活動

消費者に対する調査が行なわれ、何が売れるかの目鼻をつける。最も販売台数が出そうなものの、上位2位までぐらいが選択される。次にそれに従い、必要な機能を得るための、研究行為などの開発行為や、造形などの一連の設計が行なわれる。次に設計されたものが、所定（計画どおり）の性能が出るかを試作し、実験によって確かめる。確認できれば、生産部門に渡り、工場で生産される。工場では必要な設備が購入され、作業習熟が行なわれ、通常は分業で生産される。次に、できあがった商品は検査され、出荷される。いくつかの物流過程を通って、顧客の手に渡るのである。

この一連の流れは、製造業の場合大体どの産業でも類似していると言える。いずれのプロセスでも、多量であることが一定の経済合理性をもつことは、誰にとっても容易に理解できるだろう。

たとえば、マーケティング調査をするにも、何回かに小分けして行なうより、一度に大勢の人にアンケートをとったほうが安上がりである（インターネットがない時代の話である）。造形や設計も、一人の人がすべての部品を最初から最後まで設計するより、たとえば、自動車なら、ボディはボディ、エンジンはエンジン、ミッションはミッション、ランプはランプというように分業（専門化）したほうが、ノウハウも蓄積するし熟練し、間違いも減ると共に図面の作成時間も短縮される。

また、生産に移った段階ではどうであろうか。モノを加工するということは、形を変えたり、くっつけたり、切り離したりすることである。形を変えるには金型を造り、熱とか圧力とかのエネルギーを加えることが必要だ。また、くっつけたり切り離したりするのにも、機械や人手が必要となる。大量に造れば、一金型あたりの製品量が増え、型費が安くなるし、装置の稼働率が上がって償却費が下がる。人手も手待ち時間がなくなり、経済合理性が出る。

製造時に必ず必要となる物流についてはどうだろうか。当然のことながら、一度に多量に運んだほうが安上がりである。二度に分けて運んだり、トラックや船に空きスペースを作って運ぶより、多少重くなって燃費が悪くなっても、多量に一度に運べば、それだけガソリンも人手も時間も全体としては節約され、コスト減になる。販売についても同じである。一箇所に大きな素敵な店舗を設けて、優秀な販売員をたくさんかかえ、たくさん売れば、一人当たりの建物などの償却費も軽減され、在庫もより計画的になって、経費を少なくすませられる。これが分業と大量生産の合理性である。

つまり、生産活動をインプットとアウトプットに分けてみると、インプットの実体は、人・モノ・金・時間・エネルギーである。アウトプットはモノという商品である。突き詰めて考えれば、短い時間に集中して多量に造るということは、アウトプット一個当たりのインプットのロスを最小限に押さえることができるということであり、時間当たりのリソースの、製品への寄与度が増すということである。要するに、インプットを効率よく製品に転化できるようにするために、バラバラに動く無駄を排除するということが、管理によって初めて実現されることなのである。

コントロール可能なモノの世界

しかしながら、このような合理性は、同時に次のことを暗黙の了解事項としていることに気づかねばならない。

①多量に造ったものが売れる、捌けるという、売り手市場という前提（物不足の時代で、個性に乏しい均質な規格品でも飛ぶように売れるマーケットの存在）
②管理の側面である計画に関して、その計画期間内には、計画の前提が変わらないという前提（比較的時代の変化が緩やかであるということ）
③人間のアウトプットは、複雑な作業より、単純な繰り返し作業のほうが大きくなるという前提

③の前提は、人間の能力の特徴に関係している。これは本当に実証されていることかどうかは分からないが、二つの側面がある。一つは、単純な一連の10の作業を10人がそれぞれ行なうのと、一人が10の作業を最初から最後まで行なうのとでは、前者のほうが時間当たりのアウトプット、つまり効

率がよいし、品質も安定するとするのである。さらに、第二の面として、人間は、単純な作業のほうが熟練しやすいとする。本人がそれを退屈だと思っても、そのこと（感情の側面）は軽視されるか無視される。

つまり、大量生産の合理性は、エネルギーを有効に使うことと、人間を機械のように捉え、物質的側面だけに焦点を当てている合理性とも言える。

この文脈で管理・統制をまとめると、休みの人が出たらどうしようかとか、手待ちの人がいないようにするにはどのような人員配置がよいかとか、生産計画をどうすれば無駄が減るか等々ということになる。とにかくエネルギーの最大有効活用を目指すという意味で、モノの生産には向いており、右記の前提のもとでは合理性をもっていた。最小のエネルギーで最大の製品を得ようとする、効率重視のパラダイムであり、機械的な行動様式と言えるだろう。

管理・統制の行動様式は、人間もモノに対するのと同じやり方で扱い、効率よく労力を出させることだけを強いている。もちろん、人は気持ちがあるから思うように動かないのであるが、だからこそ、その問題を解決するために管理技術が発達したのである。いずれにせよ、人も巧くやれば、モノのように素直に命ずるままにコントロール可能であるという発想が底流にあると言える。HR、すなわちヒューマンリソース（人的資源）という言葉も、人をモノと同列の資源とする見方を反映している。

モノを多量にアウトプットさせるには、人もモノの原理に従わせることが最も効率的というわけである。モノは、原則を知れば、人間の意のままに加工することが可能だからである。モノの豊かさを獲得するために、人々はモノの世界にそのエネルギーを集中し、その原則にどっぷりと自身をも委ねたのである。だから、多量なモノと便利さを獲得したとは言っても、どこかで人よりもモノが優先されている（大塚 1968）感じがあり、人としての疎外感を拭えない。たとえ対価・報酬を得られるとしても、誰かが決めた基準（計画）に従って自らを合わさせられることには、どこかに「やらされ感」が残ると言えよう。

つまりは、コントロール可能なのは、モノなのであって人ではない。それにもかかわらず、いつの間にか何かの都合で、人にもその思想が援用され、コントロール可能なモノの世界の法則が人間にも適用された姿が、管理という（モダンの）世界の諸相なのではなかろうか。

私たちが扱っている科学はモノの科学（物質科学）である。現代は人間のココロの科学が、モノの科学に隠れて表に現れていない。今の技術は海の底に電話ケーブルをいかに通すかということには答えられても、元気を失っている人々に元気を与えるにはどうしたらよいかという問いには無力なのである。つまりは、最適な計画といっても、それは物質方面だけのものだということだ。

日本は１９７０年代に高度経済成長を迎えた。今30年遅れて、お隣の中国が物質的豊かさに向かって驀進しているし、おそらくインドがさらに15年遅れてその道を追いかけてくるだろう。管理によって物質的豊かさを実現できたとしても、心の最適性が確保されていないから、矛盾が鬱積しているはずである。しかし、それにもかかわらず一見矛盾が表面化されないのは、右肩上がりの経済の中で、給料が増えたり、所有物が増えたり、便利になったりすることで、心の矛盾が代償されているからに他ならない。

今後のモノの繁栄が地球とバランスされないことは誰にも自明である。心の科学の急速な発展と、心の面での最適性が求められる所以である。この本では、心の科学の入り口までを扱うことになるだろう。管理で答ええない課題群への挑戦の成否は、心の科学の扉を明けることができるかどうかにかかっているのである。つまり、ポストモダン、ポスト・ポストモダンの社会は、心をどのように科学できるかにあると言えよう。物質的な豊かさによって他者に勝利することを第一に物事を進める行動様式は、どうも時代遅れになってきているようである。

管理が答えられないこと

さて、これほどモノに対して万能な管理行動様式が答えられないこととは、何だろうか。まず、管理の定義をここで振り返ってみよう。

① 管理者と被管理者がある（ヒエラルキーが存在し、上位者と下位者が存在する）。
② 下位のものを管理することで、もしくは高度な管理技術を用いることで、上位者の目的に合わせた行動を下位者にとらせることができる。
③ 計画どおり行なうと利益が上がる。計画の前提条件が一定期間それほど変わらない。
④ 上記により利益がもたらされ、管理者も被管理者も、それぞれの境遇でベストと思われる利益が得られる。

このような関係が入れ子構造になった組織が管理組織であり、またそういう社会が管理社会である。ここで、前節で触れた管理の、暗黙の三つの了解事項にもう一度戻ってみよう。

①多量に造ったものが売れる、捌けるという売り手市場という前提。
②管理の側面である計画に対して、その計画期間中は、計画の前提が変わらないという前提。
③人間のアウトプットは、複雑な作業より、単純な繰り返し作業のほうが大きいという前提。

であった。ところで、この三つの前提が次のように変わってしまったらどうであろうか。

①モノ余りの時代がやってきて、ヒット商品は移ろいやすく、しかもヒット期間はきわめて短命化している買い手市場の出現。
②情報革命やグローバル化によって、活動の参加者は絶えず刻々と入れ替わり、計画の前提がくるくると変わってしまう状況の出現。
③発展途上国の追い上げなどにあって、より付加価値の高い創造性に溢れた商品を生み出さなければ生き残れない環境の出現。

これらはすべて、日本や先進諸国の現在の姿そのものである。このような状況下においては、管理の行動様式自体が、逆に問題を引き起こすことになることを示すのは難しくない。

どういうことかというと、現在の日本は戦後のモノ不足の時代とは違って、明らかにモノがある程度行き渡った、買い手市場の時代に入っている。たとえば、ある流通メーカが新店舗を春日部市に造ろうとして品揃えを設計するにあたり、周囲の住民に、持っているTシャツの枚数を尋ねたことがある。すると平均10枚、多い人は40枚も持っていたそうである。つまり、①の多量に造ったものが売れる、捌けるという売り手市場という前提はすでに崩れており、いかに顧客が欲しいものを時期を逸せず提供するか、もしくは顧客が気づいていない欲しいものをいかに開拓するかが、今の企業活動にとってきわめて大切になっていると言える。この文脈では企業側が、顧客が今後何を欲しがるかを、顧客を管理することによって決めさせることはできようはずもない。管理・統制の発想の破綻である。そのようなことをすれば、顧客は企業を恐れるか、反発するかのどちらかだ。管理・統制の行動様式は、モノ不足の時代にあって造れば造るほど売れる時代には最適であったとしても、モノ余りの時代には在庫過剰で閉塞していくことになりかねない。すでにモノが余っているとき、消費者が望むものを実現するためには、消費者に寄り添い、消費者のしたいことを「**支援する**」という企業活動のほうが、そうでない企業より消費者のニーズに合った新製品を市場に導入する確率が高くなる。現に最近のヒット商品やヒットシステムは、消費者の行動に密着した観察から生まれてきていることをみれば明らかだ。たとえばＩＤＥＯ社のイノベーションは人間観察が出発点になっているし、年間6億人もの人がレジを通過する１００円ショップももとはと言えば、消費者の行動観察から生まれたと言ってよい。

②の管理の側面である計画に関して、その計画期間中は計画の前提が変わらないという前提も、

グローバル化の波や顧客の置かれている環境や条件が変化していく中で、その有効性がどんどん陳腐化してきている。このことを、スティーブン・ラインスミスはその著『グローバリゼーション・ガイド』（1994）の中で、次のように印象的に述べている。「企業の競争力の源泉はもはや優れた計画ではない。なぜならば、計画は取締役室を出るまでに陳腐化してしまうからである。むしろ企業で働く人を学習する組織に仕立て上げ、絶えざる学習を通して、いかなる外的内的変化にも対応できる状況に合わせた対応力と遂行力を絶えず養っておくことが、これからの組織の競争力の源泉となるのである。」つまり、マーケティングをして顧客のニーズをつかんだとして、設計がそれを設計し、工場が生産して世に出すころには、顧客の嗜好が変わってしまうのがあたりまえになってきているのだ。「計画が取締役室を出るまでに」と指摘されているのは、そういう意味である。実際、最近ではキヤノンなどでは個人の目標をたてなくなって来ているし、イトーヨーカ堂やセブンイレブンなどの優れた実績を上げている企業では、中期経営計画とか年度計画を立てないところが目立ってきている。逆に、学習するチーム（ラーニング・オーガニゼーション）を立ち上げ、変化に対する対応力を高めている。前提が一定期間保たれないところで、管理・統制的に決めると、逆に決めたことが災いして混乱や衝突が起きてくるのである。

③の人間のアウトプットは、複雑な作業より、単純な繰り返し作業のほうが大きいという前提についてはどうだろうか。逆の側面はないだろうか。画一的な単純作業をベースにした分業による大量生産は、できる人間の力を発揮させない、平均を基本とした行動様式とならざるをえないという面である。できる人間をできるままに働かせることができないのは、効率の上でも無駄をしているという

ことになる。本当は一人ひとりの個性や天分に応じて本来の力を発揮してもらえば元気な社会となるのであるが、全員に同じことを繰り返させ、また同じことをする後継者を育てることの繰り返しでは、創造性は死滅せざるをえない。さらに、人間は機械のような繰り返し作業は得意ではないし、物質的な効率志向ということのみを説得材料に納得するほど管理されることを好まない。したがって、物質的に欠乏していたり、安全上必要なときには、ある程度管理されることに甘んじるかもしれないが、やがては管理するほうに回ろうとするか、管理の盲点をついてあまり働かなくなるということも起こりがちだ。人間の本質である精神を、モノ造りの効率からしかみない点において、管理・統制の基盤は、外部環境の変化と共に脆弱なものになってきていると言わざるをえない。

さらに、①②③の他の管理への根源的な問いかけとして、単純な法則から予想しえない複雑性が現れてくる現象、カオスが経済活動に働き出してきたことを指摘したい。初期値の微妙な差が、時間発展の中で成功と失敗ほどの大きな差となって現れてくるのである。たとえば、ビジネスの領域では、同じようなクレームを受けても、その後のちょっとした対応の差によって、一方は顧客ロイヤリティ(企業や製品・サービスに対する信頼や忠誠心)を高めることに成功したが、一方は破局に追い込まれるというケースがある。初期の対応の微妙な差が、そのときの環境やタイミングの時間発展の中で、たとえ同じ価値や判断基準を有していたとしても、予想もしない結果に発展してしまう。パリに同じように留学した同じような才能の持ち主も、日本に帰国して一方は画家として大成功し、一方はいつの間にか消えてしまう現象にも似ている。このようなカオスを伴う現象には、初期値の微妙な差を人間が決定できないという意味において、管理行動様式では効力を発揮できない。

さらに、管理・統制の行動様式は人の心を捉えたり、生き生きさせたりすることに向いているだろうか。管理は過去においてきわめて合理的にエネルギーを利用し、モノを生み出してきた。しかしながら、現在においてはエネルギーの大量利用そのものが問題視されてきていること、モノも余り、かつてのようにモノを効率的に生み出し続ける必要性も薄れてきたこと、計画の前提がどんどん変わっていること、また人間は管理されるだけでは生き生きとしてこないこと、これらのことが、管理・統制の行動様式の継続に疑問を投げかけてきている。逆の言い方をすれば、これ以上管理・統制を続ければ、いらないものが世の中に余り、エネルギーは無駄に消費され、計画と実績の乖離が起こり、人間性がますます無視されていくことになる。閉塞感が個人や組織や社会や世界に瀰漫するようになるかもしれない。否、すでにそのようになってきている。心と管理の親和性は、きわめて低いと言わざるをえない。

したがって、従来有効で頼りになった管理・統制の行動様式は、限界を迎えつつある。だが、それに変わりえる、新たな確固たる行動様式のモデルもないというのが、現在の姿ではないだろうか。より深い意味や価値を有した行動様式を見出し、そこから再出発することが、今求められている所以である。そうしなければ、人間本来の特徴や性質を発揮できる元気な社会はやってこないように、私には思われる。

管理の破綻

「違い」と「変化」の時代の到来

現在私たちが直面している問題群は、このように、モノ、エネルギー、そして人々の心をめぐる、大きな変換を求め始めている。

ここで、「変化」と「違い」とを定義しておこう。「違い」とは、日本人とアメリカ人でモノの感じ方や考え方が異なるというときのその差違のことである。異なる存在の差違が違いである。

一方、同じ人でも時間とともに成長し、あるいは堕落し、時間的に異なっていくが、その差違が「変化」である。同じ存在の時間的差異が変化である。

「木」を例にとってみよう。土の中に種としてあったときは木なのだろうか。芽を出し、森を構成したときには確かに木だ。そして、樵に切り出され、薪として束ねられた状態はどうだろう。さらに、薪として燃えているときは？　さらに灰になったら？　もはや木ではないのだろうか。もし、どちらかが木でその後が木でないなら、その境界線を厳密に引くことは可能だろうか。これは「変化」の問題である。一方、春になったら咲く桜と一年中葉を落とさない杉とは、小学生でも区別できる。これは「違い」の問題である。変化と違いの概念は、第4章でさらに突っ込んで検討するが、ここで是非心に留めておいていただきたい。本書では「変化」と「違い」をこのように定義する。

さて、この二つの概念を使って、さっそく私たちの問題を考えていこう。それは、ちょっと抽象的な表現となるが、「差異」をいかに調整するかの問題に帰結する。差異には、空間的な差異である違いと時間的な差異である変化がある。ある時刻t_1における解決策x_1は$t_1+\alpha$（t_1の少しあと）において効力を失い、ある空間s_1における解決策x_2が$s_1+\beta$（s_1より少し広い場所）では何の意味をもたないどころか、別の問題になってしまう。これが現代的難題の本質だ。

ちょっと抽象的になりすぎたので、具体的な例で考えてみよう。まず変化の例から。今A子さんは、B君とデートをしているとしよう。B君は、すぐサッカーの試合を見に行きたいと言う。ところがA子さんは前の日遅くまで働いて夜が遅かったため、朝寝坊して朝食をとる時間がなかったので、先に食事をしたい。二人は口論の末、では、競技場そばの茶陽（個人経営のフランチャイズ・チェーン）で食べ物を調達してサッカーを観戦しながら、食事もしようということになった。これが時刻t_1における二人の問題の解決策x_1である。

そして、競技場に向かうと……。B君はサッカーファンだったからこの競技場を熟知しているので、茶陽がどこにあるか知っていた。ところがその日に限って、何かの都合で休業している。振り向くと、A子さんの携帯に電話がかかってきた。A子さんの妹が、前々からこじれていた彼氏といよいよ険悪になって、すぐ来て欲しいと言う。場所はそこから二駅ほどの赤楽駅である。行こうと思えば30分で行ける距離だ。もう一度振り返ると、ギョッとする。なんであいつがここにいるんだ。その男はB君の会社の同僚で、B君同様サッカーファンである。よく会社でも試合運びをめぐって議論が沸騰する。昨日も会社で議論したあげく、その夜今日の試合についてチャットで物別れになったばかりのC君である。近づきながら、

「やあー、B。おまえも観にきていたんだ。じゃあ、昨日の続きをかねて一緒にみようぜ!」答えを躊躇していると、C君の後ろにD子さんがいる。C君の袖を引っ張って何か囁いている。

「今日は私の誕生日でしょ。大事な日だから……。二人だけで。」

後ろを振り向くと、A子さんが、心配そうに何か(妹の事情を)言いたげだ。試合時間は刻々近づいていた。慌てて手配していた切符をポケットから取り出した。すると突然、一点俄に掻き曇り、今にも驟雨(しゅうう)がきそうである。ひょっとすると、試合できないかも。ふと目を落として切符をよく見ると、なんと来週の試合のものだ。このカップルはどうなってしまうのだろう……。

わずか5分の間に、時刻t_1の茶陽で食べ物を調達してサッカーを観戦しながら食事もするという解決策x_1は、時刻$t_1+\alpha$において見事に効力を失ってしまった。もしもA子さんとB君の管理者メフィスト君がいて、二人に時刻t_1における計画である茶陽の解を確実に実行させようとしたら、またはA子さんとB君がどういうわけか、いったん決まった計画は守られなくてはならないと強く思い込んでいたとしたら、たちどころににっちもさっちもいかなくなってしまうのは、火を見るよりも明らかだろう。これが「変化」の調整問題である。時間の経過と共に、外部環境的にも内的要因からも次々と変化にさらされるとき、私たちはどのようにしたら乗り切れるのだろうか。

一方、違いのほうはどうであろう。こちらは寓話で考えてみよう。「大つ国」と「小つ国」の話で

ある。大つ国では、何でも大きいことが大切で価値があった。大きな袋には何でも入れることができるし、大きな声はどこまでも届く。大きな飛行機はたくさんの人を一度に運べるし、一回の食事をたくさん食べると、一日の食事回数が少なくてすむ。これに対して、読者の皆さんの想像どおり、小つ国では、小さければ小さいほど良いのである。小さな袋に入れておけば、盗まれても被害が小さくてすむし、ひそひそ話だと秘密のことがしゃべれる。小さな飛行機はいろいろな国の小さな飛行場を訪れることができるし、美味しい食事は少なく食べれば、何回でも楽しめるという具合である。実はこの二つの国は、遠く離れていて、以前はお互いの国があるということすら知らなかった。しかし、現在はテレビやインターネットで、お互いの国民が交流するようになってしまった。

そこで大つ国で栄えていた技術の優れるSANY社が、小つ国で商品販売をしようとした。あまり深く考えずに、最も大つ国で売れていた製品Pが選ばれた。これが、ある空間（大つ国）s_1における解決策x_2であった。当然小つ国では、その商品はまったく売れないどころか、社会問題になってしまった。これは、ある空間s_1における解決策x_2が$s_1+\beta$では何の意味ももたないどころか、別の問題になってしまったということである。

そして、かつてはαは比較的大きく、βは小さかったのに、αは限りなく小さく、βは限りなく大きなほうに向かっているのが、現在の状況である。相手から見れば、こちらがα、β内の違い・変化となっているということである。

これらは喩えやお伽噺として片づけることができるだろうか。できないのである。実は、すべての面で、現実が今そのようになってきているのである。

たとえば、消費者の急速な嗜好の変化に対応するため、新車開発期間を10ヶ月にする努力において、時刻t_1における設計変更の解決策x_1の実行を少し躊躇したため、その間にさらなる変更が別の部門で発生し、最初の解決策をそのまま行なえば、もはや別の問題が生じて混乱に突入するということが起こる。先進国ではあたりまえの女性解放運動も、発展途上国（$s_1+\beta$）では、一部の相対的な特権を持つ女性の運動としてみられ、理論の外側に置き去られた女性たちの疑問や反発という意図しない問題が新たに起こってしまう。

昔の比較的のんびりしていた時代にはなかったこのような状況は、今では日常茶飯事化し、あらゆる分野に浸透してきた。学校で言えば、以前は同年の日本人だけが入学し、多少の転校生があったとしても、大方は普通に卒業し、大体は同じ年の春に進学したり会社に入ったりする。多少の浮き沈みはあったとしても、同じ会社で定年を迎えることができた。その後は決まった年金で余生を暮らせた。世の中は予定調和的だったのである。

これに対して、今はどうだろうか。

確定拠出年金などと言って、自己責任で年金の運用が迫られ、老後をどのように迎えられるかは、それこそ確定的でなくなった。その制度も２０１１年にさらに見直されるという。規制緩和が進み銀行も外資がどんどん入り、従来日本の銀行は低い利益率でも株の持ち合いで合理性を発揮していたが、それが許されなくなっている。会社の会計基準にしても、国際会計基準という美名のもとに他国（大つ国）のルールが浸透してきた。２００６年の商法大改正も続く。銀行も生保も従来ありえなかった、元本も保証できない状態があたりまえ化されてきている。学校はと言えば、中国を始めとしたアジアからの留学生が一般化し、少子化で社会人が学生として大学院に呼び戻され、入学試験も春と秋に二期化され、学校も絶えず組織変更や行事ばかりで落ち着きがなくなってきた。さらに、ＡＯ入試（大学側の求める学生像（アドミッション・ポリシー）と照らし合わせて合否を決めるシステム）とか同窓会推薦を含む数種類の推薦入試など、入学方法も多様化し、その事務の煩雑さは過去の比ではない。さらに、登校拒否やいじめという変化が何時起こるやも知れないのである。卒業後も、フリーターや中途採用はあたりまえである。まさに違いと変化の時代が始まったのである。

再び一つになる時代

［動的に一緒になる時代］

図１‐１に示したように、現在は切り離された個と組織、生産者と消費者、管理者と行為者が産業革命のときとは逆に、情報革命によって再び一つになろうとしていると考えられる。少なくとも情報の分業から、再び一つになる時代である。少なくとも情報の非対称性が大幅に改善されていくことは間違いないだろう。このように、情報の対称化が進んでくると、当然管理する側と管理される側の区別が希薄になってくる。なぜなら、管理の本質は情報の非対称性にあるからである。

互いがすべての情報にアクセスできるとすれば、どちらがどちらを管理することになるだろうか。そのメカニズムはどのように決まるのだろうか。少なくとも一方が管理においてより能力があったとしても、管理される側の快い了解がなければ、成立しない可能性が高くなってくると言える。なぜなら、お互いに今どこをどのようにしているのかが、逐一分かるからである。そのような状況下では、従わせる行動様式ではなく、従ってもよいという気持ちにさせる行動様式が求められてくる。それどころか、相手にしてあげてもよいという気持ちになってもらうことが求められてくるだろう。情報の格差がなくなるということは、対等の関係になるということであり、協働とか協力、さらにはお互いを助け合う、つまり支援しあうことになっていかざるをえないと考えられるのである。再び一つになる時代には、支援の行動様式の必然性が出てくると言えよう。

ここで少し、この現象の本質を考えてみよう。誰か（計画者）が情報を握っているときには、人々が集まったときに、その人を中心にいろいろな役割分担が決まって（なぜならば、その人だけが目標を知っているし、構成員の適性や能力や性向も心得ている）、その後は、各構成員がその与えられた役割を黙々と果たす。この黙々と果たす過程は、各構成員には基本的にお互いに見えない（分からない）。しかしながら、中心者の言うとおりやれば、目標が果たされ、自分たちに必要な報酬が得られると信じている。これが管理のパラダイムである。しかし、情報が共有化されてくると、誰がどういう役割をとるか、その分担にも、はや百議が噴出してくる。誰もが、最適と思う意見を各々の立場でもつようになるからである。このような状況下で意見の統一に向かって、自分の意見を聞いてもらうためには、相手に従ってもよいと互いに思わせえることが求められるだろう。さらに透明化されて、すべての情報に全員がアクセスできるだけでなく、今やっているお互いのプロセスがリアルタイムで分かるように変わっていったらどうであろうか。ここまでくると、一堂に会する必要さえなくなる。これまでは、相手のことが見えず、それでも別空間の相手の活動をこちらの思ったようにさせなければこちらの意図が果たせないから管理しなくてはならなかったのであったが、刻一刻相手のすべてが見え、相手からもこちらのすべてが見えるようになった段階では、極論すれば、互いに相手の活動の変化に対して、自分が何かしてあげるかしてあげないかだけが残る。このような段階で自分の意図だけを優先させる正統性（レジティマシー）は消失し、あえて管理行動に出れば、齟齬の波紋を巻き起こすことになる。この齟齬の波を裏返せば、先の、A子さんのデート問題を解くことができる。

［A子さんのデート問題をどう解くか］

では、A子さんのデート問題の解を求めてみよう。時刻t_1での茶陽で食べ物を調達してサッカーを観戦しながら食事もするという解決策x_1は、時刻t_1＋5分後にはあっけなく効力を失ってしまった。しかも関係者（ステークホルダー）は、まだそのことに気づいていない。その後どうなったのだろう。これが問題となるのは、主に、「**変化が、別の空間（相手から見えないところ）で起こる**」からである。

したがって、それぞれの変化が、相手（関係者）から見えるプロセスとすればよい。たとえば、D子さんがC君に「今日は大事な日だから……」と言うのがB君にも聞こえていれば、C君がとっさの無責任な思いつきの発言を自ら撤回するまでもなく、B君から「それもいいけど、今日は別の人とも会うので、やめておこう。今度ね」と言ってもらえる。B君としてもD子さんがなんて言ったのか、いぶかる必要もない。また、A子さんの妹の問題も、二人の会話がB君に聞こえていたなら、A子さんからすまなそうに今日のデートの変更を申し出る前に、「中で観戦しながら待っているから、Eちゃん（A子さんの妹）のこと済ませておいでよ」とB君に言ってもらえる。何かを**させる**ことによって問題が解決するのではなく、してもらえることによって解決する点に、特に注目して欲しい。これが管理から支援へのシフトであり、「変化」と「違い」の克服に必要な行動様式の変化であるが、本書の第2章以降で詳しく述べよう。

ここで気づかなければならないことは、変化のプロセスを共有化できたとしても、解に辿り着けたのは、その変化を受けて、相手がこちらにとって良いように計らってくれた（支援）からだ、ということである。もし、B君にD子さんのひそひそ話が聞こえていたとして、逆にC君に、

「そうそう、一緒に観ようや。なにしろ昨日は特別に白熱したじゃない。答えは今日の試合にありってことだろう！　そういえば、ビールも余分にあるからさ。なあ、C。」

あるいは、B君にA子さんとEちゃんの会話が聞こえていたとして、

「さあーてと、会場に入ろうか。いつも何か入って予定がくるっちゃうけど、まさか今日はそんなはずはない。ない！　ない!!　ない!!!」

なんて釘をさされたら、C君、A子さんにとって立つ瀬がない。これは情報の共有化が裏目に利用されたケースである。

「変化」と「違い」の問題を乗り越えるには、プロセスを共有化して再び一つになることに加えて、両者が相手の変化を支援するという条件が不可欠なのである。もしもこれに反して、相手についての情報を悪用すれば、情報を共有化する、つまりは再び一つになることは二度とないだろう。支援は再び一つになるための必要条件であり、また再び一つになることと支援は、「変化」と「違い」の問題を解くための必要条件なのである。

デート問題をさらに突っ込んで考えてみよう。たとえば、チケットの件である。B君はチケットを見た瞬間に青ざめた。どうしたらよいだろう。家に取りに戻っている時間は、もはやない。次の瞬間、チケットセンターが会員と契約を結んでいて、販売実績記録を携帯で見ることができるサービスがあることを思い出し、ことなきを得た。これも広い意味では、チケットを買ったという情報がサッカー場の受付嬢と共有化された例なのである。図1-1の再び一つになる時代には、情報技術が不可欠なのである。もしも誰かが情報のアクセス権を峻別し管理したら、そしてその壁を越えるためにはいくつもの上位者の印を必要としたら、この種の解はたちどころに得られなくなって、閉塞してしまうだろう。現在の変化のスピードは、もはや上申などという旧来の煩雑な手続きを待っていてはくれない。

さらに、この問題を突っ込んでみよう。もし携帯が普及してなかった1990年ごろであったならば、妹のEちゃんの変化をA子さんは家に帰るまでは知らされなかった。もし電話が普及していなかった1960年だったら……。実は茶陽はその日午前中は営業していたのである。11時半頃に、オーナーの田舎から、電話で不幸の知らせが突然入ったのである。違いや変化の克服に情報技術の進歩が有効であることは前述したとおりだが、違いや変化そのものが生み出されるのも、情報技術によっているというのは、本当に興味深いとしか言いようがない。

新しい時代は情報技術の発達を前提に、情報の対称性が確保される方向に向かっている。だが今回の情報の対称性は、全員が同じ情報を持っているという中世的な家内工業のようなものではなく、各関係者（ステークホルダー）（エージェントと言ってもよい（井上 1994））が、瞬時に情報技術によるつながりを通して、すべての情報にアクセスできる状況のことだと筆者は捉えている。しかもその情報は、刻一刻と変化する、動いている情報である。生産者と消費者が一つになる時代ということに触れたが、家内工業のように一つになるのではなく、刻一刻と変化する、動いている情報を媒介にして統合されていくという意味である。つまり過去のように、個々のエージェントがすべての情報を掌握することは不可能ではあるが、全体としては、関係する情報が共有化されている状況なのである。したがって、今回の一つになるということは、過去とは明確に一線を画すものなのだ。このことは、後に述べるプロセスパラダイムと関係が深い。いずれにせよ、一つになっていく時代にふさわしい行動様式は、管理行動ではなく、支援行動であるようである。

［支援への旅立ち］

人は管理されるより、自ら進んで相手を助けるほうがずっと気持ちがよいものである。助けることを管理されるのも好まない。なぜ管理されることを人は嫌がるのだろうか。安全や生存、帰属の欲求が十分に満たされない段階においては、その引き換えに管理の合理性を容認するが、いったんそれらが満たされたならば、より高次元の、自らの意志と責任において社会や他者と関係を決める（場合によっては関係を持つか持たないかを含めて決める）ことを望むようになってくる。このように自覚したもの同士の成熟した関係は、どちらかが庇護するとか、命令して従わせるというようなものにならないことは、容易に想像がつく。この段階では、管理・統制に替わる、他者との新たな関わり合いの方法が求められてくるのである。

一般に、相手のために行なうことが善で貴く、自分のためにのみ行なうことは悪で卑しいと考えられている。この考えそのものに真正面から反対する人は少ないのに、いざ自分の行動ともなれば、支援行動に徹することができる人は少ない。自分のための行動が主流であり、地球のほとんどを覆っているのである。支援に徹することができる人がいるとすれば、マザー・テレサのような人で、特殊な天才的な人間がすることのようにさえ考えられている。それだけ支援行動は本流ではないということだったのである。だとするならば、相手を優先し相手のために行為せざるをえないようになることを皆が知れば、、そしてそのような行為が連続して充満すれば、現在とはまったく違った社会システム、組織がこの地上に現れる可能性を秘めている。

このことに関連して今田（2000）は、支援を公共性の文脈の中で捉えなおし、第三の公共性に言及している[6]。一方、舘岡は、現代は企業社会と言われるが、その管理と競争の化身のように思われてきた企業社会の中に支援行動が芽生え、急速に浸透し始めており、また浸透していかざるをえないのだと唱道している[7]。現在本質的な変化が始まっており、それにより管理・統制の行動様式が閉塞し、替わって支援行動の合理性が表に現れつつあると考えている。

現在のリアリティの変化の本質をどのように捉えるかということであり、それによって支援の合理性がどのように生まれてくるかという課題である。生き馬の目を抜く企業活動の中においてさえ、支援が浸透し始めてきているとすれば、否、浸透せざるをえないとすれば、人類はまったく新しい行動様式と、それに基づく新たな社会と世界を手に入れることになるだろう。支援を研究すれば、それだけの広がりを開くことができるかもしれない。

支援という行動様式が、パラダイムシフトの中で管理・統制の行動様式の破綻に替わりえるものとして捉えられなければならない妥当性を次章でさらに明確に示そう。現に起こっているパラダイムシフトの本質となぜ支援行動が、新たなる管理・統制に替わる行動様式たりうるかを示していく必要があるからである。もしそれを首尾良く示すことができ、その方向への確信がもてるなら、今日の課題を一掃し、現在瀰漫（びまん）している閉塞感を拭い去り、ある種の社会科学的な進歩を成し遂げることも、大袈裟でなく可能かもしれない。過去の問題群の解決に特別に力を発揮してきた管理という発想は、今違いと変化という差異にさらされて効力を失い、共同幻想化してきている。そして、その先の行動様式に通じる扉に、人類はやっと手をかけようとしているのではなかろうか。

企業活動にも支援が始まっている

【管理から支援へ】

実際の企業活動や現実の組織において、今どのような変化が起こっているだろうか。A子さんの問題は関係者（ステークホルダー）がA子さんの妹Eちゃんや C君の恋人のD子さんを含めても、たかだか5人にすぎない。企業や社会においては、関係者（ステークホルダー）は何百人、何千人単位である。しかもそれらが、関係者（ステークホルダー）間、関係者（ステークホルダー）内で入り組みながら変化と違いを刻一刻と生み出している。

自動車産業を例にみてみよう。この業界の現在の世界的課題は、以下の三つと分析されている。

①世界的規模での合従連合（規模に基づく原価の低減）

②新車開発期間の超短縮（顧客中心の商品展開）
③環境対応などの技術開発

しかもこれらの課題が、社内的には造形部門・設計部門・試作部門・実験部門・購買部門・生産部門等を巻き込んで、さらに車の原価の5割から7割[8]が社外からの購入品である事実を考慮すれば、すべての関連部品メーカを巻き込みながら、展開されなければならない。また、環境技術などは各国政府の規制や政策、さらに顧客の価値観や文化までを巻き込んで達成されねばならない課題である。

このような状況の中で、部品メーカ数を絞り込んだり、CAD／CAM／CAE等のITをいかに戦略に取り込んでいくかが、各メーカの主要な取り組みに据えられている。だがそれは部分的な対策にしかすぎない。本当に、原価を下げ、品質を損なわず、開発期間をドラスティックに縮めるということが可能なのだろうか。そのような魔法の方法があるのだろうか。本当に、世界的な再編で合従連合された、企業文化も歴史も、言葉も制度も違う企業同士が、協力し合ってさらに強い競争力を発揮できるようになるのであろうか。さらに、地域や自然環境や産業の発展段階の違いにより、求められる優先順位の違う諸国に、共通に有効な環境対応技術のようなものを生み出すにはどのようにあったら良いのだろうか。

まず、私が籍を置く自動車会社の最前線に、焦点を当ててみよう。日本が得意としてきたモノ造りの現場で、今何が起こっているかをみていこう。

モノ造りの現場で最も力を持っているエージェント（活動の参加者）は、設計部門と生産部門であ

	設計部門		生産部門
（過去）	・顧客と機能重視の設計 ・設計内の標準化と改善	×←→× 対立 度重なる 設計変更	・QCD重視の工程と作業 ・工場内での標準化と改善
（現在）	・生産性を考慮した生産設計 ・仕事分掌と責任範囲を超える	→○ ○← 支援	・開発に初期段階から参画（QFD） ・仕事分掌と責任範囲を超える

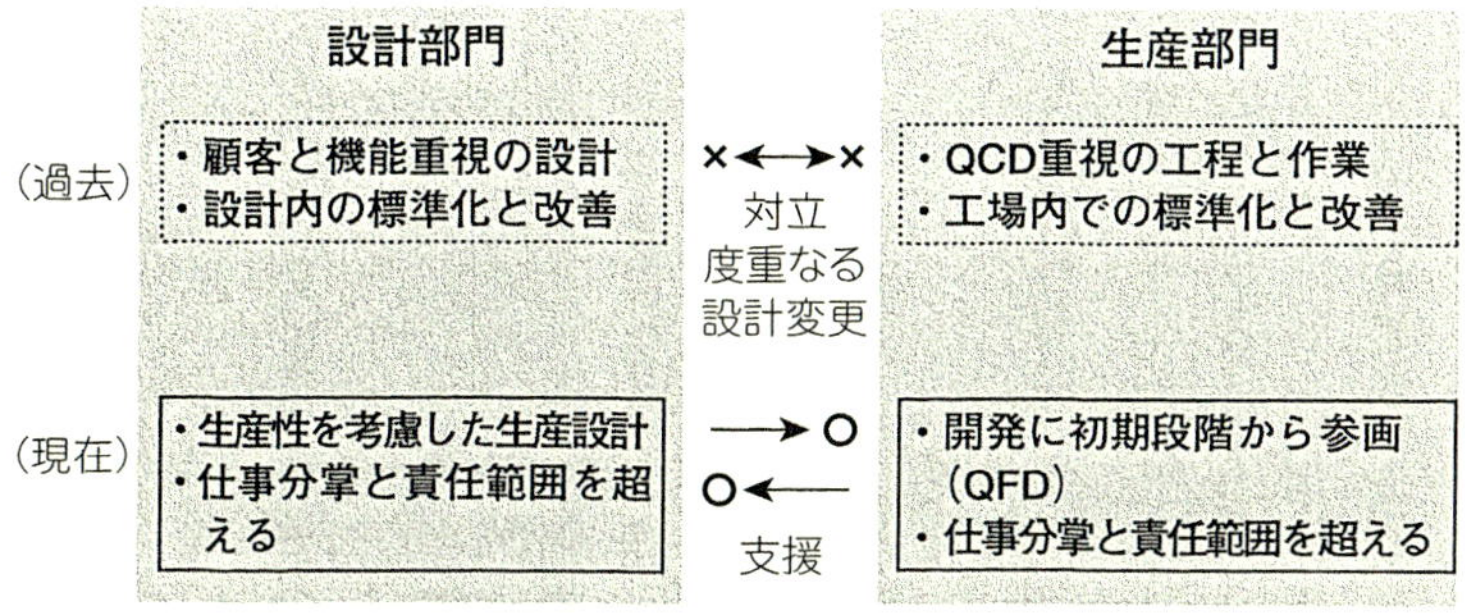

（過去の問題点）
・管理・統制の行動様式で対応
・情報が旨く共有されない。情報をオープンにしない
・相手の刻々変わる情報に対応できない
・どの段階でフィックスするかがマチマチ

図1-4　企業活動の中で起こっていること

る。他部門でも同じことが起きているが、ここではこの二部門を代表選手として、現在起こっている現象をみていく。設計部門というのは、実際の車を造るために、その設計図を描く部門であり、生産部門とは、設計図にしたがって、実際の車を造り上げる部門だ。

図1-4を見ていただきたい。過去、設計においては、顧客の要望をもとにしながら機能重視の設計を行なっていた。設計者としては、できるだけ斬新で複雑な設計をして商品性を高めたかったのである。難しい図面であればあるほど、設計者の技量の自負となる。その前提の上で、設計内のノウハウをまとめた標準や改善が行なわれていたのである。

一方、生産現場はどうであろうか。生産にとって一番大切なのは、いかに安く、品質の安定したものを、速く造るかである。これをQCDと呼ぶ。QはQuality（品質）、CはCost（コスト）

であり、DはDelivery（納期）だ。現場にはそのためのノウハウと標準が山のようにあるが、複雑な形状は工場の敵である。これは両部門が置かれた立場による価値観の違いの調整問題である。このような立場による違いは、組織間だけでなく、国家間、個人間でも基本的には同じである。

そこで、このように求められる価値や意味が違う、言い換えれば優先度の違う両者が出合うと、どのようなことが起こっていたのであろうか。設計はこのようなデザインができないと売れないと言い、生産はそんな複雑な形状は現在の設備やラインではできないと反論する。すると設計は、H社はやっていると非難し、生産は、彼は現場を知らないで設計している青い設計者だと言って反論する。結局は声の大きなほうが勝ってしまう。A社の場合は下流のほうがその皺寄せを被ってしまうのが通例だった。これが管理のパラダイムにおける、管理スパンを越えた調整問題の典型的な解決過程であった。もし解決と言えるとすればだが。この結果、声の小さかった人々や部門の事情は反映されないから、度重なる設計変更が発生し、品質も暴れコストも嵩み、混乱を招き、時間的にも費用的にも多くの損害を生み出していたのである。お互いに自分たちの本当の姿・能力を共有化せず（共有化すると非難されたり、責任をとらされたりすると恐れている）、お互いが守りに回っているだけなのである。しかしながら、これでも開発期間が40ヶ月や30ヶ月という長い時代には、間に合っていた[9]。

誰もが他部門に出かけていって、調整することの大切さを理解してはいたが、実際に行動を起こす者はほとんどと言っていいほどいなかったし、たとえいたとしても、過去の部門中心の管理行動に阻まれて、その強い意志も砕かれるケースが多かった。したがって、皆が自分の管理の範囲内に閉じこもってしまっていたのである。自部署内では通じる相手を変えようとする行動様式も、他部署にはい

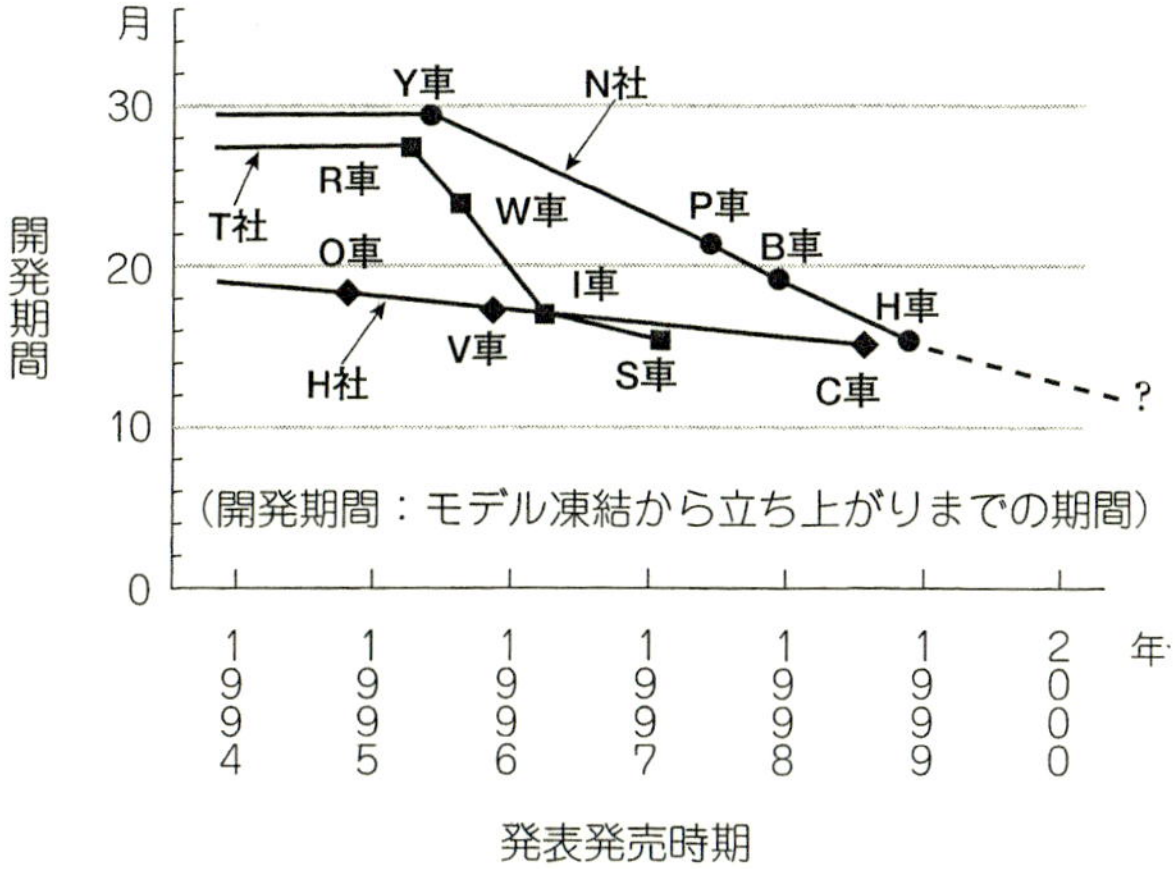

図１-５　新車開発期間短縮状況（日本）

っこうに効力を発揮しえなかったのである。

最近では、事態はどうであろうか。

市場のニーズが多様化したばかりでなく、顧客の求める嗜好も素早く変るので、図１-５に示すように、どの自動車メーカも従来の新車の開発期間を半分から３分の１に縮めなくてはならなくなってきた。

つまり、マーケティングをして顧客のニーズをつかんだとして、それを設計し生産して世に出すころには、顧客の嗜好が変わってしまうのがあたりまえになってきている。急速な技術革新で設備も変わる、売り先も変わる、新たな参入者の突然の出現によって競争条件も変わる。何もかもが変わり、しかもそれらすべてが見える人はもはやいない。しかしすべてが関連して動いている。前述した「違いと変化の時代」の到来である。このような事態が生じてくると、相手を変えようとする管理・統制の行動様式では、ますます事態が悪化してくる。

では、何が始まってきているのか。

たとえば設計者は、現場で造りやすい形や、品質の安定のしやすい構造などを設計段階から取り込むというように、生産要件を考慮した生産設計という取り組みを始めている。生産部門もＱＦＤ（品質機能展開）という手法を用いて、開発段階から設計者の欲しい構造の理由を理解し、その実現に必要な設備や生産技術をライン設計の初期の段階から模索し始めている。**両者とも、自己の業務分掌と責任範囲を超えて、自分の仕事の中に相手を支える取り組み**を組み込み始めているのである。これは明らかに、支援行動の始まりとみなせる。

どういうことかと言えば、設計者は図面を描くときに、その後一年以上先に工場の現場で生産されるその部品が、工場の作業者にとって、重たい部品となって作業負荷を大きくし過ぎていないかとか、見えないところでのネジ締めとなって品質の作り込みを難しくしていないかとか、部品同士が干渉しないかなどを、一年以上も前の図面作成段階で、生産部隊を支援しながら、図面を描くように変わってきているのである。生産部隊も設計者に歩み寄り、一年後に自分たちが造るときに必要になるだろう設計者が望む複雑形状を実現できる設備開発（工程設計）を行ない始めている。

時間と空間を拡大して自身の取り組みを相手と関連づけ、相手を支援し始めたのである。もし読者の皆さんが学生ならば、レポートを書くときに、数日後に採点する先生の採点をしやすくするために、レポートのポイントを、色を替えて書いておくというような取り組み方の変化が、今企業現場で起こってきているのだ。

【ＩＴと企業連携の最前線でも】

ＩＴの最前線のビジネスモデルではどうであろうか。かつての大型計算機の時代は、大規模な会計処理を人手に代わって行なうというものであった。解くことの不可能な複雑な数式も、繰り返し計算で近似することができる。いわゆるミニコンが研究室でもてはやされた時代である[10]。

その後のコンピュータのパソコン化やインターネットなどのネットワーク化による著しい進歩が、意思決定支援・学習支援・診断支援・設計支援・翻訳支援など各種支援システムを次々と生み出して、支援の時代がこの領域でも拓かれてきている。どういうことかと言えば、従来も設計部門や実験部門は、**自分たちの難しい問題**を処理するのにコンピュータを利用していたが、それは自部門の中に閉じられていた。それが、ネットワークの発達によって、設計者が図面を描く段階で、将来行なわれる実験を、その図面上でシミュレーションして確認でき、設計を最適化できるようになった。将来の実験作業をなくせるようになってきている（実験部の仕事を支援＝**相手の難しい問題**への自身の仕事の関係づけ）。

また、マーケティングや販売でも同じである。以前営業部門がコンピュータで顧客管理を行なうというのは、販売活動の効率や効果を上げるためであった。現在では、顧客の欲しがる情報が顧客側からのリクエストをまたず前もって供給されたり、顧客がネットワーク上でビジネスを行なえるようなバーチャルな場が提供されるように支援されてきている。ネット販売の雄であるアマゾンなどは、そのようなサービスで最先端を切っている。

さらに、急速に進んでいる企業の合従連衡の場合における変化もみてみたい。１９８０年代までの日本におけるM&Aは、企業買収や合併が主流であり、これはどちらか（強者）が一方（弱者）を飲み込む形で進んでいた。平たく言えば、弱くなって生き残れなくなった関係会社の救済目的の合併・買収か、外資による投機目的の敵対的買収が中心だった。1990年代になると、戦略的M&Aや提携が主流になってくる。外部の環境変化に適応するために、企業価値を高めるための戦略に基づいたM&Aや提携が根づいてくる。当然ながら、連携前の既存社会における各々の企業の位置づけが、連携後の権威関係にも引き継がれている。パートナーと言えば心地よい言葉ではあるが、その実合併前の計画による予定調和的な協力関係が管理的に推進された。ダイムラーとクライスラーの関係も、この延長線上にあるものであろう[11]。

一方、ルノーと日産の関係も、市場の相補性やモノ造りと経営能力の相補性などを元にした提携モデルのように思われる方が多いかもしれないが、そうだと結論すると、この両者の関係を見誤ることになる。実は、この企業間関係は、相手の弱い部分に他方が支援をするところまで到達するモデルであって、単なる強味を補いあうだけの管理的な協力関係を指向していないことに注意する必要がある。

通常の連携の場合、自身の弱さを相手の強さで補うようにパートナーが選ばれる。そして、資本の力などによって相手を取り込み、相手の血（強味）を自身の中に取り込んで、自らをより完璧なものにしていこうとするものだった。そのために合併後の管理シナリオが描かれる。しかし、ルノーと日産の場合の連合関係には、このような関係はみられない。むしろ、最初の資本注入は日産をルノーが支援するものであるし、その後の協働関係も、日産のモノ造りが、ルノーのパフォーマンスを高めることに利用されたり、ルノーの経営手法の合理的な部分が日産にアレンジされて利用されたりしているのである。各々の独立性が担保された中で、相手が相手を支援するように配置されている点が、従来の合併や戦略的提携と本質的に異なっているのである。だから、各々は、時間と共に、ますます相手のために自己の強みを高めるようになるのである。相手の存在によって自己のアイデンティティを強く映し出すことができ、さらにそれを相手が支援として求めてくる関係が構築されていくのである。企業間関係においても支援が始まってきていると言えよう。企業間関係における21世紀型モデルは、支援を前提にした連合モデルとなっていくと私は考えている。

そこでもう少し詳細に、支援とは何か、支援は本当に増えてきているのかを考察していく必要がある。企業が支援に到達しなければ、生き残っていけないということと、企業活動にも支援が始まってきたということとは、実は裏腹の関係である。なぜそうなってきたのかを、次章で深めていこう。

さらに重要で本質的なことは、支援の究極的な目標は何かということである。支援によって企業の競争力が高まったとしても、それは経済合理性ということにすぎないかもしれない。私たちが支援を行なうようになるということは、管理や競争に支援が利用されるためではない。管理や競争がもたらす本質的な負の側面が、支援によって解決される可能性が高いのである。支援が具現化する価値の本質は、第4章で深められるだろう。

コラム　管理がもたらしたＧＤＰの変化

国内総生産（ＧＤＰ）が高まれば、貧困が解決されるという命題は真であろうか？否である。管理がもたらしたＧＤＰの変化を図コラム－１でみてみよう（エコノミスト 2004）。中世のころと比べると、その大きさはヨーロッパで約５５０倍、アジアで約１００倍である。アメリカは１７７６年までは国がなかったわけだから、比べようもないが、建国当初と今とでは約８５００倍くらい異なっていよう。日本の場合は、織田信長のころに比べて６５０倍だ。これが技術の進歩（ハード）と管理行動様式の力（ソフト）によってもたらされた、人類が得た物質的豊かさである。

私の仮説では、国の平均の個人当たりＧＤＰが３０００ドルを越えた時点で、近代化が達成されたと考えている。これは中世のころのＧＤＰの約６倍である。世界の平均のＧＤＰは２００１年で一人当たり約５０５０ドルである。国別の平均でみれば、基準の３０００ドルのレベルに達している国々の人々は、北米の４・５億人中３・５億人であり、欧州では７・８億人中東欧を除く６・８億人がこの範囲に入っている。しかしながら、アジアでは日本、韓国、シンガポール、マレーシア、台湾と一部の石油産出国を入れても、30％強に留まっている。アフリカに至っては、基準に該当する所得層がいるのは南アフリカ一国のみである。中国は沿岸部がこれを越えているので、国全体でみると見間違う[12]。このようなデータは、近代化の達成国という視点と一致する。

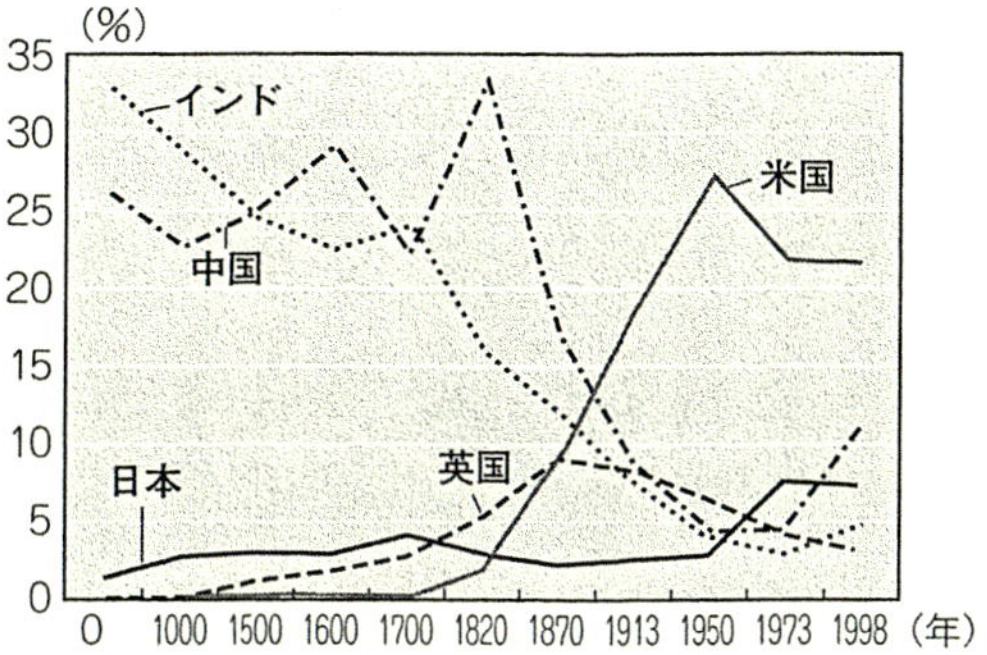

図コラム-1　主要国の歴史的なGDPシェア

（出所）Maddison The World Economy：A Millenial Perspectiveをもとに作成

では、このような数百倍にも及ぶGDPの変化によって、何が変わったのだろうか。

まず、個人における移動距離の変化からみてみよう。

図コラム-2を参照されたい。この図は横軸に個人当たりのGDP、縦軸は移動距離である。GDPの豊かさは、人々を移動に駆り立てるようである。米国の1950年の移動距離を現在凌駕している地域は西欧とアジアの一部にすぎない。ロシアやアフリカや中東、東欧などは移動距離のみからみれば、西欧より30年は遅れていることになるだろう。自動車（鉄道）の発明前の1880年ごろの個人の最速機関は馬であり、たかだか時速50kmであったが、現在の宇宙船は時速40000kmである。中世のころ、個人の一生の移動距離はたかだか10万kmくらいであった。最近では自動車、リニアモーターカーやジェット旅客機等の発明によって、その移動速度は約50倍にまで高まっている。最近の会社員は、1ヶ月にヨーロッパやアメリカ等に数回出張するのもあたり

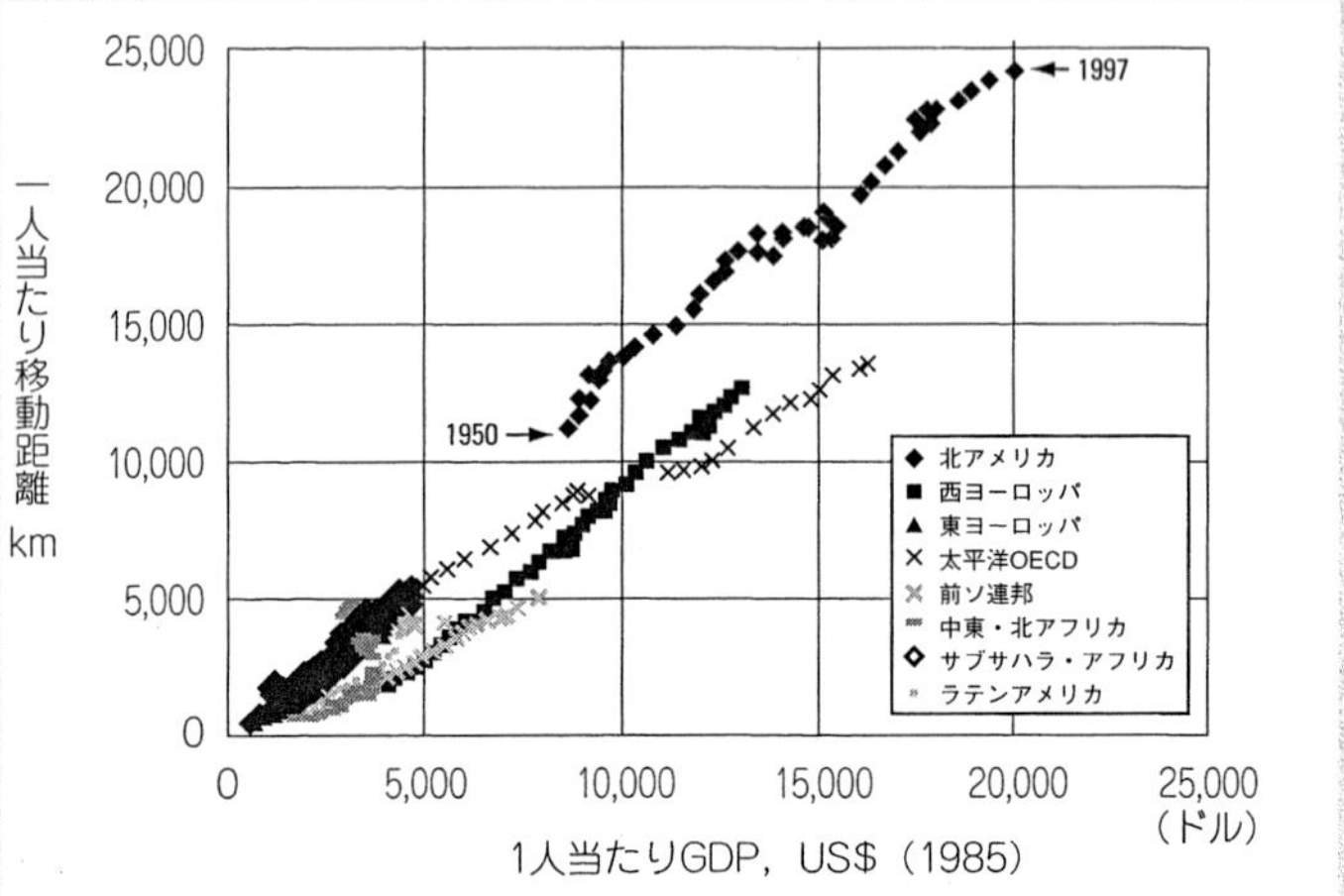

図コラム-2　地域別の移動距離とGDPの関係（1950年から1997年）

まえになっていることを考えると、わずか1ヶ月で昔の人の一生分の移動をしてしまうことになるだろう。

いずれにせよ、これらがGDPのインパクトの一端である。

また建造物ではどうであろうか。ピラミッドを凌ぐ高さのビル群がニューヨークに林立し、マレーシアのペトロナスタワーはクフ王のピラミッドの3倍に達する。アメリカのシアーズタワーでは、地上450mのところに人が住んでいる。最近では日本の品川あたりでも、従来住めなかった数百メートルの高さの空間に快適な住居が提供されている。夜も昼のように明るくなり、世界の出来事はたちどころに知れるところとなり、パソコンも家に3台も4台も転がっているのが先進国の姿である。このような豊かさは、管理という行動様式に紡がれたシステムと組織によってもたらされたものであることに疑いはない。

これらは、豊かな国という一般的な表現とも一致するだろう。

しかし、このような近代化は平均の話であって、貧富の差を指標にとれば、管理はあまり有効な行動様式たりえないというのが私の立場である。十全なる豊かさはGDPだけではもたらされないようである。貧しいところからある程度の豊かさを実現するには管理は有効なエンジンであっても、いったんそれが実現されて、さらに質を高めようとするとき、別の駆動様式が不可避になってくる。貧富の格差は、富める国ほど峻烈である[13]という逆説に、管理は有効に答えることはできていないからである。

第2章 支援のはじまり

支援研究の必要性

支援への兆し

人を助けようとする行為はどのようなことであれ、それ自身に何か貴いものを感じさせる。一方企業の中で行なわれている一般の経済活動は、一歩次元の低いものと考えられがちだ。たとえば、ボランティア活動に積極的に取り組んでいる人は、そうでない人より、問題意識が高く、社会やコミュニティや周りの人に対して、より優しく、開かれているように捉えられる。たとえそれが大学の入試に有利になるからとか、金銭的援助によって何か政治的な圧力を回避しようとする意図があったとしても、人を助けるという行為そのものの意義を完全に否定することは誰もできない。なぜであろうか。支援活動には何か行為の本質において、経済活動とは違う特別な意味や価値があるのだろうか。

経済活動の場合には、それが自己の利益の最大化を求めるものとして価値が低いとされるだけでなく、その活動によって他国の自然を平気で破壊したり、他者から奪ったり、奪われたりするという冷たい関係を導くという意味で、本来の人間性とは相容れないものとされさえする。確かに支援は文字どおり、支えて援けるのであり、自己よりも相手を先にする行動様式である。企業の活動は、自分もしくは自社のために行なうことが基本で、より利己的であるとされよう。

しかしながら、事業活動も別の面からみれば、それに関わる多数の家族の生活を支え、援けている。さらに、一つの企業がなくなれば、他の企業が存続しえないような企業連鎖がある場合には、企業の活動そのものが利己的といって済まされない環境になっている。なぜ銀行に公的資金を投入しなければならないかは、この文脈の問題であると言えよう。

[支援という言葉の使用頻度からみる]

さて、社会は支援へと向かっているのだろうか。支援への動きをデータで示してみよう。図2-1は、1986年以降の読売新聞に掲載された、それぞれの言葉の頻度の変化である。どこで支援が管理を追い抜いているかがポイントである。当初少なかった支援という言葉の絶対数が増えてきて、管理という言葉の数を1989年に追い抜いていることが分かる。管理が減り、支援が増えてきている。

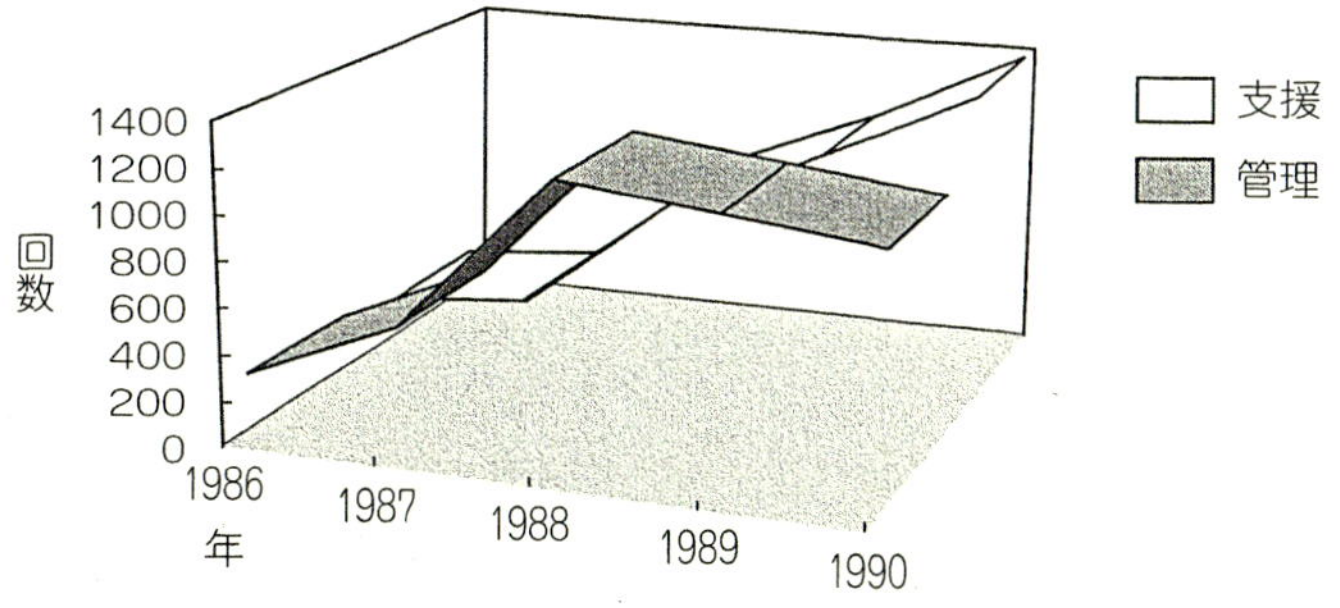

図２－１　「管理」「支援」という言葉が使用された頻度

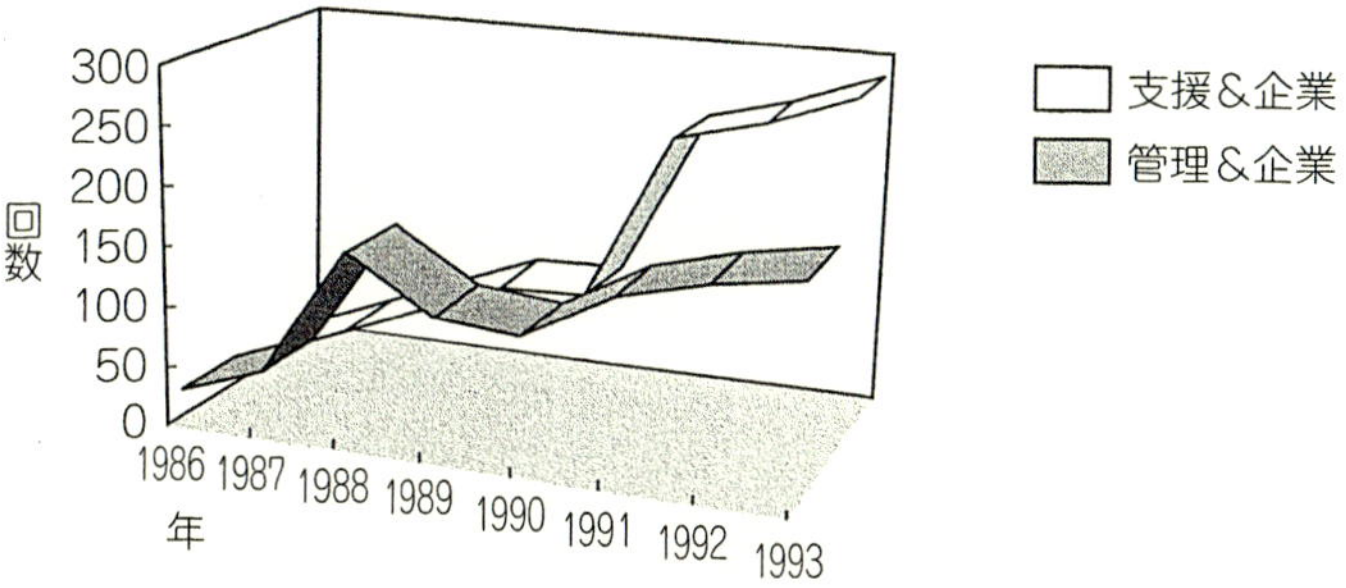

図２－２　「管理＆企業」「支援＆企業」で検索した場合の頻度

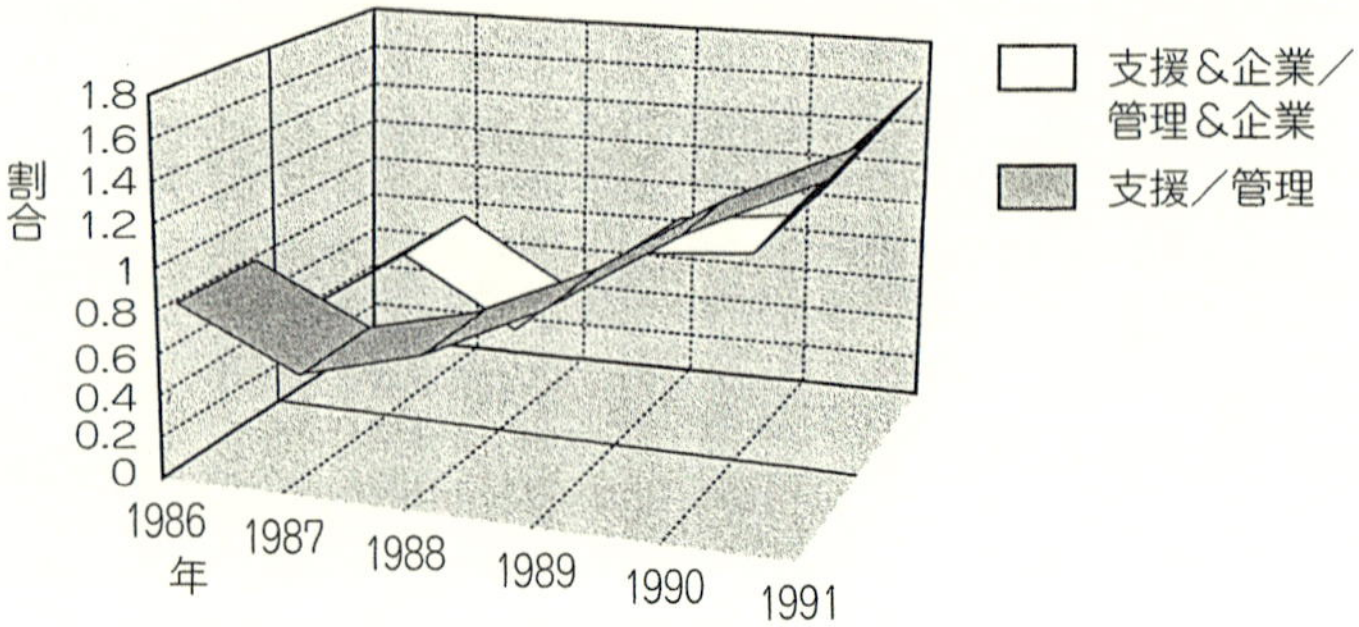

図２－３　「支援＆管理」比および「支援＆企業／管理＆企業」比の推移

２００３年時点では、支援が管理の１・４倍程度まで増えている。

一方、私が提唱するように、企業活動にも支援が現れてきているのであろうか。そこで「企業＆管理」「企業＆支援」という検索でみた頻度を、図２－２に示す。

こちらのほうも、当初は「企業＆管理」の頻度が高かったが、１９８８年ごろから伸び悩み、逆に「支援＆企業」が１９９０年を境に、ドラスティックに増えてくることがうかがえる。管理のほうが減って、支援のほうが増えてきている傾向が明白に表われていると言える。参考に、管理に対する支援の使用される比率、「管理＆企業」に対する「支援＆企業」の比率も、図２－３に示しておく。いずれも、１９９０年を境に、１を越えてくることが分かる。２００３年には、「支援＆企業」が「管理＆企業」の１・54倍まで増加している。

［支援への動きの特徴］

では、どのような分野に支援という言葉が多用されているのだろうか。大きく次の三つの分野に分類できる。

第一の流れは、情報技術の革新的発達に伴って現れてきた支援である。情報技術と二人三脚の進歩を遂げて、初めてコンピュータを媒介とした意思決定支援・学習支援・診断支援・設計支援・翻訳支援システムなどの支援という言葉が一般化したことは、先に述べたとおりである。特に企業活動を、情報を切り口とした意思決定の過程とみる流れの中で、半構造的な問題（不確定な要因に対応しながら構造やルーチンを決定する問題）における意思決定支援（DSS）は、この動きへの嚆矢（こうし）である。学習における個人の記憶時間（レテンションタイム）をコンピュータがはじき出し、学習者が忘れる直前に復習させたり、医療診断における過去の膨大な診断データなどをリアルタイムで表示したりできるようになっている。また、設計支援は私の専門領域であるが、バーチャルな空間で実験を行ない、図面を描きながらその傍で図面の仕様を決めることができる。

二つ目の流れとして、支援が日本において人々の心の中に確固とした市民権を築いたのは、1995年1月の阪神大震災のときであることは誰もが認めるところだろう。この時どのようなことが行なわれたのであろうか。

27万近い家族が住まいを奪われる大被害[1]がもたらされたわけだが、夏休み終了までの約8ヶ月間に、延べ138万人のボランティアがリュックを背負って駆けつけた。通常のボランティアの場合は災害地域の周辺の人々がほとんどであるが、この時ばかりは全国からやってきた。泊まるところを確保もせずにやってきた人も大勢いて、ボランティア難民という言葉が生まれたほどだった。このように集中的にボランティアが活動したのは、我が国では空前絶後のことと言える。しかも、個人だけでなく、団体としての参加も数百以上にのぼり、この活動の最中もしくはその後に新たに設立されたボランティア団体も少なくない。さらに、72時間ネットワーク[2]等ができ、団体間の関連性もより高まっていき、平時非常時の活動が充実していくのである。また、現地に残ったNGO、NPOにより、市民主導の町づくりプランに向けて「まちづくり協議会」が多数誕生した。まさに、その規模、種類、参加者において、国家・国民的な活動になっていたと言っても過言ではない。日本のボランティア活動における最も大きなエポックだったのである。

これを契機にその後、高齢化社会の到来の予知と相俟って、若者が介護を職業に希望する数なども激増している。一部の若者は、金銭的な成功より人を助けることの意味と価値に生き甲斐を見出してきている感さえする。さらに昨今では、文部科学省の学習指導要領において奉仕活動の重要性がうたわれ、東京都では２００７年より、全都立高校で教育プログラムに奉仕活動が必修化されるようである。阪神大震災によって、日本社会におけるボランティア活動が市民権を獲得したと言えよう。

一方このようにボランティア活動が盛んになってくると、逆にその問題点が浮き彫りになってきたのも事実である。すなわち、参加したもののリーダーの欠如で何をしてよいか分からなかったりして手待ちになったり、ボランティア経験やスキルがないため足手纏いになったり、被支援者に逆に迷惑をかけたりする現象が指摘されている。また人を助けたいという高邁な理想のみに突き動かされて、現実の地道な活動に幻滅を感じてしまったり、自己嫌悪になったりするという問題も顕在化している。支援は、志だけでたやすく達成されるものではないようである。

しかしながら、このような問題が現れてきたことは、決して悪いことではない。支援活動の本質を明らかにするためのものと言えるし、だからこそ、今まさに支援とは一体何であるかを明らかにしようとする動きが出てきたのであり、またその必要があると言える。

三つ目の重要な流れは、従来の行動様式が新たな社会的な問題に対して、有効な解答を準備しえないのではないかということに人々が気づき始めたことである。すなわち、中国やアジア諸国の追い上げに対して、日本が生き残るため[3]にはより創造性を発揮した付加価値の高い商品・技術・システムを市場に導入する必要がある。若者に創造性を発揮してもらうには、従来有効とされてきた管理・画一的な暗記教育で大量生産的に同じような子供を育成するのではなく、むしろ生徒・学生に寄り添って、彼らの個性や才能を伸ばす支援的な教育が不可欠になってきている。官僚機構や管理科学的方法というものが、統計や画一性にその基盤をおいているために、高齢化社会における個別的な介護ニーズへの対応や国際社会における違いを前提とする異文化交流・共生などには役に立たないことが露呈し始めてきた。これらの社会や教育における閉塞こそ、支援研究を進める上からも、支援の本質を把握する上からも、非常に重要な背景の一つである。

ある難聴（平常の20分の1）の少女がミス米国になったとき、成功の5つのプリンシプル（原則）の一つとして、強力な支援グループを持つことをあげている。このように、一見不可能にみえることを可能にする「力」が、支援には備わっているようである。

支援や支援行動などの言葉が、21世紀に入って多用されるようになり、支援についての論議が高まってきたのは偶然ではないだろう。支援が現在の諸問題に解決を与える可能性が高いとするならば、その可能性の本質を尋ね、それを発展させていかなければならない。

しかしその前に、現在、支援についてどこまで明らかになっており、どこからが明らかになっていないのかを押さえておこう。

支援研究の系譜

前節でみてきたように、支援という言葉は最近多用されてきており、企業という文脈でみても管理を凌駕してきた。だが、支援に関わる言葉は多様である。たとえば、類似のものに、手助け、援助や補助というような言葉がある。英語では、supportに対して、helpとかaidとかassistである。これらの言葉は多くの部分で重なりをもっており、日常的にはあまり区別されずに使われている。また競争でさえ、今田（1997）は支援とみなせると指摘している[4]。そして、ある意味では、人間活動のありとあらゆる営みに支援の契機が含まれる、もしくは含まれていたと考えられる。その意味では支援の始まりは、人類の原初的な社会的営為の始まりと一緒であったと言ってもよいかもしれない。

しかしながら、個々の日常活動の中に埋没してきた支援活動が、今社会の要請を受けて、桧舞台に出てきつつある。大きな社会的関心事となってきた諸問題への支援の可能性が論じられねばならない。そのような支援概念とはいかなるものであるのかを扱っていこう。

ところで改めて、「支援とは一体何ですか？」と問われたならば、読者の皆さんは何とお答えになるだろうか。即答は案外と難しいのではなかろうか。支援は、暗黙知的に問題解決策の一つとして言葉としては使えても、支援概念そのものを意識して使っているかは別である。「意思決定は難しいので、ITを利用した意思決定支援システムを構築する必要がある」と企画部員が述べたとき、そこで使われている支援は何を指し、意思決定とどのような関わりをもつかは、十分には定義されていない。
そこでここでは、まず先人の支援研究者の研究をみておくことにしよう。実は、支援概念そのものの研究は決して多くない。まだ生まれたばかりの学問領域と言えるのである[5]。さらに言えば、日本がこの分野で世界をリード[6]しているのである。世界には支援そのものを研究した書物はほとんどないし、現状では日本でも数冊にしかすぎない。要するに、古くてしかも新しい、とても挑戦的（チャレンジング）な21世紀的テーマであると言える[6]。

この節では、まず支援を定義するのに必要な支援の要件から調べていこう。次に、支援基礎論研究会の定義、さらにそれらを補強した今田および私の定義を吟味していく。概して言えば、支援概念の定義がようやくにして方向性を定めつつあるというのが、現状と言える。

［支援にまつわるさまざまな問題］

最初に、支援のさまざまな問題に触れておきたい。前述したように、ボランティア活動など支援活動が社会の中で市民権を得るようになると、当然問題も多発し無視できなくなってくる。では、支援にまつわるどのような問題があるのだろうか。以下は、小橋（1995）が指摘しているところである。

① 子供が高い建物の窓際で学んでいる。「危ない！」と一声、子供はびっくりして窓から落ちてしまう。
② 道標が長年の風雪で歪んでしまった。これにしたがって歩いていったハイカーは道に迷ってし

まった。

③いわゆる「いのちの電話」のようなサービスが、常連のクライアントを生む。

④友人がお金に困っているので助けてやると、たびたび無心されるようになった。

⑤力学的な事実を分かりやすく説明する方法を考案した。ある聞き手は、この説明のためにかえって事実を誤解するに到った。

⑥ワードプロセッサをもっと便利にしようと機能を追加したら、かえって扱いにくくなってしまった。

⑦経理事務を支援すべくオフィス・コンピュータを導入した。5年間のリース期間中に事務の手続きに小さな変更が生じたが、プログラムをそれに合わせて変更するには莫大な費用がかかる。やむなく手作業に戻し、コンピュータは事務所の片隅でほこりをかぶっている。

このように小橋は、よかれと願って行なわれるはずの支援がかえって害をなす事態を指摘している。さらに、失敗する理由を5つあげている（小橋 1995）。

（1）方策が受容されない。

（2）改善の評価（法）がはっきりしない。

（3）約束された効果が現れない。

（4）望ましい効果が消滅する。

（5）望ましくない副次効果がある。

このような支援に伴う問題提起は、支援の正当性と限界を浮き彫りにする上できわめて有用である。少なくとも、支援の定義は、これらの問題に十分明快に解答を与えるものとなっていなくてはならない。必ずしも上記の問題に十全には答えられてはいないが、まずは支援基礎論研究部会の定義からみていこう。

〔支援基礎論研究部会の定義〕

この研究会によると、支援とは、

他者の意図をもった行為に対する働きかけであり、その意図を理解し、その行為の質の改善、維持あるいは行為の達成を目指すものである。このとき働きかけを行なうものを、**支援者**と呼び、支援を受ける行為者を、**被支援者**と言う。

支援基礎論研究部会は、1993年ごろより東京工業大学や東京理科大学、産能大学などが中心となり、2000年まで活動を続けていた。社会的に注目に値する支援活動を幅広く見据えた上で支援概念そのものを研究対象とし、参加者それぞれの専門性から、支援そのものの本質を浮き彫りにしようとした。この部会の成果は何と言っても、支援に定義を与えたことである。これにより、支援そのものが研究対象になりうることを示したと言える。この定義により、支援は被支援者の行為に働きかける行為であると、その範囲が定められる。この定義をより深く考察してみたい。次の点に特徴があると考える。

（1）支援には相手（被支援者）がある。
（2）相手（被支援者）の意図が自分の意図より優先される。
（3）相手の刻々と変化する行為に介在して、相手の行為の、質の向上を図ろうとする。

これらのことは、支援行為のある側面をきわめて明確に捉えたものと言える。しかしながら、この定義では、先に述べた③常連のクライアントなどの支援への寄生や、④の際限のない支援という問題には答えられていない。さらに、支援を強制されて行なう場合と自ら進んで自主的に行なう場合の違いや、環境問題などにおいて、いまだ地上にいない将来世代を配慮する現世代の行動は支援かどうかが不明である。さらに、あえて批判させてもらえば、基礎部会はこの定義をある程度は共通のものとすることはできたが、その後はそれぞれの専門にそれを適用し、支援とその専門との関わりを論じるに留まっている（76ページ参照）。換言すれば、いずれも専門を通して支援概念を補足するようなもので、定義された支援そのものを使って、それぞれの専門の難題や慢性的な課題を具体的・定量的に解決するという成果までは示せていない。

その後の支援研究が今一つ後継者を得るに至っていない理由はここにあるのかもしれない。支援研

表2-1　支援の問題点と支援の定義との関係

支援の問題点	支援者と被支援者	相手の意図を優先	行為の質の向上	備考
①子供の窓際	○	○	○	クリアー
②道標の歪み	○	○	○	クリアー
③いのちの電話	○	○	○	際限のない支援はクリアーできない
④お金の無心	○	○	○	支援の寄生はクリアーできない
⑤難しい力学	○	○	○	クリアー
⑥ワードプロセッサ	○	○	○	クリアー
⑦ほこりのＯＡ	○	○	○	行為の改善のための支援側の変更のコスト高の問題はクリアーできない（支援側の変更可能性が大切）

究は緒にはついたが、本当の意味ではまだ市民権を得ていないと言えば、言い過ぎであろうか。支援の要件は定義で触れられていても、支援の本当の合理性が示されていないのである。また、そうした合理的な支援を継続的に可能にさせる要件も示されていないのが、現状である。支援の一般原理、価値・意味、ノウハウ、事例研究が不足していると言われる所以である。

参考に、行為としての支援の定義と、小橋の指摘した支援の問題点の関係を表2-1に示しておく。支援者と被支援者が互いに動きあう状態を共有化し、支援側が、支援を受ける側に合わせて、彼らの行為の質を改善できるように変わってゆけることが大切なことが分かる。

［各研究者の視点］

さらに、既存の主要研究を紹介し、内容を吟味しておこう。というのも、読者の皆さんに支

	内　容	批判点	研究者
管理と支援の共存	・行き過ぎた管理を補うもの ・従来の管理論と組織間関係論からの記述	・側面の描写，支援本体の描写無 ラインスタッフ，根回し	松丸 2000
企業組織における支援の相	・創造的活動における支援 ・革新・創造は支援，効率性は管理 ・日本的経営の支援的側面	・創造的な活動と支援との関係 ・効率化における支援	村田 2000
支援概念の二重の適合性	・能動的行動への心理，環境的支援 ・権限委譲に伴う局所最適防止	・日本的組織の特徴としての支援 ・現状分析のみ（支援者）	山下 2000

企業活動と支援の接点：管理と支援の関係を明らかにすること

図2-4　企業と支援の交差点（主な研究）

援研究のほぼ全貌を把握していただきたいということと、私の立場を明らかにしたいからである[7]。

図2-4を参照されたい。各研究者が支援の何が分かっていることとしており、何を問題にしたいのか、もしくはしているのかを俯瞰したものである。企業活動との関係で、重要な三つの研究を取り上げる。

松丸（2000）は、支援を行き過ぎた管理の弊害を補うものとして位置づけ、組織間関係論と結びつけて展開している。私たちの活動は過去においては、支援軸がない、管理だけであったが、これからは管理の側面と支援が同時に行なわれる活動になっていくと主張している。簡単に言えば、支援と管理の共存型の活動がこれからの領域であり、そこを研究していく必要があると言っているのである。これ自身は企業活動における大きな枠組みの変化を捉えたもので、価値が高い。しかしながら、紙幅の都合もあるであろうが、支援そのものの記述が薄く、スタッフの仕事をラインに対する支援とみており、また根回しなども支援的な仕事としているのは、筆者と立場を異にする。ラインにも支援はあるし、スタッフの仕事は支援的な業務ではあるが、それが業務である以上、また進め方によってはただちに支援とは言えないだろう。また、根回しも、自分の仕事をスムースに進めるために行なうという意味において、支援とイコールとは言えないだろう。

村田（2000）は、企業組織における支援の相を問題にしている。日本的経営には支援の相があるという主張である。企業における三遊間的な仕事は、林（1994）が指摘したグリーンエリア（長期雇用で蓄積された高コンテクストに依存したコミュニケーションの場）による意思決定によって処理されやすい。村田は、日本においては業務分掌において不明確な仕事はそれを取り巻くエージェントが互いに支援しあって進めていると指摘している。この指摘自体は支援と日本的経営を結びつけるものであり、私の立場と一致している。本書も日本人の特性としてある、もしくは過去に日本人が有していた利他的な側面の21世紀的意味と価値を明らかにすることを目的の一つにしているという意味で、私にとって心強い主張である。ただし、創造は支援的活動がよく、効率を求める活動は管理がよいとする主張や、管理で利益をたたき出して支援で創造的な価値を生むという主張は、立場を若干異にする。私の立場は、効率を求める仕事においても効率を高めようとすれば、もはや支援行動が避けられないというものである。

山下（2000）は支援概念の二重の適合性を指摘した。行き過ぎた管理の中で、支援行動が実務担当者に主体的・能動的な行動を促す心理的な側面と、自発的な情報支援が、権限委譲に伴う局所最適におちいりやすい状況を防止するとの主張である。日本的経営の特徴として、担当者間の水平的コーディネーションによって業務が進むことについて触れ、それが管理行動より支援行動に整合的であるとしている。しかしながら、ニコポン（ニッコリ笑って肩をポンと叩いてコミュニケーションをとる）的な事例は古いし、支援の実例としては弱い。支援概念はその奥底に、もっとダイナミックな活動、すなわち会社や社会を根底から変えるような力や原理を内包していると考えられるからである。管理と支援の関係を明らかにすることにより、企業活動と支援の関係を探ることが求められている。

支援の進化

以上から、支援とは支援者と被支援者によって構成され、被支援者の意図が支援者の意図より優先されて、しかも支援者によって被支援者の行為の質が高められることであると言えよう。しかし、これらの支援定義には不十分な点があり、ここではさらに、今田の定義と舘岡の定義へと論を進めていく。

[今田の定義]

今田（1997）は支援研究会のメンバーの一人であり、研究部会の定義を基本としている。しかし、研究部会の支援定義が本質的に次の問題に応えられないことを重視したと考える。

① 支援は永久に繰り返される。
② 支援への寄生の問題。

これは、表2‐1の③と④に、従来の定義では答えられないことに対応している。今田の支援理論の優れている点は、支援概念とエンパワーメントを結びつけたところである。エンパワーメントとは、次のようなことを言う。

エンパワーメントとは、個人・グループ・コミュニティが、自らが置かれている状況をコントロールし、目的を達成できるようになるための手段である。また、彼ら自身や他者のQOL（クオリティー・オブ・ライフ）が最大になるように行動する方法である。（Adams, 1996）

エンパワーメントとは、人々が、自分たちの利益を達成するために、どのように生活に対する集合的な統御を獲得していくかに関する理論である。「力」を欠いた人々の「力」を増強していく方法である。（Thomas and Pierson, 1995）

エンパワーメントの実践において、人々は、「力を勝ち取ることによる変化」だけでなく、「力のあり方を変えることによる変化」を志向する。（Mullender and Ward, 1991）

これらエンパワーメントの定義の本質は、以下にあると考える。

①不当な抑圧など何らかの原因により、力を失っている人がいる。

②そのために、本来あるべきでない状態にある。そして、その人は、そのような状態から抜け出したがっている。

③その原因を取り除き、力を得、自らの統御感を取り戻す。

今田は、支援には、相手が再び支援されなくてすむこと、最終的にエンパワーメントされることが大切だとする。被支援者が支援を当てにして自助努力を放擲する（支援への寄生）としたら、それは支援の意図にそぐわないこと、また支援は、あくまで被支援者の自立を導くもので、際限のない支援は本来の支援ではないとして、このような可能性を排除するために、支援者は被支援者の自助努力をそこなってはいけないと指摘し、エンパワーメントによる自立への含意を支援の定義に取り込んだのである。

要するに、支援者は相手を助けるときに、相手が自分で立ち上がれるように、あまり過保護に助けてはいけないということ、また、被支援者自身が支援を受けることを気持ちよく思って、支援者を自身の支援対象としてあてにし続けようとしたりすることがあってはならないということである[8]。

ところで、支援の定義にこのような概念を加えると、実際の支援活動においては、活動を難しくしてしまう。たとえば、ＯＤＡの資金援助による支援を行なった場合、将来被支援国がグラミンバンク[9]のようなシステムを構築して自助努力を行なうようになる機会を奪ってしまったかもしれないが、その判断は、活動の時点ではつかないだろう。ならば支援をしたのか、支援の失敗をしたのかが判別できない。これは支援定義の不備のように思われるかもしれないが、実は、逆に支援概念は本質的に定義することが難しいことを示すものであると私は考えている。支援は、相手の活動という動的なプロセスに介入して助けるわけであるから、その助けが相手にとってどうだったかは、助けるほうにも正確には分からないし、助けられるほうにしても、未来の自分を含めて判断することは不可能なのである。

［舘岡の定義］

次に、舘岡（私）の定義をみていこう。舘岡は、「管理された支援は支援か？」ということを重要視する。本書では、これを支援とはみない立場をとる。阪神大震災のときに自ら進んでボランティアをするのと、誰かに「ボランティアをしなさい」と命令されていくのとは、おのずから違うと判断されるからである。これを区別するため、支援は支援者の自由意志で行なわれると定義する。仮に活動自体は同じであっても、支援者の自由意志でない支援は支援でないとするのが、私の定義である。

以上をふまえて支援の定義をまとめると、図2-5になる。③までが、支援基礎論研究部会の定義であり、④までが今田（1997）の定義で、⑤までが舘岡の定義となる。

支援基礎論研究会の支援定義と今田の定義と舘岡の定義を、分かりやすく、例をあげて説明しておこう。お年寄りがパソコンで文字を打ち込みたいがやり方がよく分からず困っているとする。基礎論

支援の定義（支援基礎論研究会・今田・舘岡）

●支援の構成要素

① 他者への働きかけ(支援者と被支援者)

② 他者の意図の理解（被支援者の目的)

③ 行為の質の維持と改善（プロセスに介在)

④ エンパワーメント

⑤ **支援者の自由意志**

●支援に要請される条件

① 自分の意図を前面に出さない

② 相手への押し付けにならない

③ 状況に応じて自分が変わる(自省的自己組織化)

④ 相手の自助努力を損なわない

⑤ **参入参出の自由を保証する**

図2-5　支援の定義ⅠⅡⅢ

研究会の定義では、支援者である若者は、お年寄りの文字のインプットという行為のプロセスに介在して、やり方を教えたりしてインプットのプロセスを高めれば、それが支援となる。もしお年寄りが自分でマニュアルを読もうとしたり、自分だけで打てるようにならず、当座のインプットができるようになるだけだったら、それは支援にはならないというのが、今田氏の定義と言ってよいだろう。舘岡の定義では、その若者が誰かに命令されたり管理されたりして、彼自身の自由意志でなく今田の定義する支援を行なったとしても、支援とはしないのである。

さらに、図2-6を参照されたい。今田氏の定義では、管理による支援とそうでない支援の区別を問題とはしていなかった。一方、私の支援は自由意志を入れたがゆえに、支援をするかしないかは支援者に委ねられることになり、制度化との関係が難しくなったと言えよう。いずれにせよ、し

	内 容	批判点	研究者
“支援”の定義	・暗黙知としての支援の転換 ・支援者と被支援者，他者の意図の優先，行為の質の改善	・際限のない支援 ・支援への寄生	支援基礎論研究会 1995～
エンパワーメントとの両立	・エンパワーメント概念の取り込み ・相手の自助努力を損なわない	・支援手段の決定の多義化 ・管理による支援	今田 1997
支援概念の管理との分離	・支援者の自由意志 ・参入参出の自由の担保 ・支援と管理の関係の明確化	・支援と制度との関連 ・支援の失敗	舘岡 2004

支援定義の精緻化と一般原理（一部）：支援の本質,合理性の起源,普遍性

図2-6　支援研究の系譜Ⅰ（概念研究）

だいに精緻化されてきたとはいえ、今後企業や社会において、支援がなぜ不可避になってきているのかという最も重要な点は、依然として不明である。次節では、この点に光を当てていこう。

ところで、環境問題のように関係者（ステークホルダー）がいまだ地上に存在しない将来世代の場合、現在の私たちが将来世代を配慮して行動をとるとすれば、それはどのような範疇の行動となるのだろうか。一緒に行なうわけではないので、協力や協働ではないだろう。もちろん管理ではない。現在の短期的な物質的繁栄を一部犠牲にして将来世代のために行為するのであるから、将来世代を支援していると言ってもよいだろう。しかし、そうすると、将来世代の活動のプロセスに介在するわけではないから、被支援者への介在は存在しないので、先の定義からは外れることになる。まずこの問題を解決しておこう。

パラダイムシフトと支援

支援と管理の本質的な違い

支援は、被支援者の行なっている動的な活動を支援者も動きながらそのプロセスを高める活動である。したがって、先に指摘したように、現在の支援が将来において自助努力を奪うことにならないかどうか、今支援したほうがよいか、それとももう少し時間をおいてすべきなのか等、判断が難しい。概念的には可能でも、実践の段階では、支援になっているかいないか判断ができない状況に追い込まれる。そこで、活動や関係が刻々変わる中で、これが支援であってこれは支援ではないということを瞬時に判断できる支援定義を構築する必要がある。

管理と違って支援の場合には、支援者がいかに支援したくとも相手が望まないときには成立しないし、逆に被支援者がいかに支援を望んでも、支援者が支援しなければ、支援はない。また支援は、管理のように計画と実行の差を、静的なアウトプットとして定量化できない。動的な活動のプロセスの中で、支援されるものと支援するものの行為が重なって支援が刻々と創造されるのである。

たとえば、お年寄りがパソコンで文字を打ち込もうと思って困っている先ほどの例を再び取り上げ

関係者＼行動様式	管理	支援
行為者	**自分**のことを知らせて（計画） **相手**を変えることによって， **自分の意図**を果たす。	**相手**のことを知って **自分**を変えることによって， **相手の意図**を果たす。
被行為者	**相手**のことを知らされて（計画） **自分**を変わらせられることによって， **相手の意図**を果たさせられる。	**自分**のことを知ってもらって **相手**に変わってもらい， **自分の意図**が果たされる。

本質的な違いとは：管理は自分から出発して相手を変える行動様式
支援は相手から出発して自分を変える行動様式

図 2 - 7　管理と支援の本質的な違い

て考えてみよう。マニュアルなどを自分で見るなどやる気のある場合には、いたずらに口出しをしないで見守るのが支援であり、そのような意欲が乏しい場合には、まずは楽しさを分かってもらって、次の意欲につなげるのが支援となる。つまり、決まった目標ややり方があるのではなく、支援は被支援者と一緒に刻々と創造されていく。被支援者にやる気が起こってきているのに介入すれば、おせっかいと感じられてしまう。だから、刻々と変わる状況においても、自分の行為が支援行為になっているかどうかを瞬時に判断できる定義が必要なのである。

管理と支援の本質的な違いから、そのような定義の構築を試みる。

図２－７をごらんいただきたい。この表は表頭に管理行動と支援行動を、表側に行為者と被行為者をとって分けて筆者がまとめたオリジナルである。管理と行為者がクロスするところは管理者で、管理と被行為者との接点は管理される人、会社で言えばすなわち部下である。

管理の場合、図から分かるように、上司はまず会社もしくは自分の計画を知らせて、相手すなわち部下を変えることによって、上司もしくは会社の意図を果たしている。一方、部下のほうは、相手すなわち上司のことを知らされて、自分が変わらされることによって、上司の意図を果たさせられる。

さて、支援のほうはどうであろうか。

支援と行為者の接点は支援をする人、たとえば高齢者の介護であれば、ヘルパーさんである。支援行動と被行為者のクロスするところは支援される人、すなわちお年寄りである。支援者ヘルパーさんは何をしているかというと、お年寄りは日々変化しているし、一日の中でも状態が刻々変わるので、まずヘルパーさんは、相手であるお年寄りのその日その時の状態を知って、自分を変えることによってお年寄りの意図を果たす。一方、被支援者であるお年寄りは、まず自分のことを知ってもらって、相手、すなわちヘルパーさんに変わってもらい、自分の意図が果たされる。

この表で、下線の部分を左右で見比べていただきたい。自分と相手というように、管理と支援では、相手と自分がすべて入れ換わっている。つまり、管理行動と支援行動では、行為者も被行為者も、180度対称的になっている。

このように、管理は自分から出発して相手を変える行動様式であり、支援は相手から出発して自己を変える行動様式である。換言すれば、管理は自分から出発して相手をコントロールする行動様式であり、支援は相手から出発して相手との関わりにおいて自分で（自由意志で）自分をコントロールする行動様式だと定義できるだろう。

すなわち、**支援は相手中心の行動様式**であり、**管理は自己中心の行動様式**である。

したがって、管理の被行為者は「させられている」のであり、支援の被行為者は「してもらっている」のである。つまり、管理関係は、「させる／させられる」を交換しあっているのであり、支援関係は、「してもらう／してあげる」を交換している。

大文字のパラダイムシフト

このように、支援行動と管理行動は、その発想において180度の違いがあり、当然の結果として、内容も変わってくる。たとえば、管理行動では計画を提示して、被管理者の結果とその計画とのズレが重要とされる。結果のみを重視する姿勢なので、このような態度で構成される世界観を本書ではリザルト（結果）パラダイムと呼ぶが、この点は後で詳しく述べたい。一方支援行動では、支援者は、相手の刻々変わる状況を知り、それに合わせて被支援者と相互作用を行ないながら支援を達成していく。このように支援では結果より、プロセスそのものを重視する。私はこれをプロセス（過程）パラダイムと呼んでいるが（舘岡 1998）、このことも後で詳しく述べよう。

さて支援行動は本当に管理に替って、これからの社会で重要な役割を担っていくのだろうか。そこには、どのような合理性（問題解決能力）があり、その合理性の根源はどこにあるのだろうか。この答えを一緒に求めていこう。ここは本書においても最も重要な主張の一つである。支援の必然性、その重要性、意義と価値を示す部分である。

支援を本当に位置づけるためには、さらにより抽象度の高い概念から判断するしかない。理論群はその一歩上の中間サイズもしくはそれ以上の認知的な枠組みが共有化されなくては、評価は無理であるからだ（クーン 1967）。本書では、その認知的な枠組みをパラダイムシフトとして表現していく。

〔パラダイムシフトという枠組み〕

リアリティの変化の本質を捉える試みがいくつかなされている。その代表的なひとつが、トーマス・クーンのパラダイムという枠組みであろう。パラダイムとは、その時代に共通するものの見方、捉え方である。であれば、そのシフトとは、その時代に共通なものの見方、捉え方が大きく変わりうるということである。クーンは『科学革命の構造』（1971）の中で、パラダイムは一定期間安定した知の枠組みを提供するが、新たな知識の拡大と共に説明能力・問題解決能力を失い、閉塞的状況を迎え、新たなパラダイムの出現に席を譲るとした。新たなパラダイムは、「席を譲るパラダイム」と「古いパラダイムと矛盾する新たな理論群」を両立させるものでなくてはならない。本書ではリアリティの変化の本質をパラダイムシフト[10]として捉える。

パラダイムシフトという言葉は比較的新しいのだが、それはなぜかと言えば、昔は進歩がきわめて遅かったために、このような概念を必要としなかったからである。しかし、近代以降の自然科学の発達が、次々に知の水平線を広げていくのに伴って、私たちの世界観を一定期間ごとに変える必要性が出てきた。このことが、科学哲学においてパラダイムという概念を生み出したとも言える。

これからの変化は、今まで以上に、さらに加速化されるだろう。だとすれば、もはやパラダイムという概念では、現実の変化を捉えるのに追いつかなくなると考えられる。より抽象度の高い、大文字のパラダイムシフト[11]という知の枠組みが必要となってくる可能性が高い。このような視点から、新たな抽象度の高いパラダイムの提供を試みていく。このような例としては、吉田（1999）の「法則科学からプログラム科学へ」や、私の、「『リザルト』パラダイムから『プロセス』パラダイムへ」などがあげられる（舘岡 1998）。では、今世の中では、どのような変化が起こっているのかをみていこう。

［底流の三つの変化］

経済活動や国際関係のグローバル化、情報技術の革新的発展に伴い、私たちにどのようなことがもたらされようとしているのだろうか。21世紀に入って、私たちの活動の広がりと関係性が飛躍的に高まってきていることは間違いない。産業の発展段階の違う諸国の利害調整、国境を越えた多国籍企業展開、地球環境保全やエネルギー収支の問題などは、過去においてはまったく問題にならなかった。なぜならば、活動が村や町や精々一国に限定されていたために、問題は地域内、一国内で解決可能だったからである。しかし、現在ではいずれも超国家的課題であり、最も難しい地球規模の問題となっている。

これらの問題は、従来の管理‐統制とか、支配‐被支配というような力関係に基づく二元的な方法論では解決できないところに来ている。なぜならば、もはやお互いが相手の支配下にはお互いにないからである。むしろ各関係者（ステークホルダー）が共に参加し、互いに相互作用をしあう、多元的かつ多様なダイナミズムの中で解決が進展していくと考えられる。この多元的なダイナミズムは、結局支援的なプロセスとなっていく。なぜならば、調整しなければならない範囲が従来の支配構造の枠を超えているからであり、相手がこちらの思うように動かない状況下での調整問題となるからである。

現在は過去と異なり、個人の活動の及ぼす影響の範囲が、国内の範囲に限定されない。ルールもコンテクストもお互いに共有されている一国内での予測可能な線形の影響力が、地球規模の、予測不能な非線形の影響力に徐々に移行してきている。予測不能ではあるが、地球のどこかに影響が現れるという意味でカオス的である。したがって、すべての結果が出てから対応していたのでは間に合わず、動いている現在をプロセスとして扱って行動することが必要である[12]。

情報技術の革新的発展は二つの意味を有している。一つは、情報技術を通して、個人が従来は参加できなかったプロセスに参加できるようになるということである。二つ目は、従来は関係性が薄かった要素間を情報技術が結びつけていくということである。たとえば、昔は隣近所の人が友人であったが、現在はインターネットなどによって地球の反対側の人も友人や隣人となる。また、メーカは従来、部品を国内から調達していたが、現在では、世界の最適国からグローバルにソーシングするのはあたりまえだ。国内の空洞化などの問題の原因である。

また、関係性の飛躍的な向上によって、もはや自分だけが第三者的立場をとり続けることは難しくなっている。従来は自分とは独立に観察できていた系に、自らの参加が余儀なくされる。たとえば、過去のマーケティング手法は、自分を活動の場の外において、観察者として市場の動向をつかみ、その結果から商品を開発・生産しても、一定の効果をあげられた。しかし、現在はアンケートをとること自体が市場の性質を変えてしまうということもありうる時代であり、自ら参加しながらその状態を体現し、効果を発揮していくしかない。ソフトシステムメソッド（以下ＳＳＭ）[13]などは、このような現実のシフトに対応する代表的な方法論である。

さらに、活動の推移と共に参加者が変わり、ルールが変わる無限定ゲームへの移行があげられる。新たな参加者が違った国や文化やルールを引きさげて参加してくるからである。たとえば、日産におけるルノーの存在がそれである。異なる言語、文化、価値観、商習慣をもつもの同士がお互いに最大のアウトプットを生み出し続けるには、どのようにしたらよいのだろうか。活動と共にルールが変わるという意味で、過去の結果を基に対処していたのでは閉塞するのは自明である。変わっていくプロセスそのものの中で、相手と一緒になってルールを創りながら進んでいくことが大事である。まさに、アンラーニングの時代である[14]。

これらの変化の内容をまとめると、今起きている世界の底流の変化とは、

（1）つながり・関係性が飛躍的に広がってきている。
（2）観察系から参加系に移ってきている。
（3）関係性のルールがあらかじめ決まっていない。

と整理される。

［プロセスパラダイムの提言］

これら三つの変化をもう少し具体的に、企業活動を例にみていこう。図2-8を参照して欲しい。過去においては、たとえば企業内の各部門の活動はむしろ独立的であった。問題が発生すると、各部

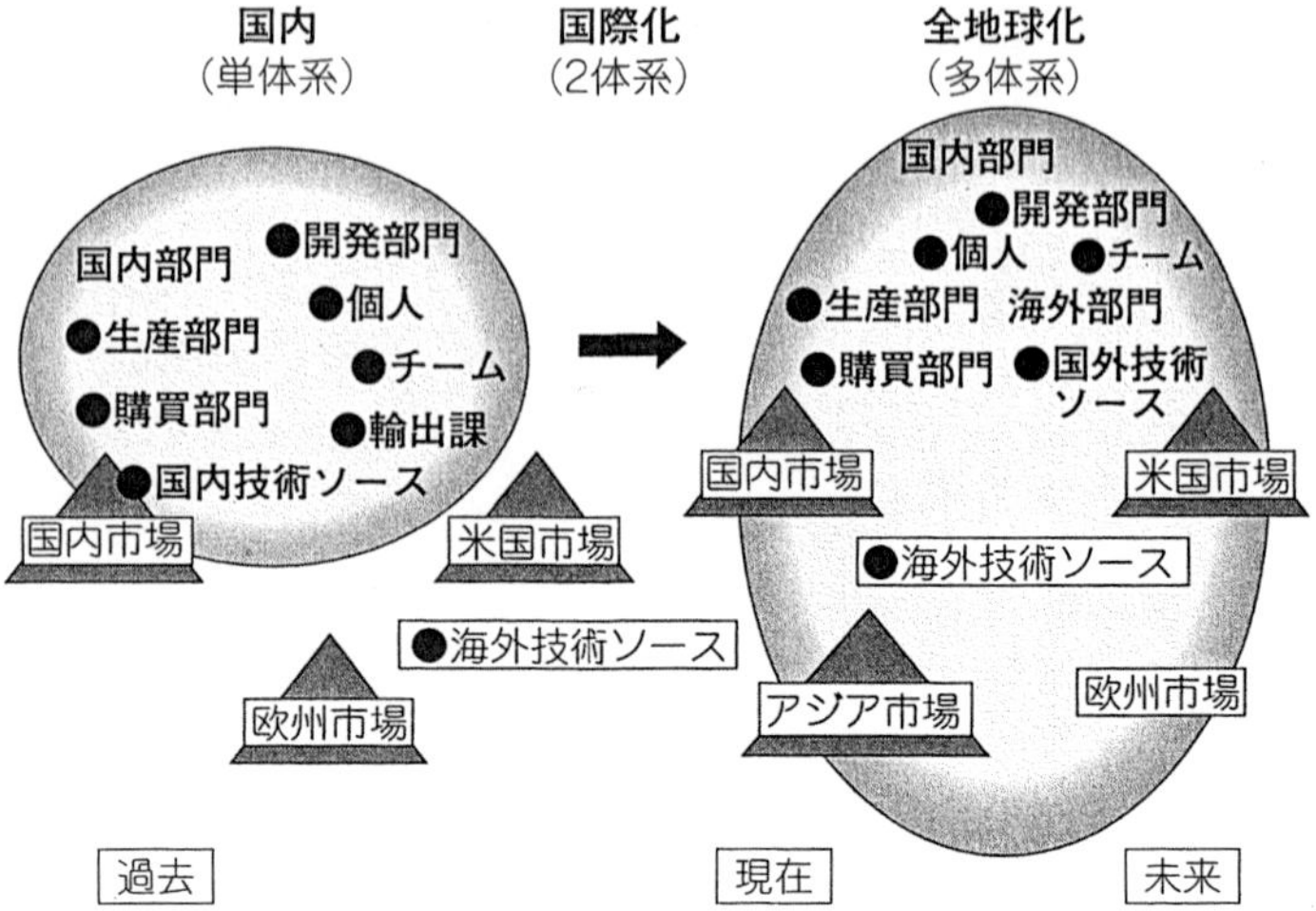

図2-8　関係性の飛躍的な増加

門は他部門とは独立に問題解決のために自らの部門の最適解を求め、他部門に投げてきた。市場も国内市場と北米市場、欧州市場は別々に事業展開を行なうことができた。図の左側の関係である。

しかしながら、現在は、部門間や市場間の境界がきわめて薄くなってきている。さらに、M＆Aや規制緩和に基づく突然の新規競争者の出現、さらには顧客の嗜好の急速な変化等により、過去の成功体験は通用しなくなっている（アンラーニングの必要性）。これは企業におけるエージェント（個人、部門、会社）の視点からみると、次のことが起こっていることと同じだ。

①自らの行動、および相手のエージェントの行動が、関係をもったところに次々に波及し、その波及の及ぶ範囲が広く、スピードも速いため、互いに当初の意図どおりの結果を得ることができない。お互いに相手の反応の仕方

も、文化・価値が異なり、予想を越えている。

②相手のエージェントが次から次と変わり、しかもその行動内容が予想できない。したがって、活動の系外に自分を置くと次から次へと結果が変わり、一般則を見出せない。見出したときには古くなっている。

③上記のことを調整しようとしても、共通のルールが決まっておらず、一緒にルール造りから始めなければならない。

このことは、過去の視点に立てば、次のようなことができなくなったということと同じである。

①エージェント間の関係が決まっており、自らの行動に対する相手の反応が限定でき、内容も予想できた。したがって、コントロール可能。

②変化が遅かったので、自分を系外において、系を観察し、そこから一般則を見出してから対応しても間に合っていた。例、過去のマーケティングの手法など。

③ルールは各エージェントに共有化されており、調整がそのルールに基づいて可能であった。

つまり、右記①、②、③ができなくなったということはリザルトパラダイムの終わりを意味する。すなわち、これらの変化を背景に21世紀のパラダイムシフトは、「**リザルトパラダイムからプロセスパラダイムへの転換**」として提示することができる。

「リザルトパラダイム」とは、現実は動いているとしても、関連要因間の関係性を把握している（近似的に把握できている）として、あたかも近似的に止まっているかのように扱う態度・見方である。インプットに対するアウトプットが線形的に予測可能なるがゆえに、結果だけが大切にされるので、このように命名した。管理・統制の行動様式はまさに「リザルトパラダイム」の典型的な行動様式と言えよう。

一方、21世紀に向けての新たなパラダイムは、もはや一刻も止まっていることが許されない。次から次へと絶え間なく動いているのであり、インプットに対するアウトプットがカオス的で予想が立たない。「プロセスパラダイム」とは、このような動的なものを動的のままに扱う態度・見方である。この場合、動的な過程が大切であり、その過程を扱うという意味で「プロセスパラダイム」と命名した。**動いているものを止めて扱おうとする時代から、動いているプロセスを動いているままに、自らも動きながら扱わなければならない時代に、**人類は入ってきたということである。

表2-2に、各パラダイムの主要な違いを示す。

現在はリザルト系の静的社会からプロセス系の動的社会に移行していく段階である。目に見える結果としての形や数字を相手に受け渡す行動様式を重視する立場・価値観から、現在の動いているプロセス、すなわち刻々動いているインタラクティブな動きそのものを対象に、やりとりしようとする方向に、大きな変換を遂げようとしているのである。プロセスパラダイムへのシフトである。このような時代の変化に気づかずに管理・統制のリザルトパラダイムの行動様式をとり続ければ、至るところに閉塞状況が現出せざるをえない。

表2-2　各パラダイムの特徴

	リザルトパラダイム	プロセスパラダイム
扱う対象	過去の活動の結果（静的）	現在の動的な活動そのもの（動的）
扱う態度	近似的に止めて扱う	動いているままに，自らも動きながら扱う
参加者の状態	参加者はある範囲で切り離されているとし（孤立性），その系内の関係性は既知とみなす	参加者は相互に関係性を有しており，その関係性も動いている 参加者の出入りも変化
最適解の姿	系内の最適解が中心	系外を含んだ，絶えざる相互作用としての解の連続もしくは最適プロセス
ルールの源	過去が規範	現在刻々と創られる
時間軸と幅	過去とその時点	現在と一定の時間幅
行動様式	結果が大事 結果を高めようとする	現在の動いている過程が大事 現在の過程を高めようとする
再現性	いつも再現する	周辺状況に応じて再現しない

リザルトの時代には、扱う対象の関係性があまり高くないので、過去の活動の結果に注目して計画を立て、活動を左右する要因と結果のリニアな関係によって将来を予測しながら、目標と活動の結果のズレに注目して活動を進めていく。交通渋滞問題を例にとれば、どれくらいの大きさの橋をいくつかけるとどのくらい混雑が解消したかという、過去のルール（成功体験）によって橋を掛ける。その後実際の緩和結果と目標のズレに注目する。施策と目標はそれぞれ切り離されており、孤立性が担保されていて、両者の関係性も既知とみなせるので、ある時間幅で計画を立てて、成果を最大にしようとする。したがって、活動は系内で最適な解を求めることになり、ルールの源は過去にあって参加者に共有化されており、結果が大事でそれを高めようとする。いわ

ゆるノルマ（結果）第一主義の世界である。再現性が重視されることになっていく。代表的なビジネスプロセスである、ＰＤＣＡ（Plan（計画）」、「Do（実施）」、「Check（点検）」「Action（是正処置）」）も同じことをしている。

一方、プロセスパラダイムにおいては、前述した三つの駆動力（91ページ参照）により、絶えず新しいものが、まったく違った価値やルールをもって参入してくるので、リザルトパラダイムで担保されていたエージェント間の関係性や要因と結果のリニアな関係が、担保されえなくなる。たとえば、年度計画（例、橋の数や道路の幅）を立てると、その前提がすぐに変わってしまうので、立てたこと自体が一つの鎖、桎梏となってそれによって矛盾が現れてくる。だから臨機応変に対応していくことができる、ラーニングオーガニゼーションが有効になってくると言えるだろう。プロセスパラダイムでは、情報技術で車と道路、車と車を結び、刻々変化する道路状況（動いているプロセス）に合わせて、道路が込まないように刻々とガイドする。渋滞状況が刻々変わるから、ガイドも刻々と変えていかざるをえない。さらなる要因の変化によって、ガイドを導くルールそのものをも変えることが求められる。現在の動いている過程そのものへの対応が必要になり、周辺状況に応じては、再現性が担保できない状況に突入する。交通量を抑制し渋滞や自動車公害を緩和するため道路の使用に対して直接的に料金を課すロードプライシングも、プロセスパラダイムの施策の嚆矢（こうし）と言えよう[15]。

リザルトパラダイムにあっては、独立の（実際は動的な関係性をもっているのだが、変化が少ないので近似的に独立とみなしうる）各参加者が、各自の決定した内容を受け渡すワンウェイの行動様式である。したがってこの場合、受け渡しされる個々の最適解の量と質（たとえば、前述の橋の数や道路の幅など）が非常に重要視される。これに対して、プロセスパラダイムの行動様式は、動的関係性をもつ各参加者が未確定の現状を交換しあい、現在刻々と創発的に最適解を創り上げていくツーウェイの行動様式（車の混雑状況に応じたルートのガイドなど）と言える。この場合扱う対象は、最適解を創り上げていくプロセスそのものであり、重要視されるのは、現在のその動的なプロセスそのものということになると提言する。日本における交通渋滞はＧＤＰで２％の負の経済効果をもつと言われている。平たく言えば、交通渋滞をなくせれば、他の経済的な活動を何もしなくても成長率を２％も上げられる（約10兆円程度）。プロセスパラダイムによる問題解決能力のインパクトはきわめて大きい。今の時代の本質は、動いているものを自らも動きながら、動いているままに扱う時代に入ってきているということである（プロセスパラダイム）。この時代には、動いているままに扱う合理性を実現できなければ、問題の解に至れないのである。

過去のリザルトパラダイムの時代には、「こうすれば、こうなる」時代だったからこそ、こうなるという、結果ばかりが注目されてきた。だが「こうすれば、こうなるとは限らない」時代だからこそ、刻々どうなっているのかという変更するプロセスそのものを扱わなくてはならなくなってきたのが現在なのである。これが、私が提唱する「リザルト」パラダイムから「プロセス」パラダイムへの、大文字のパラダイムシフトである。

表2-3　支援への移行（プロセスパラダイムを満たす行動様式「支援」）

対象	止まっている or 静止とみなしうる	相手が刻々変化する	自分も相手も刻々変化する
適切な行動様式	管理行動	刻々の管理	支援行動
自分	変わらない	基本的に不変	変わる
相手	変わる	頻繁に変わる	頻繁に変わる

プロセスパラダイムに必要な行動様式

それでは、対象が動き出し、自らも動きながら対処しなくてはならないプロセスパラダイムの時代には、どうして支援行動が必要になるのだろうか。表2-3を見ていただきたい。

私たちが扱う対象や前提条件が一定期間にわたって止まっているとみなしうるときは、つまり、相手も自分もある程度動きがそれほど速くないとき（リザルトパラダイム）には、管理行動の問題解決能力が高く合理的である。しかし、対象が動き出してくると、たとえば顧客の嗜好の変化が速くなるなどしてくると、従来の管理行動から刻々の管理行動がとられるようになる。たとえば、最近のコンビニなどでは、朝昼夕で来客層が異なる。午前中はお年寄り、午後は学生、夜はOLだとしよう。そこでPOS（point of sales system: 販売時点情報管理システム）を用いて、品揃えを時間単位で変える。ここまではなんとか管理が有効である。しかしながら、表2-4に示すように、相手だけでなく、自分も刻々変わる[16]ような状況下では、刻々管理しようにも、指令を撤回しなくてはならなくなり、混乱は必至だろう。相手の変化に応じて指令を変えるのは相手にとって合理的だが、相手には見えないこちらの変化で指令が変えられたら、相手はたまらなくなるからである。このように両者が動いている状況下（プロセスパラダイム）では、支援行動が初めて本格的に必要となるのである。

モノ造りの現場でも同じことが起こってきている。車を生産するときに、開発部門と生産部門は刻々と起こる設計変更に対処するために、月一回程度のコウレン（工場連絡会）やＤＲ（デザインレビュー）と呼ばれる連絡会を開いていた。開発期間が長いときには、そのような管理スパンで設計変更を吸収できていた。しかし、開発期間が超短縮してくると、刻々の連絡会を開く必要がある。これが週単位や日単位のデザインレビューである。管理の頻度を増やすということは、連続的な動きに近づくということであるが、結局極限があるということにおいて、管理の次元を越えることはない。管理する側も動き始めるとき、つまり両者が動くときには、管理から次元が一歩異なったものへ移行するしかない。

相手が動くことを前提として、相手の動きに合わせて自らの動きを変えてくれる存在があって、初めて動いている状況を動いているままに扱うことが可能となるのである。

過去のように変化や違いが少ない時代には、管理行動は有効であった。現在のように、目標を達成するためには絶えず互いが変化しなくてはならない状況下では、管理行動に出れば、計画の最初の前提が変わることにより、相手を絶えず命令によって変わらせなくてはならないから、すぐに衝突し閉塞してしまう。一方、支援は**相手に合わせて自分を変える行動様式**なるがゆえに、相手が何度変化してもその変化や違いに追随できるのである。両者が支援行動をとる文脈において、両者の絶え間ない変化を吸収する可能性が拓かれていく。自分が相手に合わせて変わるだけでなく、相手にも、自分に合わせて変わってもらわねばならない。相手も自らの意志で支援してくれたなら、両者が寄り添って、動いているものを動いているままに扱うことが可能となる。これからの社会においては、このような支援の行動様式しか動きを制しえない。**動いているものを扱うとき**は、管理・統制の行動様式より、**支援行動のほうが、問題解決能力が高い**のである。

支援行動は、まさに**プロセスパラダイムにおける行動様式**である。相手も自分も動いているとき、問題解決能力を得るためには、過去のように各関係者（ステークホルダー）のエージェントを切り離されたものとして捉えて、自分たちのルールに基づいて他方をコントロールするような進め方では対応できない。管理ではいつまでたっても両者は分離したままであり、一方が他方をコントロールしようとして、自分の弱みは見せないようになる。管理されるほうも、できるだけ自分の動きを少なくするように動く。両者の動きの激しい状況下では、管理は完全に閉塞してしまう。

自分も相手も動的に活動しているところで互いに支援を行なえば、相手の動きがそれぞれの支援行動に吸収される。支援行動によって、過去には機会主義的に切り離されていた両者が、動的な活動の中で**合一の方向に向かう**。これが、図1-1に示した、再び一つになる時代がきているということである。

相手にも、自分に合わせて変わってもらわねばならない瞬間に、発想の転換が必要となるのである。別れたものが管理しあうのではなく、別れていたものが動きのなかで再び一つになる行動様式なのである。

プロセスパラダイムにおいて支援が企業活動において求められてきている理由は以上のことより明

白である。企業活動が置かれている状況が、情報技術や輸送技術の急速な発展、グローバル化の台頭、モノ余りの時代、顧客の嗜好の急速な変化などにより、情報という刻々動いているものを自らも動きながら、動いているままに扱わなくてはならない時代にあって、支援行動は企業においてもますます必要となってくるであろう。

支援の合理性

「解」の所在のシフト

さらに支援の合理性の本質に迫っていこう。動いているものを自ら動きながら扱うプロセスパラダイムにあっては、相手に支援行動をとってもらえることで自身の問題が解決される。このことを別の視座から検討してみよう。

[自身の問題の解はどこにあるのか]

ここで、もう一つの分析枠組みとして解の所在という概念を使ってみよう。解の所在は、問題の所在より一つ抽象度の高いメタ概念であることに留意する必要がある。問題の所在に関しては、それが

表2－4 「解」の所在の変遷

解の所在	解が自分	解が境界領域	解が相手
適切な行動様式	管理行動	マトリックス管理・刻々の管理	利他性
関係	上下関係	水平・協力関係	支援関係
気づく内容	問題と解決策	自分の文脈（量）内での相手への影響	知らない相手への自分の文脈（量）の読み直し
グローバル調達の場合	自国内での調達	輸出，輸入，国際分業	完全な地球的調達
（開発）の短縮化	シーケンシャル型	サイマルティニアス型	サポート型
目標の高度化	線形の世界	線形と非線形の世界	非線形の世界

たとえ相手と自分の間に合っても、自分に力があれば、相手のために解いてあげることができる。しかし、二人が揃わないと解けないということは、解が相手と自分の間にあるということである。

表2－4を参照されたい。これは過去から現在に向かって、問題の解の所在の変遷を示したものである。横軸は問題の「解」の所在であり、縦軸は、それに対する適切な行動様式や気づきの内容などの特性である。リザルトの時代には、問題の解が自部門にあり、管理行動が有効であった。プロセスパラダイムの時代になると、解が相手の領域にあるため、管理では対応不能となるのである。結論を先取りすれば、現在、私たちを取り巻く問題の「解」は、他者に属するようになってきたということである。

たとえば、かつて新車開発期間は通常40ヶ月であったが、これを30ヶ月にするときには、工場内のラインの生産性を上げるとか、設計作業の標準化等による効率化が大切で、その活動は生産部門や設計部門で閉じられていたと言える。自分の、自部署の、自部門の問題は、自分で、自部署で、自部門の努力によって解決しえた時代があった。つまり、解が自分にあったのである。

一方、合わせ品質（たとえば、フェンダーとヘッドランプの隙の平行度など）のような境界領域の課題は、各々の部署や部門や企業がジョイントして協力、協働しながら、解決せざるをえなかった。境界領域の解を効率的に解くことによって、30ヶ月から20ヶ月が達成されたのである。ところで、新車開発期間をもしシングル（一桁）の月数で達成しようとしたら、もはや、自部門の努力だけでは、あるいは隣接する部門、関係する部門間の協力だけでは、達成されえない。設計段階から生産時の問題をなくし、下流工程の負荷の軽減をするような支援をしなければ、成立しないのである。実際、そのような解決策が開発期間の短縮度合いに伴って現れている。リアリティの変化は解の所在という切り口で分類すれば、「自身」から「自身と他者の間」へ、「自身と他者の間」から「他者」へと変遷してきているのである。

工場におけるIE改善（歩く歩数をできるだけ小さくするようなライン構成、物流などへの施策）や設計部門における標準作業化（図面作成時間の効率化）などが、問題の解が自身にある時における生産部門や設計部門の取り組みである。この段階では、自部門の取り組みであるから、部門内における管理的努力で達成できる。部門内であるがゆえに、関係者は問題にアクセスできるし、また部門における権威が管理を有効なものとして機能させうる。この段階では、自部門内の取り組みゆえ、他部門への配慮はほとんど要求されない。

一方、アッセンブリー（組立製造）メーカと部品サプライヤーとの間にある合わせ品質の解は、協力しあってその品質を達成しなくてはならない。きわめて小さい誤差が求められる合わせ品質の取り組みでは、両方が高い公差を出しても、目標には至ることができない。このような場合に何が求められるかである。たとえばフェンダーとランプ全体の構造検討から一緒に出発し、必要な誤差範囲に収められるか、協力なり協働ができなければならない。過去において解が自分にあったときには、自部門内の努力で十分だったが、今度は自分（アッセンブリーメーカ）のやっていることが相手（サプライヤー）に対してどういう影響を及ぼすかということに、状況が刻々変化する中で配慮しなくてはならなくなってくる。相手と自分の両方に跨る領域を協働して取り組まないと、必要な公差には至れない。相手は自分の権威下にないので、管理では立ちいかなくなってくる。

さらに、開発期間が短くなっていくと、どうなってくるだろうか。生産部門も設計部門も、自身の問題の努力や自身と相手の間の問題の解決だけでは間に合わなくなる。設計部門は生産部門の仕事を減らす、もしくはなくすように仕事をしなくてはならない。たとえば、設計者が図面を描いた時点で、生産部門の作業者の習熟マニュアルも完成しているという具合である。生産部門に割り付けられることになる開発期間10ヶ月以内の目標は、生産部門だけではもはやどうにも達成できない事態に直面させられている。したがって、生産部門の人々は、自分たちの目標の解が設計部門にあるということを部門の壁や業務分掌を越えて分かってもらう必要があるし、設計部門の人々は、やったこともない自動車生産というプロセスに自分たちの設計のプロセスを乗せて、再解釈しながら、相手を支援していかなくてはならなくなる。

製造業だけでなく、サービス業においても同じ解の所在のシフトが起きている。卸の例を考えると、卸せば売れた時代には、卸はいかに効率よく搬送するか、いかに巧く配送ルートを決定するか、いかに多くの小売をつかんで卸すかという、自身の解に答えることでよかった。しかし、商品のライフサイクルが短くなり、多様化し、さらに地域性が反映されてくると、今どんな商品が売れているのかということを小売店と協力して把握し、卸していかなくてはならず、問題の解が自身と相手の間に移っていく。さらに、時々刻々と顧客層が時間によって替わるコンビニに商品をタイムリーに提供しようとしたら、POSによって状況を把握しながら、卸側が検品（従来は小売の役目）をし、場合によっては小売が使用している展示トレイに商品を載せて届けるところまで小売を支援するようになってきた。この点については、後で（134ページ）さらに詳述する。

言い換えれば、目標が高度化するにつれて、自身の努力や自身と相手の間にある問題の解決努力がやりつくされ、もはや相手の問題を自分が解決するしかない、もしくは自分の問題を相手に解いてもらうしかないところまできたということなのである。これは相手を支援するか、相手から支援されるかということである。

〔相互浸透過程とは〕

ここで、自身の活動が相手の活動に入り込み直接相手のパフォーマンスに影響を与えるプロセスを、「浸透過程」と定義しよう。互いに影響するとすれば、それは相互浸透した過程となる。浸透過程とは、他者の問題の解が自分にあるときにおける、自分の活動プロセスのことである。

自動車開発期間の短縮の歴史においては、図2-9におけるモデルcが相互浸透過程ということになる。20ヶ月を成し遂げたときには、モデルbのコンカレントエンジニアリングという、自身と

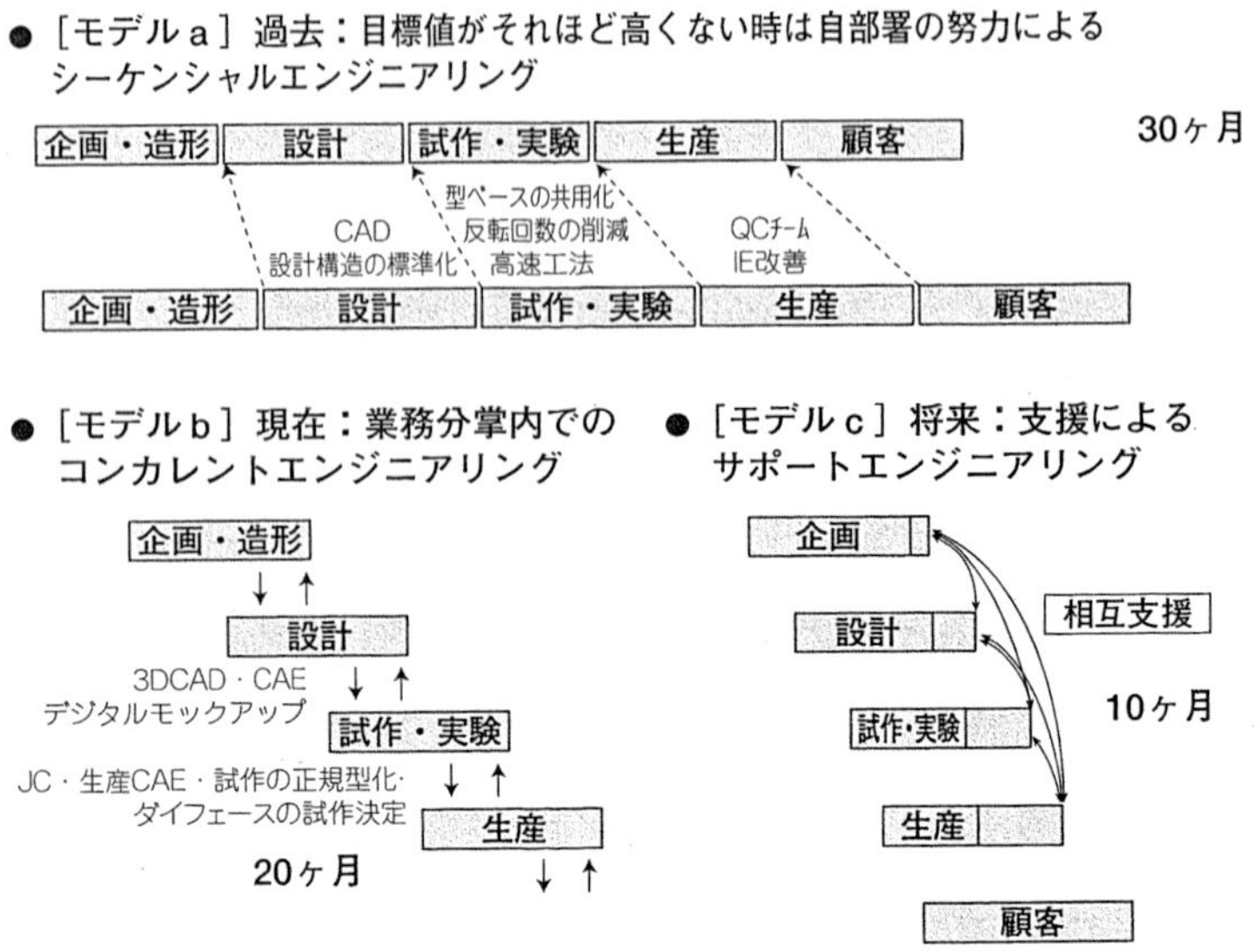

図2-9　相互浸透過程とサポートエンジニアリング

他者の間にある解をそれぞれの業務分掌の範囲内で協働して解決する方法[17]で十分だった。しかし、開発期間を10ヶ月以内に短縮しようとしたら、モデルcのようにお互いに浸透して、それぞれの業務分掌を超え、自身の仕事が終了した時点で相手の仕事の何割かが同時に終わっているように相手の仕事を軽減（サポート）するような仕事の進め方が相互に求められてくるのである。つまり、現在から将来にかけて、コンカレントエンジニアリングは「サポートエンジニアリング」[18]に進化するだろう。

　現代的なプロセスパラダイムの問題は、相互浸透過程をいかに扱うかにつきるのである。自身のプロセスを相手といかに関係をつけて、相手を支援するようにできるかにかかってきているのである。これが企業活動の現場の最先端のリアリティになってきている。企業ばかりでなく、個人、家庭、社会、国家間でも、同じことが起こりつつあると私は考えている。

たとえばちょっと横道にそれるが、アメリカがテロの問題を解決しようとしたら、相手が悪いと責めるのではなく、その原因はひょっとしたらアメリカ自身が相手を十分に助けていない、もしくは奪っていることから起こっていると思う態度がこれにあたる。この態度なくしては、テロの問題はおそらく永遠に解決が叶わないだろう。

地球環境問題も同じことである。将来世代の存続（生死）に関わる問題の解は、私たち現世代がどうするかにかかっている。また、法律でもこのような動きの萌芽が出てきた（菅 2004）。従来の法体系は、悪いことをさせないことへの抑止力や、悪いことを行なったときの罰則としての効用はあるが、良いことを促進させる効果は望めない。グッドサマリタン法[19]の本質などが研究され、法の位置づけを変えようとする動きが現れている。現世代は、将来世代からは裁かれることがないからである。法自体が変わることを求められてきている。

扱う量の変遷と「問題」の本質

［プロセス量とリザルト量］

ここで、相互浸透過程においては、どのような「量」が扱われるようになるかを検討しよう。

過去においては、自身の閉じられた系における自身のパフォーマンスの量が大切だった。現在から

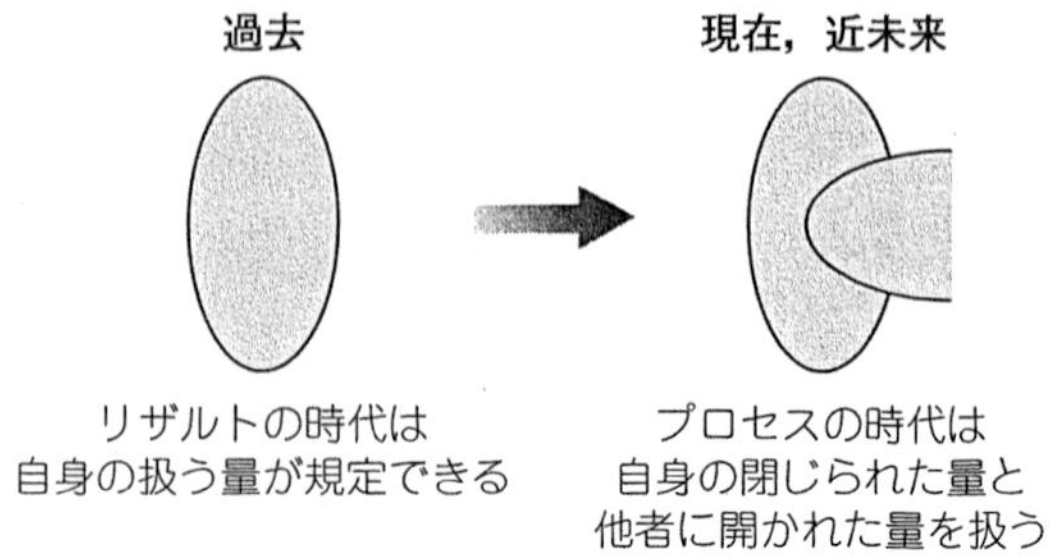
過去
現在，近未来
リザルトの時代は
自身の扱う量が規定できる
プロセスの時代は
自身の閉じられた量と
他者に開かれた量を扱う

図2-10　自身が扱う量の変遷

未来にかけてプロセスパラダイムの時代になると、そのような量に加えて、他者に対して開かれた、動的な関係の量を扱わなくてはならなくなる。この関係を図2-10に示しておく。

リザルトパラダイムで扱う量は、相手と完全に切り離すことが可能な量であった。これをリザルト量と名づけよう。プロセスパラダイムで扱う量は、相手が動けば自分が動かざるをえず、自分が動けば相手が動かなくてはならない、**自分と相手の両方の存在があって成立する量**である。これをプロセス量と定義しよう。支援は、プロセス量を扱う概念である。扱うという意味は、対象として相手と自分の行為の交差点を扱うという意味と共に、支援によってその量が同時に出現してくる側面をもつということである。

たとえば、試作部であれば、ダイベース（型を取り付ける台）に非常に多くの種類があると、いちいち型を換えるのに時間がたくさんかかるので、多数個取りとか共用化するとか、反転回数を少なくするとかを行なってきた。つまりこの段階では、自部門の中にあるアクセスできる量をきちんと扱えるかが問題を解決できるかどうかの死命を制した。過去のリザルトパラダイムにおいては、自分たちのやっていることの範囲内の量を巧く処理できればよかったのである。

一方、現在から未来のプロセスパラダイムにおいては、前述したように自身の閉じられた量だけでなく、それをどのようにしておくと他者にとってよいかとか、あるいは他者が自分にとってどのようにしておいてくれると、自分にとってよいかとかが大切になってくる。つまり、自分の量に、他者に対して開かれた量である、プロセス量が加わってくることになる。

具体的に言うと、開発期間の長い時代（30ヶ月）には、試作部と生産部がそれぞれ試作型と正規型（量産型）を造っていても、間に合っていた。しかし、開発期間を短くするためには、それでは期間がかかりすぎるので、両方の型を一つにする取り組みが進められた。試作型の正規型（量産型）化である。この場合、この一つの型で試作部と生産部の両方の問題を解決しなくてはならない。試作部側からみれば、自分のアクセス不能な生産部の量も扱えなくてはならなくなる。試作部の人は、生産部門においてはどういうことが重要であるか、またどのようなことは絶対に回避しなくてはならないかというような、部門を越えた情報とか問題を把握するという、本来は権限がなく知ることの難しかった量を扱うことが求められてくる。試作型は短納期で安価でフレキシビリティが高いことが大事であり、生産部門が使う正規型は、耐久性が高く、精度が出ることが肝心だ。そこで自身と相手の関わりに気づく必要がある。言い換えれば、自身の行為が相手の文脈でどのように貢献できるかというふうに、再解釈されることが不可欠となる。ルノーと日産の場合も、日産がルノーに対して、ルノーの有している矛盾点に迫っていくのはきわめて難しい。お互いが仕事をする中で、互いに権限のない相手の量を扱うことが通常化されてきている。クロスファンクショナルな（機能横断的）活動とは、そのような扱いの連続のことである。上司と部下がクロスファンクショナルしていく、先生と学生がクロスファンクショナルしていく。メーカと小売が、小売と顧客がクロスファンクショナルする。このような行動様式の変換がなければ、きわめて難しい問題・高い目標は解決していかない時代なのである。

人々は、自身の業務分掌において、自身の仕事を責任をもって果たすことを学び、次に他者との境界領域の問題を互いに協力・協働しながら達成することの合理性に進み、そして最後に、他者の問題をも解決すること、もしくは他者から自身の問題をも解決してもらうことを学んでいくのである。

［「問題」の本質］

ここではそもそも「問題とは何か?」ということを定義してみたい。端的に言えば、リザルトパラダイムの時代には、関係性が既知であり、自分の業務分掌が明確なので、何か問題が起こったときには、誰の責任であるかが同定できる。逆に言えば、リザルトの時代の問題とは、自身の仕事分掌に対する自身の努力不足か、他者の、他者自身の仕事分掌に対する努力不足かのどちらかが問題なのである。平たく言えば、誰かがサボっているか、巧く仕事をこなせないから、全体として問題が起こる世界である。だから、責任論的には、負担責任論（責任を果たせなかった人に負担を課す）が機能する。これが、図2-10における閉じられた量の時代における問題の本質である。

つまり、リザルトパラダイムの時代の問題の本質とは、「**誰かが、自らの業務分掌を果たしていないこと**」によって引き起こされるのだ。

上司から割り当てられた自らの分を果たす、言い換えれば、自分の仕事をさせられることができるのが大切であり、部下に部下の仕事をさせることができることが重要視されるのである。だから、管理行動様式が求められ、きわめて有効なのであった。「させる／させられることを大切にする文化」の時代と言える。問題が解決され、結果（自己の利益の最大化）が出るということはそういうことだったのである。能力主義（メリトクラシー）による人事評価とか、ＴＱＭ（Total Quality Management）とかがもてはやされた所以である[20]。

　一方、プロセスパラダイムの時代はどうであろうか。閉じられた自身の量の他に、絶えず予想を越えて起こる（なぜならば、変化は自身の知らないところで何時起こるやもしれない）、他者によって引き起こされる開かれた量（自身も他者に対して変化や違いを起こすのだが）を刻々と扱わなくてはならない。この開かれた量の関係性は絶えず動いているから、自分の業務分掌を明確化できない。したがって、何か問題が起こったときには、誰の責任であるかが同定できない。さらに、その変化や違いの解決は相手に委ねられることになる。つまり、**プロセスの時代の問題とは、相手の変化や違いに対する自分の相手に対する支援不足か、こちらの変化や違いに対する相手のこちらへの支援不足かのどちらかとなる**。平たく言えば、自分が相手を助けないから、もしくは相手がこちらを助けないから、全体として問題が起こる世界である。だから責任論的には、負担責任論が成立せず、応答責任論（責任をとるということを、問責者と答責者との間のコミュニケーションの一つのプロセスなのだとする[21]）が整合的となる世界である。これが図２‐10における開かれた量の時代における問題の本質である。

　つまり、プロセスパラダイムの時代の問題の本質とは、**「誰かが、相手を助けないこと」**によって

表2-5　パラダイムシフトと問題の本質

	リザルトパラダイム	プロセスパラダイム
問題の定義	自身の業務分掌の未達成	相手との関係において助けることの未達成
扱う量	自身の閉じられた量	他者に開かれた量
整合的な行動様式	管理行動様式	支援行動様式
整合的な責任概念	負担責任論	応答責任論
必要な能力	させる／させられる能力	してもらえる／してあげる能力
代表的な仕事に関する仕組み	能力主義 TQM	支援主義 TQM越え

引き起こされるのだ。

だから支援行動様式が求められ、きわめて有効になってくるのである。プロセスパラダイムにおいては、自らの分を果たす、言い換えれば自分の仕事ができることに加えて、相手を一定程度助けてあげる、もしくは相手から一定程度助けてもらえることが大切であり、重要視される。「してあげる／してもらえることを大切にする文化」の時代と言える。支援行動様式によって問題が解決され、結果（自己の利益の最大化）が出る時代が通常化されつつあるのだ。だから、支援を自身の仕事に一定程度組み込んでいる人を評価するとか、ＴＱＭで達成できるコミットメントに加えて、支援まで進まないと達成できえないターゲットを軸にＴＱＭを越えるマネジメントの仕組み[22]を作るなどの動きが出てきつつあるのである。

表２‐５に、以上を整理しておこう。それぞれのパラダイムに典型的に整合的な特性を示す。

「管理」「協働」「支援」の合理性

リザルトパラダイムからプロセスパラダイムにシフトしてきている現実において、問題の解が「自身」から「自身と他者の間」、そして「自身と他者の間」から「他者」に移ってきていることは前述した。ここでは、それぞれに適応的な行動様式を合理性の視点から検証し、支援の合理性のまとめとしよう。

今、鈴木さん、佐藤さん、田中さん、山本さんの4人がそれぞれ10日間の仕事をして、自分の仕事が終わったら、次の人にその中間物を渡し、次の人もさらに10日間の仕事をして、同じように仕事を次に受け渡し、全体で、40日で完成品ができていたとしよう。今、競争力を高めるために、目標を30日前後にしなくてはならなくなったとしよう。そこで各自が一生懸命努力して、2日間ずつ仕事を短縮することができたとすると、全体で32日まで縮めることができる。これを独立の合理性と呼ぼう。なぜならば、独立のエージェントが独立に努力することによって得られる効果だからだ。誰か一人でも目標を果たすことができなければ、32日は達成できず、負担責任が発生する。分離、独立していることの効能の発揮がゲゼルシャフトであった。ゲゼルシャフトは分離を促進し、それぞれが自分の責任を果たすことにおいて、高い目標が果たされる。

その後外部環境も変わり（他メーカも皆30日前後でその商品を造れるようになってしまった）、さらに高い目標20日前後にする必要が生じた。これには、4人とも困ってしまった。しばらく悩みあぐねた結果、賢い山本さんが新しい方法を編み出した。すなわち、順次に仕事を引き継ぐのではなく、できるところはお互いに時間的に重なって出発し、最終的にそれを組み合わせることにしたのである。どういうことかというと、たとえばこの本を例にとってみる。今私がこの原稿を書いているが、完成してから、次に表紙のデザインや推薦の言葉などを依頼する。そして、それが決定してから、版を作って印刷を始めるとする。これではどのようにしても20日を達成できない。20日を達成するためには、私の原稿のある時点で、その大まかなテーマをつかみ、デザインの作成や推薦の依頼を同時並行的に進めて、原稿ができると共に、それらを微修正しマッチングさせるのである。これが車の世界のコンカレントエンジニアリング（サイマルティニアスエンジニアリング）にあたる。自分の活動を他者の活動と関係づけ、その部分を協力、調整することによって現れてくる合理性である。自分と相手の両方により大きな利得、つまりは効用が出るように、お互いのプロセスを協力しあうのである。関係の合理性[23]と言えよう。

さらに、驚くべきことに、今度は10日にする必要性が出てきた。これは4人の仕事を1人でする期間である。これには4人ともほとほと頭を抱えてしまった。ここで登場するのが、関係の支援化による合理性である。自分の仕事が終わった時点で相手の仕事がなくなっている合理性である。たとえば、先の本の出版の例で言えば、私が原稿を自宅のコンピュータで打ち込むと、印刷用の版がリンク（関係の支援化）されており、同時に刷版（印刷用の原版）ができてしまう合理性だ。もともと印刷用の版を造るのは出版社の仕事分掌であるから、これは私の出版社に対する支援となる。また、それなくして10日間は絶対に達成できない。

管理の場合には、管理される人自らの努力によって、その仕事を少なくさせる。協力は相手と協力しながら、自分と相手の仕事をより減らすようにする。支援は、自分が相手の仕事をなくす行為である。合理性はこのようにシフトしてきているのであり、支援行為は、その効果が相手に現れるので、支援者に一定程度の利他性が必然的に求められると言えよう。その効果が相手に現れる利他的行為ではあるが、このように他者を支援することによって、全体として自己側にも結局は利益が生まれる。この支援によって生ずる自己側の利益のことを、覚醒された利益（enlightened interest）と定義したい。そしてこのような行動様式をもつエージェントを、覚醒された自己（enlightened self）と呼ぼう。

そこで、**より難しい問題に遭遇したならば、このような順序で問題を解決していけばよい。**まずは、自分一人で解決できないか。そしてできなければ、関係する人と協働して両者の間にある問題を解けば解決できるのか、それでもできなければ、自身が相手を助けるか、もしくは相手から助けられるしかない、というふうに進めるのである。

たとえば、日本に酸性雨をもたらす硫黄の相当量は、中国の硫黄分の多い石炭使用に由来している。私たち日本人からすれば、中国にできるだけ、硫黄分の多い石炭の使用を控えてもらいたいわけだが、彼らとて、14億人の食い扶持を支える産業を起こさねばならない。加えて、中国には古くから自然災害で命を失う人のほうが、公害による死者数の数倍にものぼるため、日本のように公害の位置づけは高くない。しかも、先進国はその発展過程で公害をばら撒いてきたのであるから、今更規制と言われても、不公平感が募る。これを管理で解決しようとしても、中国は日本に管理されようはずもないし、逆もまた真である。一方、協力はどうであろうか。協力でもだめである。そもそも一方は産業を興すためにエネルギーが不可欠だし、一方は環境保全から使ってもらっては困るのであるから、目標（利害）が一致せず、破綻する。そこで、最後に支援がやってくるのである。

どういうふうにするかと言うと、まず、中国に石炭の硫黄分を取り除く方法を供与（支援）することが一つの方法である。この最初の支援により、硫黄排出の少ないエネルギーをどんどん生み出してもらい、そして余剰分を日本の夏の時期のエネルギー不足分として援助（支援）してもらう。そのエネルギーで生み出された高度な商品を、今度は中国に送る（支援）のである。この例のようにダイナミックにお互いが変容する関係を築くことが、この難問を解決する可能性が高い方法なのである。もちろん、現実には政治的にも経済的にも、このような単純なモデルが即採用できるものではないことは自明だが、それでも、リザルト的に相手との動的な関係性を絶った上での、機会主義（戦略を駆使して自己利益を追求すること）に基づく相互利害調整の道よりは、解決可能性が高まることは間違いない。

管理は、自分（組織）の役割を果たすことであり、それを高めることから出る問題解決力であり、協力はお互いに自分一人ではできないことを協力（組織の場合は提携とか合併）して解決することから出てくる問題解決力である。この場合、時間的に相手に合わせてお互いが準備を進めてマッチングさせる（コンカレントエンジニアリング）ことも、時間的な協力と言える。さらに、支援は、自分が相手の仕事をしてしまうことから出てくる問題解決力なのである。

コラム　プロセスへの動きは止まらない？

リザルトパラダイムからプロセスパラダイムへの動きは、ビジネスの世界だけで起こっている特殊なことだろうか。

否である。たとえば、医学においてはどうだろう。従来の風邪の治療は、熱や頭痛などの症状（これは風邪の菌と戦う生理作用の結果である）を抑えるためにアスピリン系の解熱剤などを使用する、対症療法である。癌の治療でも、現れてきた癌の患部（リザルト）を切除したり、放射線を当てたりしている。現れてきた症状（リザルト）に対する働きかけ（施療）が、医学におけるリザルトパラダイムの治療方法と言える。

しかし、現在は治療の中心が予防医学にシフトしてきていることは周知のとおりである。未病といって、症状ははっきりとは出てきていないのだが、その病気の一歩手前の状況を見出し、生活習慣や食べ物、ストレス状況などをチェックし、その人の生活の過ごし方（プロセス）に働きかけて病気（リザルト）を発生させないように施療するのである。リザルトの一歩手前のプロセスを制して、結果を良いほうに導くのである。癌患者などにおいても、単に患部をなくす（リザルト治療）努力だけではなく、癌との共存を図りながら、生活の質（ＱＯＬ）を高める、すなわちより意味と価値ある人生を送ることができるような取り組みも進められている。リザルト治療の限界を、より大きな文脈（プロセス）から補償するのである。また、一時話題になった臓器移植に伴う脳死の定義においても、文化や倫理や多数のステークホルダーの影響によって、リザルト的な固定的な定義に達することができえていない。結局本人の意志や、厳密な脳死の判定基準や、関係者の話し合いというプロセスの流れの中に、この難問の解が求められている。これもある意味で、リザルトの限界をプロセスで解決せざるえない例と言える。

さらに、医療の分野で言えば、生活のプロセスを改めて、病気に罹患しにくくするプロセス療法に加えて、近未来は、生命力そのものを旺盛にして、どんな菌にも、また極言すればどんな生活の過ごし方をしても、病気に罹らない施療、換言すればコーズ療法[24]なるものが現れるだろう。コーズパラダイムについては、216ページで詳しくみることにする。

物理の世界から、色を例にとってみよう。色はモノと光と目との交差点に生じる、連続したプロセスの結果（リザルト）である。光がなければ色は見えず、モノなくして色は見えず、目なくして、色は見ることができない。しかも、そのプロセスの結果としての色はモノにもなく、光にもなく、目にもない（大塚 1968）。一刻も留まることのない三者の活動プロセスに立ち現れるのであって、そのプロセスこそが実体と言えるだろう。今後、動的なプロセスの法則を扱うプロセス物理学のようなものが生まれ、上記三者の相互作用のプロセス量に介入できれば、色を自由に変えたり、見えなくしたりすることなどが容易にできるようになるだろう。

教育分野ではどうであろう。これまで、試験の結果の偏差値とか、一年に一度実施される大学入試によって、学生が評価されたり選抜されたりしてきた。これはリザルトの評価であり、選抜方法である。つまり、試験でよい結果を出すものは、入試後の成績もよく、ひいては将来社会に出てからもよい結果を出すに違いないとする、線形的なものの見方が根底にある。将来の結果を今の結果によって担保するリザルトパラダイムである。結果、結果、結果ばかりである。

しかし、今、ちょっと異なった動きが起こっている。リザルトの時代にあっては、教師が上位者として知識を下位者の学生に流すという縦の関係であった。が、現在は、創造性を発揮して付加価値の高い商品を生み出せないと、日本は産業分野で生き残れなくなってきている。そこでより創造的な学生を育成するために、学生の天分や特徴を伸ばせるよう、教師は学生に寄り添い、支援的な教育を始めている。学生の活動（プロセス）を高める水平的な関係にシフトしており、コーチのようになってきているとも言えるのである。入試にしても、結果だけでなく、学生の母校での活動（プロセス）を評価した推薦の重視や、その学生の天分に注目したＡＯ入試等、多様な経路（プロセス）が準備されてきている。

飛行機のパイロットや外科医の精神状態によって発生する事故をどう防止するかという問題も、同じである。普段の生活態度や過去の実績から判断して、そのような精神状態におちいることはないとしても、確証はなく、この問題の関係者（ステークホルダー）たちは納得しないだろう。また、今後いつ何時発生するかもしれない新たな事故も防げない。手術中の医師の心拍数を測定し、対応しようという動きが起きてきている。インテリジェント手術室では、メスの動きもつぶさに記録される。医療ミスのみならずの技量の検証も行なえる。ＬＡＮとこのシステムを結べば、異常の発生に気づいた他の医者が素早く執刀医を支援することが可能となる。飛行操縦士の場合も同様にできるだろう。また、過疎地においては、年老いた母親の電子カルテを携帯電話を介して見ながら、「母は今日、どんな様子だったのだろう？」と、医師と患者と患者の子供が三位一体となって、医療プロセスを高める動きが始まっている。健康なときに母親のプロセスを子供が完全に共有できれば、転倒などからも救えるかもしれない。

皆がプロセスそのものに参加して、刻々変わるプロセスを自ら構成しながら高めるのである。これを達成するには、参加者全員が相手に対して支援的にならざるをえない。

以上のように、もはやリザルト的発想だけでは、どの分野でも行き詰まってきており、問題を解決するためには、リザルトを生み出すプロセスそのものを強化し、高めなくてはならない。リザルトとはある時刻におけるプロセスの断面だから、プロセスのダイナミズムは、一段高い次元の解決を可能にするのである。

時代は、あらゆる分野でリザルトパラダイムからプロセスパラダイムへと動いている。

あなたも、自身の今の問題を、このような視点で捉えなおしてみてはいかがだろうか？

第3章

拡大する支援

支援パラダイムの合理性を検証する
支援パラダイムと新たなる社会レジーム
複雑性と支援
［コラム］　他者を助けること、助けられること

第2章では、動いているものを動いているままに扱う必要性のある時代には、支援が不可避となることを論究した。第3章では、その合理性を具体的に事例にて検証すると共に、プロセスパラダイムに適合的なビジネスモデルを提案し、さらに、新たな社会構成原理についても言及する。

支援パラダイムの合理性を検証する

モノ造りにおける検証

リザルトパラダイムの世界は、条件が止まっている（近似的に止まっているとみなしうる）範囲での最適解を基本としている。だから、管理が親和的になる。そして管理の及ぶ範囲で最大限の結果を得ようとする。プロセスパラダイムの世界には、管理は及ばない。対象の関係性が動き出してくるから、お互いを支援することにおける合理性が不可避となってくる[1]。**利他性の経済学の時代の開幕である**[2]。

どうして支援パラダイムが管理・統制のパラダイムにとって換わりつつあるのかを、企業活動の具体的な事例を取り上げて、厳密に検証しておきたい。もちろん、この合理性のシフトは、企業活動だけではなく、リザルトからプロセスへとパラダイムがシフトしているすべての領域で現れてきている。なぜここで企業活動を取り上げるのがふさわしいかというと、一見支援とは相容れない活動のように思われてきたからである。最も対極にあるとされる活動領域で支援が必要となってきていることを言い切れれば、その他の領域でも押して知るべしと言っても良いだろう。

企業活動の最終的な目標は、収益の増大である。経済学において経済人というものを、自己の利益を最大限にするように行動する人と定義しているから、経済合理性と支援という概念は、相矛盾するように響く。しかし時代は、**相手を支援しなければ、自己の利益の最大化が図れない**ところまで来つつある。それが現代のリアリティである。ここにおいて、経済合理性と支援という概念が両立するものであることが示される。このことが具体的に示され、人々に理解されれば、企業活動において支援パラダイムが台頭し始め、支援が未来に向かってより重要になってくることを認めざるをえなくなるだろう。支援することは、管理されるより苦痛が少ないから、その他の社会や組織や個人の領域においても、支援が関係原理の主流になることは否定しえなくなるのである。

〔事例からの検証〕

事例として、私が籍を置く自動車産業を取り上げたい。なぜ自動車産業を選ぶかといえば、私として最も確実かつ正確な情報の提供が可能だからである。また、現在の自動車業界がかかえる難問が、スケールの点でも人類への影響という点でも、考察するに値する課題の一つと考えられるからである。管理から支援への動きは、それらの難問を解決していくのか、その可能性を検証してみよう。

近代産業においては、モノ造りとサービスが二本柱と言える。この一方のモノ造り領域において、自動車産業は最も大きな産業の一つである。自動車産業に必要とされる技術とプロセスの範囲は、現代産業に適用可能なほとんどすべての現代技術を含んでいる。自動車産業は、複合的な科学的研究とコア技術の産物と言える。たとえば、機械工学・電子工学・半導体技術・新材料や複合材料・ロボット工学・コンピュータソフトウェア・アルミダイキャスト（アルミを使用した鋳型鋳造）・冶金術等である。顧客のニーズ調査・製品開発・製品設計・試作・実験・製造・物流・営業・販売などすべての経済活動が、国内だけでなく世界的規模で展開されている。日本においては、自動車産業の全従業員数507万人は全産業の7・9％であり、設備投資の22・4％、研究開発費の16・6％、製造品出荷額の16・0％を担っている。また、輸出の21・7％に当たり、税金の11・7％は自動車産業からもたらされる。一台当たり3万点とも言われる部品は、すべての産業と関係していると言っても過言ではない。また、効率よく販売するには、物流・サービス活動・金融などすべての経済活動を必要とする。地球環境に及ぼす影響、新交通システムや電気自動車等の革新性等、その規模と広がりと質において、支援パラダイムの検証例とするにたる大きさの領域の一つと考えてよいだろう。

自動車産業はまさに近代化のエンジンであると同時に、それがどの程度うまく進んでいるかということが、ひるがえって近代化の物差しになると言える（舘岡 2003a）。だから、中国やインドにおいて、近代化を効率的に成功させようと思うならば、自動車産業をいかにうまく取り込むか、育成するかが鍵概念となるのである（舘岡 2003a）。

さて、この自動車産業において、最も大きなかつ苦しい仕事は何であろうか。それはもちろん、新車を市場に導入する仕事である。新車効果が昔と比べて小さくなったとはいえ、新車を導入することによって、各メーカは自社のシェアを伸ばし、収益につなげようとする。また新しい技術の進歩や環境問題などの時代の要請を新車に取り込むことによって、自動車は刻々進化してきていると言える。たとえば、N社のスカイラインを一台市場に導入するには、どの程度のお金がかかるのだろうか。正確な数字は申し上げられないが、約２００億円はかかるであろう。マーチやフェアレディZなどを含めて八車種開発すれば、都庁が建つと言えるし、またライフサイクルで見れば、たった一つのプロジェクトでも都庁が四つほど建ってしまう。そのような大きな仕事には、実に千数百名のエンジニアや組織が関係しながら動いている。その新車開発業務において、現時点での最大の難問は、開発期間のシングル化（10ヶ月を切ること）である（これを本書では「新車開発期間超短縮」と呼ぶ。以後この呼称を用いる）。なぜならば、より低いコストで、より高品質の車を、ますます多様化し変化する顧客ニーズに対応して造っていかなければならないからである。さらにリストラの時代、従来よりも3割くらい少ないエンジニア数でそれを達成しなければならない。ただでさえ厳しかった新車開発業務を、仕事の密度を何倍にも上げて、より少ない人数で、より高い品質を上げながら、達成することが求められているのだ。

［新車の開発業務とは］

では、新車開発業務とは、一体どのような仕事なのだろうか。図３-１を参照されたい。図から分かるようにメーカは、マーケティングから受けた情報を基に企画部門が新車を企画し、造形部門がモデルを作製し、それを設計部門が図面に仕立て上げ、さらに試作、実験を行ない所要の性能が出ているかを確かめ、それを工場で生産してお客様に届けることをしている。すなわち、時間と共に情報の付加価値を高めながら、上流から下流へ、さらにその下流へと仕事を受け渡すというのが、自動車の新車開発業務の骨子である。では、一つの生産部門内ではどうなっているかと言うと、やは

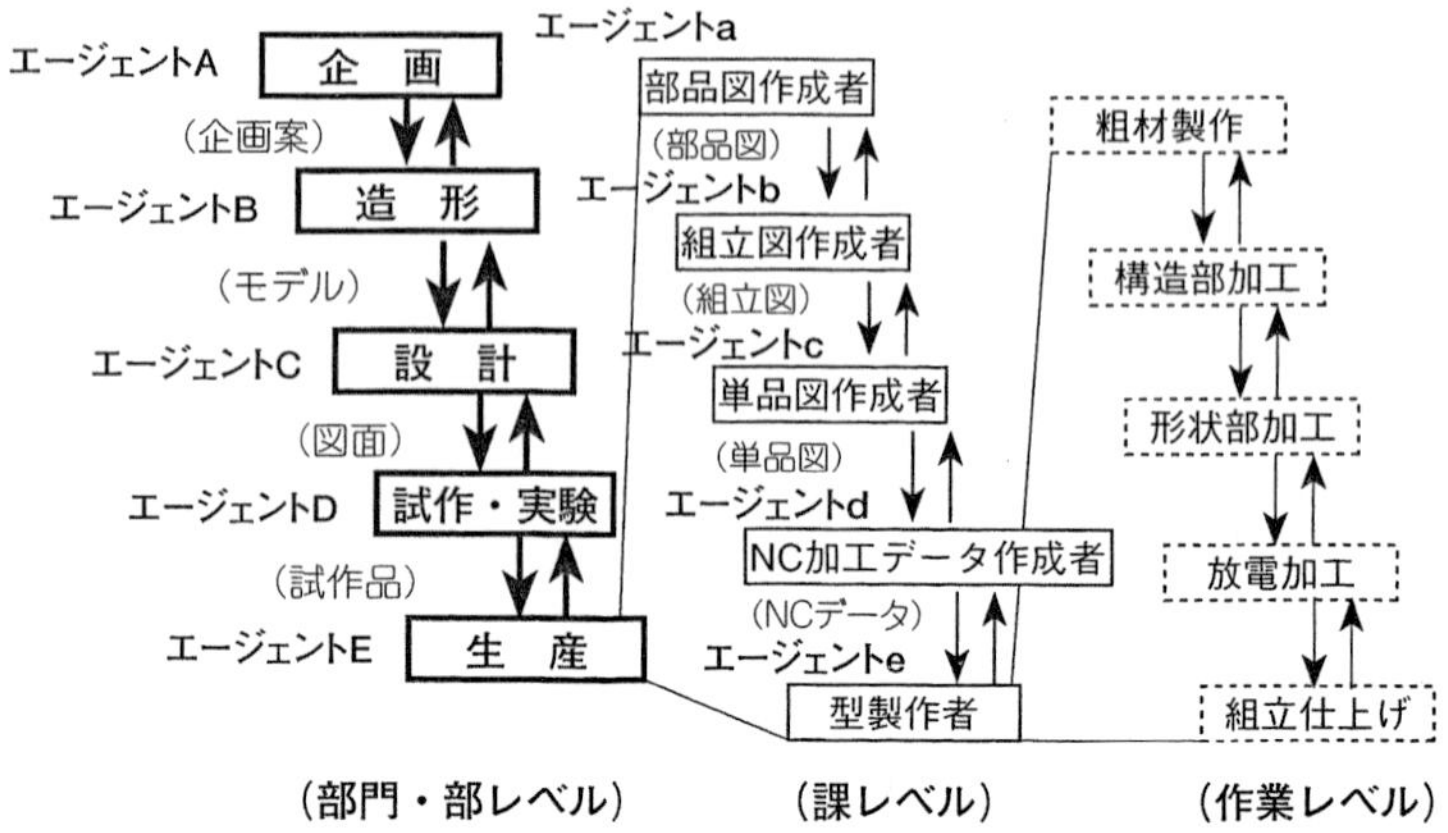

図3-1　新車開発行為に同型的(フラクタル)に現れる複数のエージェント

り図から明らかなように、部品図作成者、組立図作成者、単品図作成者、NC加工機データ作成者、型製作者等が、時間と共に情報の付加価値を高めていく。さらに、型製作者の中でも時間と共に情報の付加価値を高めることを行なっている。このように、時間的に情報の付加価値を高める関係を同型的(フラクタル)に行なっているのが、新車の開発業務なのである。したがって、一つのモデルで合理性が言えれば、すべての新車開発業務で合理性を言い得たことになる。

ところで、新車開発期間を超短縮化するため、下流の生産者が上流の設計者に、設計段階で、ラインで見えないところにネジを取り付けるような取り付けにくい作業がなくなるようにし、重いものを運ばないですむような設計をしてくれたら、工場での生産性や品質が向上するのだが、と持ちかけたとする。この下流からの持ちかけに上流が応じるか応じないかが、どのように開発期間超短縮と関わってくるのだろうか。下流側から持ちかけが行なわれるのは、下流は時間的に早い上流がこのようにしてくれたら、自分たちの負荷が軽減することを知っているからである[3]。

〔モデルの導入〕

ここでモデルを導入して、自動車業界における新車の開発期間超短縮に、支援が徹底的に現れてこざるをえないことを検証してみよう。モデルを導入する意味は、自動車業界の取組みはあまりに広範囲であり膨大であるため、その過程での支援効果だけを取り出して同定することが難しいことと、多くの取り組みがまだ秘匿されているからである（各取り組みは現在進行形である）。また、一つの事例で合理性が言えたとしても、膨大な数の長期間にわたる個々の活動のすべてで期間が短くなり、そして全体として超短縮が達成されるとは証明し難いからである。

そこで自動車業界の新車開発でフラクタルに行なわれている動的過程をモデル化し、そのモデルによって支援行為が求められる必然性と、その効果を示したい。支援とは第2章に示したように、動的多対多の状況下で、相手の動きに合わせて相手を利するように自身を変えて行動することである[4]。

以下に、解くべき問題を設定する。

〈課題〉

今、ABCDEの5つのエージェント（部門でも個人でもよい）が、Aが終わるとそれを受けてBが行ない、またBが終わるとCがその結果を受けて仕事を始めるということをしている。それが順次続いて、結局各エージェントでその仕事が10日ずつ、計50日で一つの単位の仕事が終わっていたとする。

ところで、いろいろと検討していくと、Aの仕事とBの仕事はある関係性をもっていることが分かり、またBとCも、CとDも、DとEも同様な関係があることが分かった。

そこでこの仕事を始める前に、AとBがお互いの情報を開示しあい、AがBの便宜を図って関係性をつけておくと、Aの仕事が終わった時点でBの仕事の4割が軽減されていることが分かった。ただし最初の関係づけのために、Aの仕事が3割増え、Bの仕事が1割増えるとする（通常関連づけのためには、上流側により大きな仕事が発生する）。

このような関係はBとCにも、CとDにも、DとEにも同様にあることが分かった。ただしこの関係づけは最初の一回だけでよく、一度関係をつければ、次のときは自動的に働くものとする5。換言すれば、次の仕事のときには、関連づけのための仕事の増分は必要なくなる。

さて、ここからが具体的な問題である。

今この仕事の過程で、各エージェントにある確率で2割程度の仕事の変更が発生したとする。それぞれの変更は、発生した時点でAまで戻ってやり直さなくてはならない。これらの変更で関連づけがされていた場合とそうでない場合とでは、どの程度の日数の差が出るだろうか。

また変更が起こると、各エージェントはそれまで自分の仕事はもう終わった、と思っていたこと、別の仕事に自分が着手していること、変更に対応しなくても自分は困らないこと（通常下流工程の変更はその工程以下が困る）により、変更の仕事に着手するためのリードタイムがA、B、C、D、Eとも1日かかるとする（現実には1週間くらい放り投げられることも多々ある）。このリードタイムがある場合とない場合とでは、上記条件でどの程度の日数の差が出るだろうか。

さらに、2割の変更が各1回ずつある場合では、関連づけがある場合でリードタイムがない場合、関連づけがあってリードタイムがある場合と、関連づけがなくリードタイムがある場合とでは、どの程度の日数の差になって現れるのだろうか。
以上の日数の差と、相手の仕事を自分の仕事より優先させる支援行動とは、どのような関係にあるのだろうか。

難しく感じられたかもしれないが、要するに、5人の人間が10日ずつ仕事をするなかで情報の付加価値を高めながら、全体で50日で終わる仕事がある。ただし、仕事は変更が入り、各人に数回程度の変更に対処する必要が生じる。変更が入ると、最上流まで遡って、仕事をやり直さなければならないというモデルである。

[解析の概要]

解析にはさまざまなアプローチが考えられるが、新車開発という時間的に幅のある動態的プロセス(互いに影響しながら動き合うプロセス)の中で、複数のエージェントがそのプロセスの個々の局面での意思決定の自由度を担保させながら、全体としての合理性を導くためには、汎用性、簡明性の点からゲーム理論[6]が最適と考えられる。さらに後述するが、ゲーム理論は、支援活動においてエージェントに求められる利他性を変数として導入し、その閾値を明らかにすることができるからである。利他性をあらかじめ組み入れてゲーム理論を現実の事象に適用するのは、きわめて新しい試みである。

この5人のエージェントをプレイヤー1から5としよう。下流のプレイヤー $i+1$ がプレイヤー i に、あなたがこのようにしておいてくれると私の仕事が楽になるのだが、と持ちかけるとする。ただし、持ちかけられたほうは、前述したように、下流の仕事と関係づけをして相手の仕事を支援し軽減するために、3日間の余計な仕事が発生する。一方、持ちかけたほうも無傷ではいられず、上流に自分の仕事を分かってもらったり、自分の仕事との関連づけをしてもらったりするために、新たに1日分余計に仕事が発生する。ただし、いったん関連がつけば、その後はその関係は次のプロジェクトでも使える[5]。さて、このような状況で、プレイヤー（エージェント）の利他性は開発期間を短縮することになるのだろうか。

プレイヤーに利他性がある場合とない場合とで、相互浸透過程が形成され、それが支援的に行なわれるかどうかを明らかにする。利他性によって開発期間の超短縮がどのように影響されるかである。詳細な理論展開は付録を参照されたい。ここでは概略のみ示そう。

i　利他性がない場合

利他性がない場合の仕事量は、プレイヤーiが自分の上流、すなわちプレイヤーi-1に、あなたがこのようにしてくれたら私の仕事は楽になるのだがという持ちかけと、下流のプレイヤーi+1からの持ちかけの両方を考慮すると、持ちかけに応じる／応じないで四つの場合がある。詳しくは、付録を参照されたい（付録(28)ページ、表付‐1参照）。

詳しくは付録(2)式（(28)ページ）を見ていただきたいが、プレイヤーiのY（応じる）の場合とN（応じない）の場合の仕事量の差は、常にYの方が大きくなり、プレイヤーi-1の戦略がどうであれ、

Nが支配戦略となる。これはプレイヤー5を除くすべてのプレイヤーがN（持ちかけに応じない）を選択することになる。これにより、仕事量は軽減されず最長となる。各エージェントの5回程度の設計変更により、50日間が160日程度に延びてしまう。つまり、利他性がない場合には、期間短縮が実現されないことが分かる。次に利他性がある場合にはどうなるかをみてみよう。

ii　利他性がある場合

この場合も、詳しくは付録を参照されたい。結論だけ示せば、プレイヤーiが配慮する、しない場合のそれぞれのプレイヤーiの仕事量は、表付-3（付録(30)ページ参照）のようになる。

プレイヤーi（$i=1$から4）がY戦略をとる必要十分条件は、付録(7)式においてプレイヤーiの配慮戦略と配慮しない戦略の差が負になることである。つまり、利他性が次式（付録(9)式）

$$\text{プレイヤー } i \text{ の利他性} > \frac{\text{（自身の仕事の増加量）}}{\text{（相手の仕事の減少量の現在価値）}}$$

を満たすと[7]、つまりこの閾値を越えれば[8]、関係づけが進んでいくことになり、期間短縮が進んでいくことになる。その効果は、図3-2を参照されたい。支援がなければ各エージェントの5回程度の設計変更により、50日間が160日程度に延びてしまう仕事量が、関係づけが進み支援が行なわれる度合い（図の横軸）にしたがって、エージェントの設計変更回数が増えても、50日程度までドラスティックに縮まっているのが分かる[9]。一般には、新車の開発期間の短縮は技術の進歩

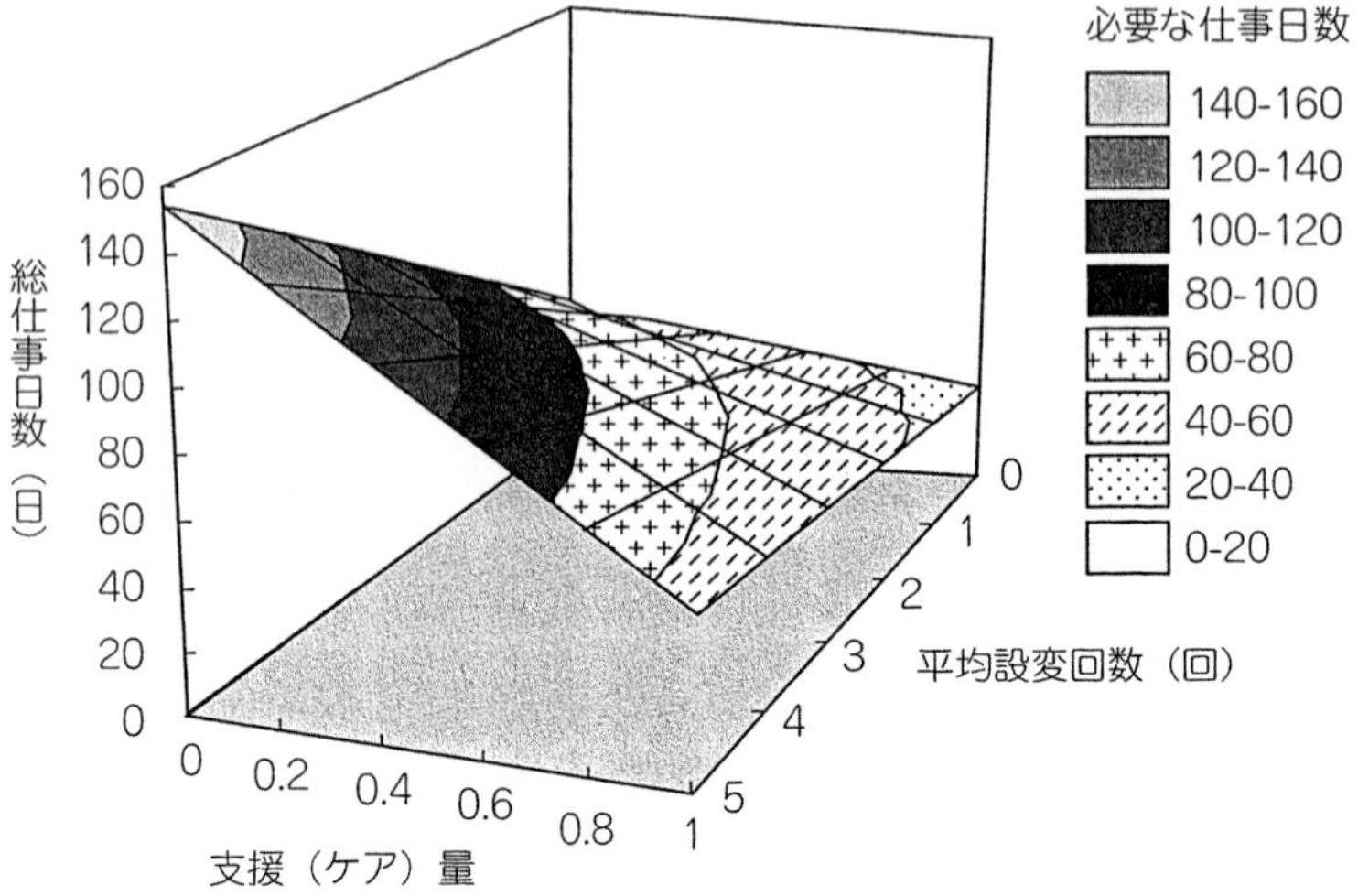

図3-2　設計変更回数と支援量と総仕事日数の関係

に委ねられているように考えられている。しかし、各エージェントが支援行動をして、**自身より相手を先に相手を利するように自身の行動を変える行動様式を採用するなら**、問題解決能力は想像以上に大きくなって現れてくるのである。

結論だけみると、支援関係が高まった組織において開発期間の超短縮が達成される。その鍵概念が、プロセスの共有化（関係づけ）と支援[10]である。

では、モノ造りの領域のみでなく、サービス業でも同じような動きが起こってきているのだろうか。

サービス業での検証

経済活動の二つの柱は、モノ造りとサービスである。モノ造りの領域での検証が済んだので、次はサービス業で同じようなことが起こっているかをみてみよう。

昔、モノ不足のころは、卸せば売れる時代だった。この時代は小売に対して卸が強く、卸はいかに卸すかという自身の問題の解だけを考えていればよかった。小売は卸の言うことを聞くことが中心だった。一方、現在はモノ余りの時代に入っている。このようになると、ヒット商品は目まぐるしく動き、ライフサイクルも短命化する。したがって、卸より小売のほうが逆に販売に関する質の高い情報をもつようになる。このような事態では、卸が小売に歩み寄り、協働するようになってくる。さらに変化が早くなると、支援が現れてくるようになるのだろうか。

たとえば、昔、互いの違いも少なく変化が遅い時代には、図3-3のように、7万社に及ぶ卸が肉なら肉、牛乳なら牛乳を、別々のルートでスーパーなどの小売業に毎日一回卸していた。それで間に合っていたのである。ところが現在は、コンビニなどを訪れる客層が朝、昼、夜で異なる。たとえば、午前中は高齢者が、午後は学生が、夜はOLやサラリーマンが主に来店する。すると、それぞれ求める商品群が異なってくる。時間単位で品揃えを変える必要が出てくるのである。従来のように肉なら肉、牛乳なら牛乳が別々のルートから卸されるのでは煩雑すぎて機敏にいかないので、このような時間単位の来店客の変化には対応しえない。そこで卸売り業者は、自分が関係する（関係化）小売店の

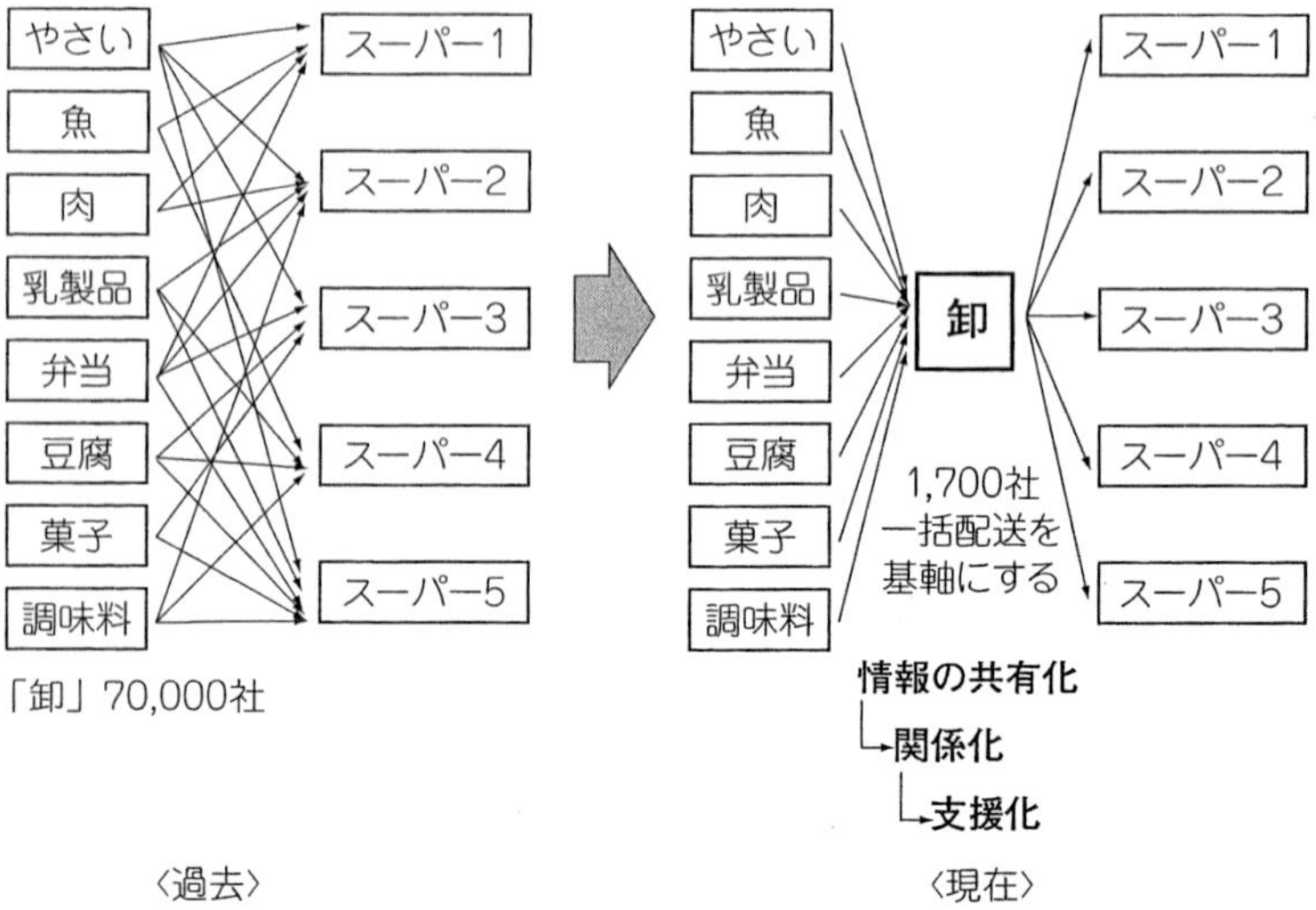

図3-3　SCMにみる「卸」の支援化

（出典）NHK教育テレビ21世紀ビジネス塾　流通革命　再編の時代を生きる道
第2回「受け身の卸しから攻める卸しへ」より舘岡が若干修正

すべての商品を一括して配送するようになってきた。小売店側はＰＯＳなどを用いて、刻々変化する売れ行き状況を卸に知らせ（協働）、昔は一日に一種類を一回程度の在庫補充が、一日に多種類を数回も在庫補給し、時間帯によって異なる顧客のニーズに合わせて商品の品揃えを行なうようになってきた。これは経済活動が背景にあるとはいえ、顧客の生活パターンに合わせて、**顧客を支援する取り組み**である。消費者あるいは顧客中心の価値へのシフトと言えよう。

　さらに、卸側は、顧客の生活パターンに合わせた小売の刻々変わる要求に合わせて商品を卸す（卸からの**小売店への支援**）だけでなく、従来は小売業者が行なっていた商品の仕分けや検品までするようになっている。さらに、小売店ごとの売れ筋商品の違いを分析し、売れていないところがあれば、その商品の店頭での並べ方等を比較し、より良い並べ方を提案するというようなアイデアを提供する（卸からの小売店への支援）ようになってきている。さらに、地域のイベント情報などを分析し、明日からこれが売れていくというような情報サービスをしたり、場合によっては共同配送時に小売店がそのまま店頭展示できるよう小売店と同種のトレイに並べて提供したりする（卸からの小売店への支援）ようなサービスまで始めているのである。卸と小売の支援関係が高まってきているのである。

さらに製造側に現在の売れ筋商品の情報を提供したり、顧客の今後の方向性を分析し、結果を提案したりするという**製造側への支援**も始まっている。これは、下流側からの上流への支援となっている。

顧客の変化に合わせて、このような支援関係をスムースに行なうことができているところが利益の最大化を図られている。それを推進するマネジメントシステムとしては、SCM（サプライチェインマネジメント）が大いに採用されつつある。顧客の好みが多様化し、世代間、男女間などのライフサイクルも多様化してきて、しかも好みが刻々変わるため、市場が動的に素早く動くようになってきている。従来のやり方では、素早い商品サイクルに追随できず、在庫ばかりが増えて経営を圧迫するようになってきたのである。サプライチェインマネジメントは従来の不合理を是正するためのマネジメントで、メーカ（材料・製品）・流通・顧客を鎖（チェーン）でつなぎ、モノを淀みなく供給（サプライ）する方法である。価値連鎖が顧客側から起こるように行動様式を改めていく方法であり、デマンドチェインマネジメントと言ってもよいかもしれない。そしてこれを成立させるために、従来は管理的な関係だったもの同士が、支援によって紡がれるように変容してきていることが分かる。

サービス業における、このような動きはこと流通業に限定されるものではない。飛行機における離着陸の間隔を15分にしたノースウエスト航空では、パイロットが操縦室から戻るときに客室の掃除を支援したりするのである。顧客へのより高いサービスを追及すれば、関係者の業務プロセスを相互浸透させて、互いに支援しあうようにするしかない。

支援関係度

ここで、**支援関係度**という概念を導入したい。支援とは、支援をされる側からみれば、自身の動きに合わせて、相手がよきに図らってくれることを意味している。関係して動きあうエージェントの何割が、局面局面で自分に合わせて動いてくれるかが重要である。この割合を、支援関係度S_iと定義したい。

たとえば、ある人のある仕事に30人の人が関係しているとする。この時このある人に変化が起こるとする。この人の動きに合わせて、15人が支援すれば、このときの支援関係度は0・5となる。15人の人が5割程度の支援をするなら、関係度は0・25となる。これは定性的な表現なので厳密に定義すれば、自分の総仕事量に対して、その刻々変化する仕事量に関係する総関係仕事量の何割が、刻々支援されるかを表す量である。次に式で表そう。

$$S_i^{(t)} = \frac{\text{自身の変化に関係する他者の総仕事量の中で他者が支援してくれる仕事量}}{\text{自身の仕事の変化に関係する他者の総仕事量}}$$

この量の特徴は、仮想的な量であると同時に、現実の局面では一義的に定まる量となる。どういうことかと言えば、各エージェントが刻々変化する自分の文脈の中で、自由意志で支援を決断するわけだから、管理行動とは異なって、被支援者にとっては、本当に支援を得られるかどうかはその時になってみないと分からない。また、支援の量も刻々と変動する。だから、この支援関係度という数字は絶えず変化する量にならざるをえない。したがって、支援が始まってみて初めて一義的に決まる量で、それまでは概念的、仮想的な量ということになるわけである。プロセスパラダイムのパフォーマンスを決める支援行動の解釈・解析には、このような量の導入が必要となる。リザルトパラダイムのときのように、最初から関係が決まっていて、もしくは近似的に決まっているとみなせて、その関係の結果を扱うのではなく、プロセスの中で、関係そのものが現在刻々と創られていくためである。

そこで、この指標を使って、127ページの課題を解いてみよう。開発期間超短縮を現実のものとするには、スカイラインならスカイラインで起こる数千件にも及ぶ下流で発生する設計変更による上流側での仕事のやり直しに対処しなければならない。このやり直しに要する時間をいかに吸収して短縮できるかが、超短縮の死命を制することになる。付録で示すように、エージェントの利他性を引き金に上下流での支援関係が構築されると、突如起こる設計変更にも有効に働くことになる。なぜなら支援は、**相手の変化を前提に相手を利するように自身を変える行動様式**だからだ。

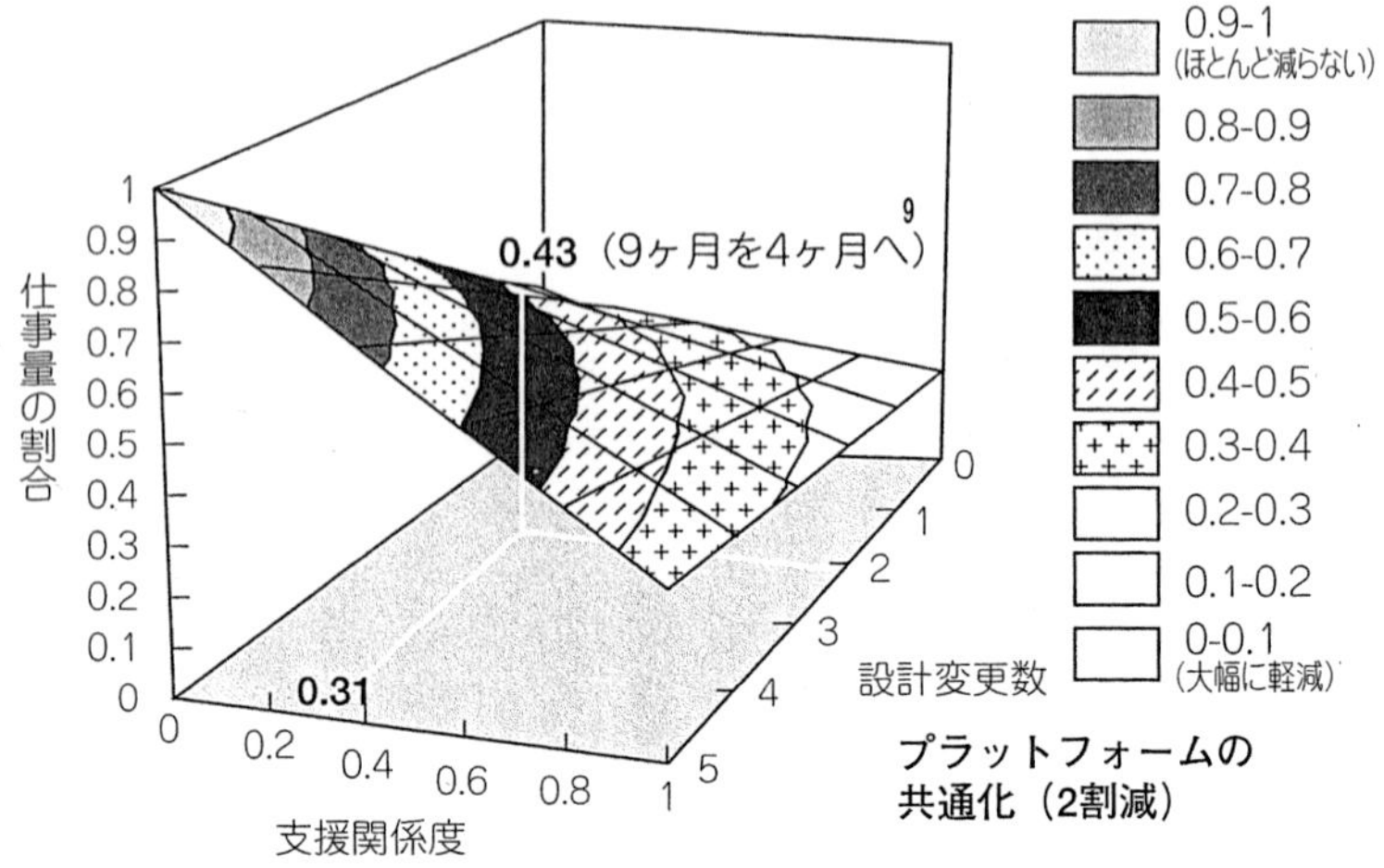

図3-4　設計変更回数と支援関係度と仕事量の短縮比

では、どの程度の支援関係が必要になるのだろうか。自動車業界における超短縮の課題は必須の問題ではあるが、いかにしたらそれが達成できるかはこれまで予想しがたく、それがエンジニアたちへの圧力となってきた。ここでは、行動様式の変容からそれを予測してみよう。

支援関係度を媒介に、短縮期間と設計変更回数との関係を求めると、付録⑿式となる（付録㉟ページ参照）。数式の詳細については、数学に興味のある方は付録を参照されたい。関わるエージェントの数をnとし、設計変更回数k_iとし、あとの条件は127〜9ページの問題の設定と同じとした。

付録⑿式を現実の設計変更回数を考慮しながら図示すると、図3-4のようになる。各エージェントの設計変更が増えると、開発期間は長くなるが、エージェントの支援関係度が高まると、ドラスティックにその期間が縮まっていく様子が読み取れる[9]。

結論から言えば、求められる支援関係度は現在より3割程度の増加ということが導き出される。すべてのエージェントが、自身の仕事において他者に開かれた量を今よりも約3割程度増やして利他性を発揮すれば、エージェント間の関係づけが進み、自動車業界における現在の最難題が解決に向かっていくと言える[12]。

さらに、この支援関係度はサービス業においても適用可能だ。流通業において勝ち残ろうとするならば、エージェント（たとえば、卸と小売）の支援関係度を高める施策とは何かを考え、それを軸に、支援関係度を高める方向に舵を切ればよいことになるからである。

本書が定義する支援関係度を、ＳＣＭ（サプライチェーンマネジメント）に導入することを提案する。上下流の支援内容を指標化し、その実行度を調査し、支援関係度をお互いに高めていく取り組みをしていき、利益率との関係を整理することが可能である。たとえば、小売店の商品の情報開示度とか、卸売り店からの提案採用度とかをベースに支援関係度を指標化し、その数値を高めていく活動を展開すればよいわけである。関係者から支援してもらえる度合い、顧客から情報をもらえる度合いが特に重要となる。

支援関係度とは、従来切り離されていたエージェント同士が関係性を結び、**支援行動がとられている状況下における、支援の程度を明らかにする指標**なのである。

支援パラダイムと新たなる社会レジーム

組織・システムと支援

ここで、組織・システムと支援の関係を次にみていこう。組織と支援の関係を明らかにできれば、支援概念の効用は大幅に高められるからである。従来組織に対して、支援はどのようなインパクトを与えることになるのだろうか。その含意を論述する。

[ピラミッド型組織からネットワーク組織への移行]

最近は組織が縦型から水平型になっていき、さらにアメーバのようになってきているとよく言われる。これはリザルトパラダイムからプロセスパラダイムに移行するに従い、組織の構造の適合性がシフトしてきていることに対応する。アシュビーの最小多様度の法則（システムが内部に持つべき複雑性は、システムが直面する環境の複雑性に等しいか、それ以上でなければならない）に示されるように、外界の複雑性が高まりより動的になれば、組織もそれ以上の複雑性と動態性をもたなくては対応できないからである。

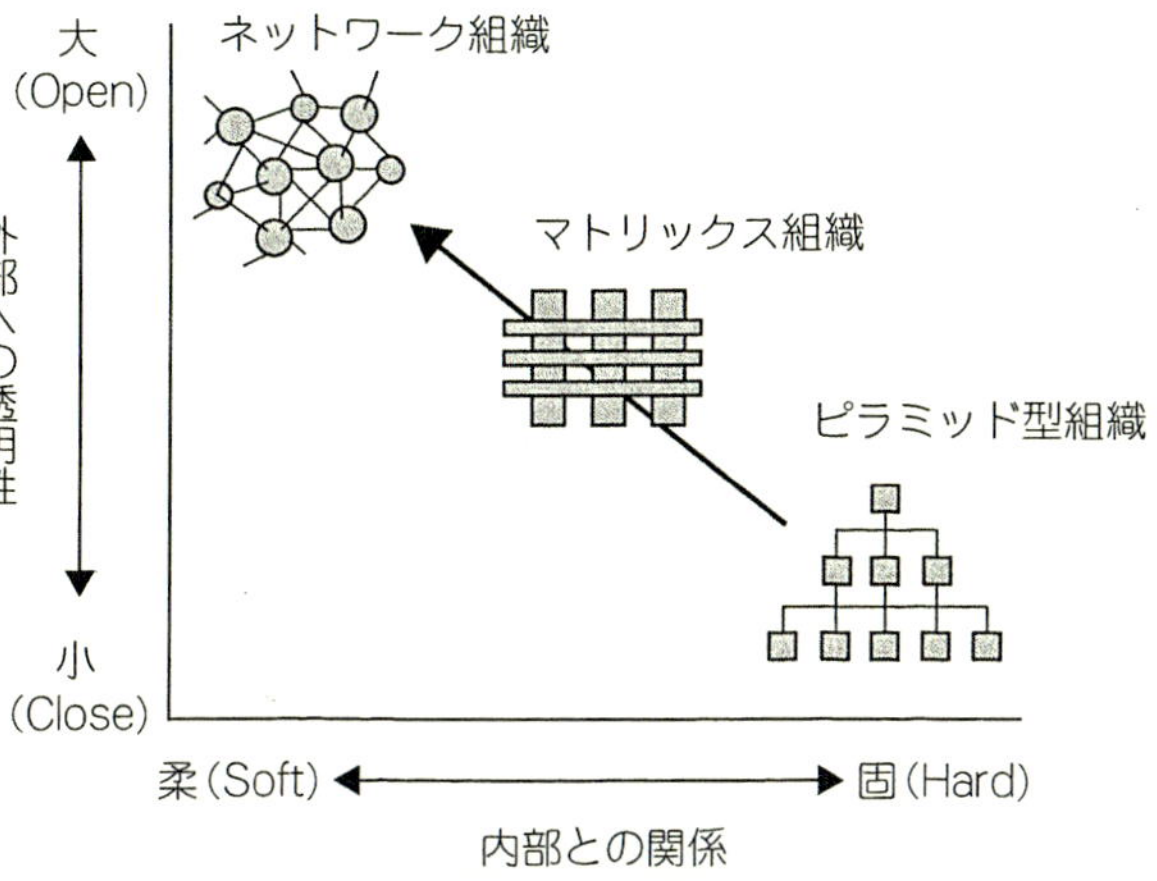

図3-5　組織形態の動向Ⅰ（縦割りから横の連携）
（出典）進藤昭夫「マトリックス組織導入における“気付き”」経営情報学会，ポスト知識ビジネス研究会シンポジウムより，舘岡が若干修正して作成。

この場合、どの段階で支援行動が表舞台に出てくるのであろうか。

図3-5を参照されたい。この図は一般的なピラミッド（縦）型の組織が、ネットワーク組織に移行する様子を表している。間にあるのはマトリックス組織である。横軸は組織内部との関係で、ピラミッド型の組織ほどエージェント間の関係が強固である。縦軸は外部への透明性で、ネットワーク組織に近づくほど、外部に対して開かれていく。通常、自動車の開発業務においても、従来はライン組織が縦に貫いていた。圧造部門とか車体部門とか塗装部門というようにである。それが、マトリックス組織に向けてスカイラインならスカイラインを各部門を横に通して管理する、スカイライン車担（スカイラインという車種をまとめる責任者）という存在が生まれる。

一般に、図3-5のように、ピラミッド型組

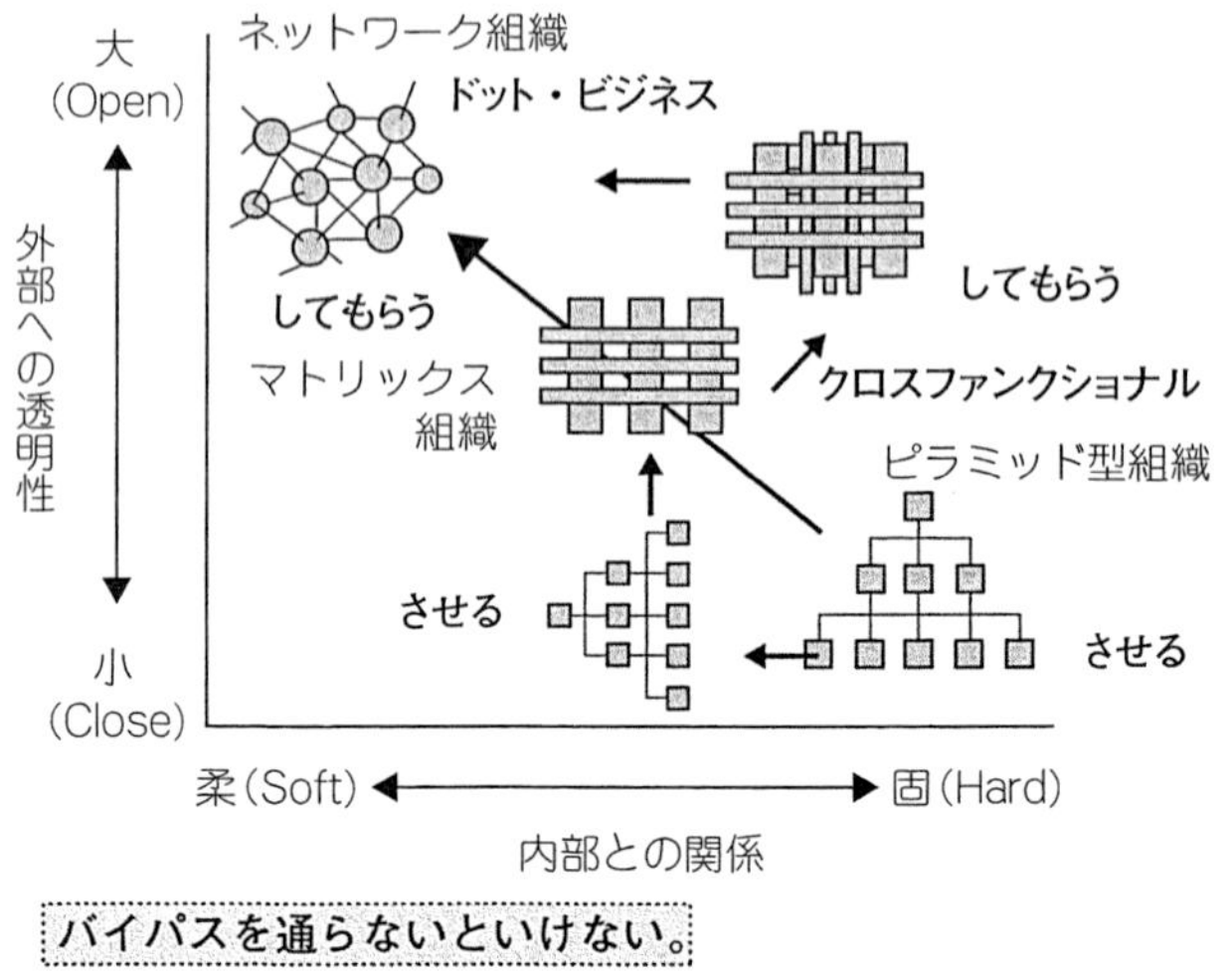

図3-6　組織形態の動向Ⅱ（縦割りから横のシフト）

織からマトリックス組織を通って、ネットワーク組織へと簡単に至るように書物には書かれているが、実際にはそうたやすくない。私の仮説によれば、図3-6のようにバイパスを通る必要がある。つまり、まず縦型組織が90度回転して、横型の管理（ピラミッド）組織ができ、それが従来の縦型組織に重なることによってマトリックス組織が完成される。図の左下の部分である。基本的にこの段階のマトリックス組織は、縦型の構造の延長に位置しており、職務分掌と職位と権威による「させる／させられる」ことを交換する組織と言える。なぜならば、組織内において権威や価値を共有化できるからである。マトリックス組織の体験者であれば、誰でも二重に管理される感じをもつものである。組織に次に起こることは、この縦型マトリックス組織の90度の回転である。従来の技術軸・機能軸より、全体としてのプロジェクトの適合性をより重視する横型とも言えるマトリックス

- 価格が安い
- 顧客第一主義
- 絶え間ない創意工夫
  - a) 膨大な書籍データベース，優れた**検索システム**
  - b) 様々な**情報提供**（書評，新刊案内，受賞作品紹介）
  - c) リコメンデーション（読書**傾向**，読者アンケート）
  - d) **ワン・クリップ**・ショッピング
  - e) **アソシエート・プログラム**

図３-７　Amazon.com の成功要因は何か？

（出典）前川徹「ECビジネスの成否を分けたもの――ネットバブル崩壊後のECビジネス」経営情報学会，ポストビジネス研究会の発表より。

組織が誕生しなければならない。これはクロスファンクショナルな取り組みが中心となる。それが、従来のマトリックス組織に重なることによって、ネットワーク組織への扉が開かれるのである。図の右上の部分である。横型のマトリックス組織（右上）やネットワーク組織では、基本的に職務分掌は他者に対して開かれ、職位がクロスし、権威が通用しなくなっていく。クロスファンクショナルという意味は、部門間だけでなく、上司と部下、企業と顧客がクロスファンクションしていくことも含んでいる。この段階では、「させる／させられる」の交換はできなくなり、「**してもらう／してあげる**」ことを交換する[13]ようになる。なぜならば、ネットワーク組織においては誰が上で誰が誰に従うべき存在なのかという関係は原則として現われないからである。そしてこの「してもらう／してあげる」ことは、支援行動の単位なのである。

ニューエコノミーはＩＴ企業を中心に米国で起こった１９９０年代後半の経済現象であるが、生き残った企業の理由を研究している報告をみてみよう。前川（2003）によると、それらの企業群の特徴は、必ずしも価格が安価ということではない。むしろ、顧客第一主義を貫いて、サービスを進化させたところだという。その筆頭株が、ネットによる書籍販売会社アマゾンだそうである。その特徴は図3‐7に示すとおりである。アマゾンは顧客第一主義の元に、操作ボタンの位置や色を、顧客が使いやすいように絶えず変えている。これを本書の枠組みで分析すれば、アマゾンは顧客と相互浸透的な関係を構築したことが、勝ち残りの主因となる。なぜならば、この図において上から下に行くほど、顧客への支援関係度（してもらう／してあげる度合い）が高まっているからである。一番上の低価格でのサービスの提供はリザルトパラダイムの競争要因の主因であり、この要求を満たすことはあたりまえとして、その上に何を差別化して競争戦略とするかになる。それが、顧客への支援であり、支援行動が下にいくほどより濃密になっていく様子がうかがえるだろう[14]。

【ネットワーク組織で交換される基本単位】

ピラミッド型組織がもつ構造や権威は、そこに参加する人々が共有できる静的な属性である。平たく言えば、何が正義であるのか、どうすることがその組織で是であることかが、その参加者にある程度暗黙にあらかじめ共有化されている。そこではさせる人とさせられる人が分化しており、させられるプレイヤーも、いつか自分がさせる側に回ることが期待できるという文脈において、させられることを受け入れる。

一方、ネットワーク組織ではどうであろう。プロセスパラダイムの環境下で、すべてのものが動き出すということは、刻々変化する状況の中で、互いに協働したり、支援したりしながら解決することが求められる。ここでは誰が上で、誰が下であるかというような固定的な概念・手続きは邪魔でしかない。大体相手にしてあげるかしてあげないかは、そのプレイヤー主体が決めるのである。さらに、そこに参加すること自体が、プレイヤーの意思決定に委ねられている。だから、そのような状況下では、プレイヤーが相手に対して「してあげるか」か、もしくは相手から「してもらうか」に移行するのである。

管理から支援へのパラダイムシフトにおいて、プレイヤーたちは**「させる／させられる」から「してもらう／してあげる」を交換する**ようになっていく。

ここで息抜きに、従来の管理型の会社と、管理から支援に移行している会社の会話から、この点を覗いてみよう。

〈管理会社の通常の会話〉

あるオフィスでの会話である。

A　ところで頼んでいたあの書類だけれど、もう終っているのか？

B　いや、ちょっとまだなんですが。

A　まだー！困ったなー昨日も言ったじゃない。一体何時になったらできるんだよー。

B　すいません。

A　すいませんじゃないよ。君がいつも遅れるから、皆がこまっちゃってるんだよー。皆の問題となっているんだよ。一体どうなっているんだ。

B　c部門に頼んでいるのですけど、データを出してくれなくて、纏められないのです。3日前に出すって言っていたんですけれど、なんか状況が変わったみたいで。

A　c部門？　そんなの初めて聞くな。とにかくきちっと出させりゃいいんだよ。とにかくさー。結果をだしてよ、結果。結果が全てなんだからさー。それで、いつでるの？

B　明日出します。

A　明日かー？　昨日もそういったじゃん。本当に。今度出なかったら、減給だからー。

B　は…、はい。ところで昨日人事から上司アンケートがありました。それなりに答えておきました。

A　えー、最近会社もおかしな事をやるもんだから。どうせ大した答えはできなかったんだろう。まあー、いいよ。それより、自分の事、自分のこと、さっさとやってよーー。

B　は…、はい。

〈支援会社の通常の会話〉

あるオフィスでの会話である。

A　…？

B　昨日頼まれていたあの書類、いや、ちょっとまだなんですがー。

A　あっそう！（支援できるかもしれない機会を期待？）どうしたの。

B　かれこれしかじかなのですがー。

A　そうかー。判った。では、3番目と6番目の報告は私がやっとくからいいよ。それと、c部門だけれど、こちらからフォームを作って、こちらの変更データを入れて送ってあげるといいよ。そうすると、相手は向こうの変更を加えて直ぐに送ってくるからさ。まあ、本来はc部門の仕事なんだけれど、それくらいのサービスはしとくとするさ。そうしないと、向こうの状況の変化、吸収できないものね。

B　はあ…。（そこを動かない）

A　えっ。まだ何かある？（支援できるかもしれない機会を期待？）

B　いいえ、でもー、報告書を作るのは私の仕事なのにー、何かー。

A　はあ、いいんだよ、いいんだよ、まあ、ここの仕事はここのメンバー皆の仕事だからね。それに納期も迫っているし、3番目と6番目の仕事は僕の仕事とも関係が深いから。ま、みなそうやって成長してきているんだよ、この部署では。

B　は…、はい。ところで昨日人事から上司アンケートがありました。それなりに答えておきましたー。

A　あー、例のやつね。有り難う！厳し目に応えておいてくれたー。あのフィードバック結構勉強になるんだよなー。

B　は…、はい。

この会話から、「させる／させられる」から「してもらう／してあげる」への変換が身近に感じていただけただろうか[15]。是非考えてみていただきたい。自動車会社がブレーキ故障の不祥事を起こしたとしよう。このような状況から自動車会社が立ち直ろうとしたら、部下に責任を**とらせよう**とか、顧客に自分たちのせいではないと**思わせよう**としても、情報の透明化が進んだプロセスパラダイムの時代には、顧客の心理を逆撫でして逆効果となることは火を見るよりも明らかである。なぜならば、相手が決める量である信頼というような人の心は、自分の思うようには操れない（させられない）のである。それよりも、自身の非を素直に認めて、精一杯償いをさせてもらい、相手から信頼を回復してもらうしかない。企業はこのように、行動様式を転換していかなくては生き残れなくなってきているのである。

これは、実は個人でも家庭でも同じである。個人としても、生き残るには難しい時代に入ってきた。なぜならば回りの動きが激しすぎて、過去のように自身の努力だけでは未来は開かれていかなくなってきたからである。自身の精一杯の努力に加えて、相手から一定程度の支援を受けたときに、道が開かれていく。家庭は「してもらう／してあげる」原理[16]の中にある。子供は親や周囲からしてもらって成長していく。ところが、ある一定の年齢になって、親が子供にさせようと思ったとき、ギクシャクが始まるのは誰もが体験することだ。恋人や友人の関係も同じではないか。仲のいい間はしてあげたり、してもらったりしている。しかし、別れ話が出るときは、相手に何かをさせようと思う気持ちが生じる前後である。

［トヨタ、ホンダ、日産の文化］

具体的な企業のパフォーマンスはもっと正直である。トヨタが現時点で優れた企業であることには疑いがない。また、ホンダの技術革新への飽くなき挑戦も素晴らしい。日産のV字回復も目を見張る。日本の一産業にすぎない自動車産業において、世界に通用する会社がこのように多数健在であることの理由は、興味深い研究対象であるに違いない。日本が西洋化の成功モデルとして引き合いに出される所以でもある。

その理由として、ＱＣサークル（小集団で製品・サービスの質の改善を行う活動）などの集団的行動様式を必要とするこの産業に日本文化が適合的であると指摘されたり、擦り合わせのアーキテクチャにおいて、日本のモノ造りの優位性が見出されたりしている[17]。ところで、今後上記三社のどこが生き残っていくのだろうか。それぞれの違いから判断しようとすれば、表層的だ。各社の文化については、次のように語られている。

トヨタの生産現場の村文化についてはこうだ[18]。

それぞれの構成員は、互いに何か貢献をもって参加する。お互いが相手を支援するのであって、この支援ができない人間はこの和から外れて淘汰されている。

ホンダのほうは、[18]

ホンダはね、誰かが新しいことに挑戦しようとするとね、それを関係する部署に持っていくんですよ。そのとき、受け手側がね、忙しくても、上位の命令でなくても、とにかくやってみようか、ってことになる。これがホンダの強みの源泉だと思う。

日産の改革は、トレードオフの関係にあるエージェント同士がコミットを越えるターゲットを達成する文脈において、相手を支援するようになっている。そこに高いパフォーマンス実現の秘密があると考えている。なぜならばコミットは「させる／させられる」によって達成できる目標であるが、ターゲットは「してもらう／してあげる」ことなくして、到達しえないコミットより一段高い目標だからである。

つまり、トヨタ、ホンダ、日産の行動様式は、いずれも、管理的な組織の中にあっても、「してあげる／してもらう」ことの交換が十分になされていると言えるだろう。組織内における支援関係度が高いことに日本企業の優秀性が表われていると言えば、言い過ぎであろうか。

トヨタの多能工なども、「してもらう／してあげる」ことを交換できる基礎能力であると言える。以前にフランス人のマネジャーと議論したときのことである。私が、

「日本人とビジネスをしてみてどうか？　日本に来る前のイメージと何か変わったか？」

と尋ねたことがある。なかなか喋ろうとしなかったが、最後に、

「日本にはもっと侍が多いと思っていた。発言もあまりしようとしないし、会議では責任をとろうとしない。これにはびっくりした。なぜか？」

というのである。これには困り果てて、苦し紛れに、

「今の組織や経営手法は、皆西洋から輸入したもので、日本人には適さないものだ。日本人は、こんな細かな縦型組織の階級のようなもので、立派でもない人物のために命を投げたりはしない。中心に素晴らしい人がくると、侍になる」

と応えた。私は大いに苦し紛れだったが、彼はよく納得したようだった。ここで比較文化論を展開する気は毛頭ないが、西洋人は契約関係で、仕事と報酬が明文化されていて、仕事をするのは報酬のためと明確である。つまり、モチベーションは自分だけの量（リザルト量）で決まる。しかしながら日本人は、むしろ誉められたいからとか、誰かに迷惑をかけることになってはいけないからとか、ビジネスの志気が、相手を通した自分の量、すなわち本書のプロセス量にあると言えるのではないか。間主観的な量にモチベーションがあるのである。ＤＮＡの二重らせんモデル提唱者のひとり、ワトソン（1968）の自伝によると、西洋ではノーベル賞と賞をとる人の人格は完全に切り離されているそうである。しかしながら、日本ではことさらに、社会の上位に位置する可能性のある人には、すべての面での完成が期待される傾向が強い。このことは、将来のリーダーを間主観的にみているからに違いない。

私たちが目指す組織やシステムは、もはや西洋から短い時間で受け入れた管理・統制の枠組みではない。なぜならばそれは、リザルトパラダイム時代の花形にすぎないからだ。そこから卒業し、新たなるプロセスパラダイムの時代のリアリティに対応した行動様式によって紡がれた組織、あるいはシステムの構築へと、脱皮していく時を迎えているのである。

日本社会と支援化

では、「してあげる／してもらう」力、言い換えれば、支援行動様式によって紡がれていく組織、システムは、日本社会にどのようなインパクトを与えていくだろうか。

【日本の直面する問題群】

今私たちはさまざまな解決困難な問題をかかえているが、その多くは、リザルトパラダイムからプロセスパラダイムへと移行する中で、リザルトパラダイムに適合的（管理的）な方策や政策では解決できないところに立っているということに起因している[19]と考えられる。

たとえば、成熟化された社会にあっては、量を増やすという投資ではもはや高い効果は望めない。かつては坪当たりの販売利益がこうこうと予測できたので、売り場面積を広げるように投資すれば、より大きな利益が得られた（リザルト的）。したがって、投資判断のガイドラインをこのような費用対効果の観点から引くことができた。たとえば、0・8%の投資効果が上がれば、新たな投資ができるというようなものである。線形的で予測可能な世界である。これは明らかに、売り手中心の論理であり、管理型の投資である。かつてはこれでよかったのである。

しかしながら、現在は売り場面積を増やしても、必ずしも利益は上がらない。人々はモノ不足を感じていないからである。むしろ顧客の欲しいものを素早く捉え、開発し、それを、時期を逸せずタイムリーに顧客に提供できるかが、勝負となっている。そのためには、顧客との関連づけを高め、顧客を支援するように、もしくは顧客から支援してもらえるようにもっていくことが、合理性を発揮する。プロセスパラダイム的な対応である。つまり、互いのプロセスを共有化して、互いにそれをそれぞれの目的に向かって支援するのである。これは95ページで触れた交通渋滞の問題でも同じであった。橋を増やしたり道幅を広げたりしても、橋や道路が少なかった時代ほどの効果は期待できないのはもはや自明だ。それよりも、道路と車、車と車の関係を動きあう中でお互いに渋滞にならようにガイドしあう（支援）しかないのである。

景気回復の問題も同様ではなかろうか。日本における最も焦眉の急の問題と考えられる景気回復のための政策の問題を少し考えてみよう。

過去のような公共投資の促進は、日本経済の景気回復にそれほど貢献しないと言われて久しい。にもかかわらず、再三再四、十数兆円規模の投資がなされ、これからもなされようとしている。このようなことがなされてしまうのは、なぜ貢献しなくなってきたのかが明らかにされておらず、どういうパラダイムが社会や国の競争力を引き上げるかが、明確に意識化できていないからである。

公共投資は、リザルトパラダイムに適合的な政策である。昔のようにモノを中心にのんびりと経済が回っていた時代には、建築や土木への大規模投資がゆったりとした経済的な連鎖を引き起こすことができた。しかし今は、道路やいわゆるハコモノ建設には、その建設投資以上の波及効果は少ない。それどころか長期の大型投資では、完成に近づいたころには経済情勢も社会情勢もすっかり変わり、かえって環境問題を引き起こしたり、経済の足かせになってしまう例も多い。モノと情報がとてつもなく目まぐるしく変化する時代に入ってきたからである。しかも人々は、モノを得るサービスよりも、自分に合わせて変わってくれる柔軟なサービスの味を体験し始めている。まさにプロセスパラダイムの時代である。

このような視点から投資を考えると、投資効果尺度としては、一義的な量の視点から考えるのではなく、多義的な価値指標によって判断することが求められる。そのような多義的な価値指標を満遍なく高めるためには、関係者の関連づけをスムースに進め、関係者が動的に行動しあえるような投資が促進されねばならない。動的に関連づけされた価値指標の動きを追い、刻々とフィードバックをかけ施策に動的に反映させなくてはならないのである。しかもそれは、単に多義的な尺度を平均的に高めるということを意味しない。たとえば、交通量（便利さ）と渋滞度、CO_2による温暖化への影響度、騒音指数や排気環境指数等のような相反する多義的な尺度のバランスをとるということに留まらず、交通量は多いのだけれど渋滞はないとか、音は出しているのだけれど、可聴範囲以外の振動数にするなどして人々には聴こえないようにするとかいうような投資をするのである。つまり、一方の指標と他方の指標を相互浸透させて、両者を高める投資が求められる。このことを一言で言えば、支援関係度が高まる投資、もしくはそれを支える投資が大切なのだ。自己の規模の拡大のみを追い求めるのではなく、相手も含めた、**生かしあう関係の拡大**という方向になると考える。この文脈で郵政事業の改革を例に考えるならば、郵便局と顧客、郵便事業体と地域などを相互浸透させて、両者を支援関係に持ち込み、従来達成できなかった高齢者や過疎地における不可能とも思えるサービスを実現すべき時に直面している。分社化して競争原理に持ち込むような一時代前のリザルト型の方策が、このようなことの実現に有効に機能するかを考えて、改革の方向性を判断すべきであろう。競争による利潤追求ではなく、支援による共生である。

大学改革について言えば、研究室を仕切るのではなく、研究者同士や学生が気軽に意見交換し、協働できる場の設定や、また官民が自由に集まって気軽に情報交換し、助け合える公共の場の設定などが大切である。互いの関係性が高まって、動的に変化する効率を高める時代に入ってきたのである。

このように、教官と学生、医者や看護婦やケア関係者や高齢者や家族が集まれる空間を生み出し、異なるものの間を埋め、従来関係が薄かったものの関係性をどんどん高め、相互浸透を可能にしていく投資こそが大切だと考える。情報インフラへの投資は、そのためにこそ必須なのである。ITが真にしなくてはならないことは、顧客と生産者、患者と医者、生徒と教師、自治体と市民、国民と国家、産業の発展段階の違う諸国同士の関係性を飛躍的に高めて、それらが**相互浸透**し、**動的に助け合うようにすることなのである**。モノの拡大を前提にすれば、人、物、設備の拡大が必要になり、インフレが起こるが、関係性を改善し、互いに支援しあうようにすれば、インフレなき持続的成長が可能となる。これが、ニューエコノミーの原理であると考える。

ダイエー、そごう、西武等が規模の経済を求めて窮地におちいったのは、周知のとおりである。これからの投資は、直接的な投資効果ではなく、関係性の改善に向けられるべきなのだ。政策決定の要諦は、**日本社会の関係性の向上へのシフト**にあると提言したい。

現在は関係性が高まってきている時代である。だが**これを支援化までもっていけているところ**はまだ少ない。そうできたところが、**企業であれ、国家であれ、競争力をもち、新しい時代に生き残れる**。このような時代に大切な政策決定の基準は、**「支援化」**政策なのである[20]。

［支援化における日米の違い］

ここで、パラダイムシフトの視点から簡単な日米比較の試論を展開してみたい。

関係性をもって動いているものを、自らも動きながら扱わなければならない時代がプロセスパラダイムである。これはグローバルに共通であり、まさにグローバルスタンダードだと言える。米国でも日本でも同じ環境にあるのである。この場合、この外界の変化に対応するためには、関係性と変化の両方に対応できるシステムを持たなくてはならない。

米国は多民族で多価値で民主主義で個人主義で、社会原理としてフェアなことがきわめて重要だ。そしてその原理に基づいて、白黒がはっきりしており、勝ち負けも明らかだが、敗者復活も容易である。すべてが明示的で、変化をすることを好むがごとく、決して排斥しない[21]。つまり、米国はプロセスパラダイムに対して、変化に関しては十分準備ができており、後は苦手な関係性をどのように克服するかということになっていると考えられる。

一方、日本は逆である。根回しとか稟議などに象徴されるように、組織には暗黙の関係があり、すべては暗示的で、内輪に入れないものには何が起こっているのかさえ分からない仕組みである。あえてフェアな競争に持ち込もうとしたり、明示的に会議で正論を述べたとしても、いつの間にか淘汰されることになる。つまり、プロセスパラダイムに対して関係化には十分慣れているが、変化が苦手で、その克服が課題なのである。

この段階で、真のシフト（関係性と変化の同時実現）に向けて、両者が克服すべき条件は五分五分のように見えるのではなかろうか。はたしてそうだろうか。

米国は、苦手な関係性の部分にインターネットなどのＩＴを利用した。そして、本来嫌いな関係性に縛られる状況を、バーチャルな関係構築によって見事に克服したのではないだろうか。そしてそのバーチャルな関係性を変化の文化基盤に載せて、プロセスパラダイムの合理性を具現化し始めているのではないだろうか。実は、従来は関係性が変化を阻害するから、それを忌避していた可能性が高く、インターネットなどの関係性は変化を促進するものなので、両方が機能し始めた。ＩＴによって、プロセスの共有化（関係性の増大）が図られたのである。

これに対して、日本はどうであろうか。関係性は昔から日本人が得意としてきたところだから、後は変化を受け入れればいいだけである。では、変化を受け入れられているだろうか。刻々変化する状況を、現在すでにある関係集団が受け入れ、自ら変化しているかということである。

ここに落とし穴があると私は考えている。実は日本の関係性は、変化をしないための関係性だったのである。ところがプロセスパラダイムにおける関係性は、刻々ダイナミックにそのパラメータが変わり、それに対応して変化を求める。日本の場合は、従来の関係性がそのシフトに対してむしろ阻害要因になってさえいる。すでにある関係性によって、新たに必要な関係性が築けないのである。つまり、日本の場合は、まず最初に脱関係性が求められ、さらに新たな関係性を結び、そしてなお変化を自らのものにしなくてはならないという、三重苦の条件にあるというのが、真相ではないだろうか。いまだ仮説ではあるが、日本社会がグローバルなスタンダードになかなか変われないのは、このような背景が深層にあると提言しておく。

米国の場合、変化の強みを生かし、気がつかないうちに関係性が取り込まれている仕掛けがＩＴであった。日本の場合には関係性の強みを生かし、気がつかないうちに変化を取り入れられる仕掛けがあるのだろうか。短期間に従来の関係性を脱し、新たな関係を結び、さらに変化に対応できるところまで持っていかなくてはならない。

このような三重苦に、どのように風穴を開けられるだろうか。米国において、ITがバーチャルな関係構築をもたらし、変化と両立したように、日本のこの三重苦を克服する仕掛けは何か。それこそ、「支援」ではないだろうか。日本人は、もともと調和を愛し、間主観的な価値を大切にして行為する国民であった。しかも、利他的でさえある[22]。支援をすれば、相手に変化が起こり、支援によってもたらされた心の価値（信頼と恩恵）によって、次々と従来の関係性が活性化され、さらに新たな時代精神にあった関係性の道が開かれてゆく（結局社会に変化の体質をもたらす）のである。さらに言えば、支援によって関係性と変化が両立してくるのだから、プロセスパラダイムに求められる支援までの高まりさえ得られることになる。明治維新が達成できた背景には、江戸時代の支援的な社会が母体となっていた可能性が高い。そうでなければ、若者たちがあれほど天分に合わせて活躍できなかったに違いない。

活動の空間的な広がりからの効用、時間的な短縮からの効用を真に働かせるには、プロセスパラダイムと整合的な支援行動様式に満ちた活動に、舵取りをシフトせざるをえないであろう。これは、こと日本だけでなく、地球上のすべての国にその圧力がかかっている。この変容こそが、グローバルスタンダードなのだと考えている。リザルトパラダイムには、管理・統制によって紡がれた静的な20世紀的社会と組織が整合的であり、プロセスパラダイムに整合的である動的な21世紀的社会と組織は、支援を媒介として誕生する。支援は21世紀的組織を実現する行動様式であり、それを切り拓いていく力なのである。

そしてこの支援組織・社会こそ、ポスト物質社会の組織と社会と言えるのではなかろうか。つまり、新たなる社会レジームへの転換と言えそうである。

支援関係度と「貧困」と「戦争」

本書では、支援を測るのに支援関係度なる仮想的な量を導入した。支援概念をさらに深め発展させるために、人類の恒久的難問である貧困、戦争との関係を本節で検討しておこう。

〔支援関係度と「貧困」および支援関係度と「戦争」〕

前章で、今田（2000）の支援行動におけるエンパワーメントの概念を紹介した。そのとき、被支援者自身が支援を受けることを気持ちよく思って、その支援者をあてにし続けようとしたりすることがあってはならないことにも触れた。つまり、支援の終点をどのように設定するのかという問題である。私はこの点に関して、被支援者が相手をエンパワーできる状態になったとき、あるいは相手を支援できるようになったときが、一応の終点であり、自立・自律したと定義しておきたい。つまり、支援関係度で言えば、他者に対する支援関係度が0あるいはマイナス（後述）から、プラスに転じたときと考えるのである。

たとえば、性的虐待や家庭内暴力を受けている人間は、支援を受けエンパワーされることが必須である。なぜならば、彼らは自分の変化に対して、0もしくは意図に反する（マイナス）変化を相手から受けているからである。このように、**支援関係度自体が低いことが問題の根源と捉える立場**が、本書の提供する概念である。したがって、何らかの支援やエンパワーメントの活動を通して、マイナスの支援関係度を与えられている人をして支援関係に導き、その人の他者からの支援関係度をプラスに転じることができるかが、エンパワーメントの活動プロセスだと捉えられる。そしてそれが達成され、他者からの支援関係度がプラスに転じ、今度は自らが他者に対してエンパワーメントできるようになったとき（他者への支援関係度がプラスに転じたとき）が、活動の終点となるのである。

このような観点に立つとき、孤独とは単に天涯孤独であるとか、一人で生活している（リザルトパラダイムの孤独）、ということではなく、他者からのもしくは他者へ対しての支援関係度が０の状態と言えることになる。そして貧困の定義もこのような視点から見直すことができる。たとえ貧しい家庭にあっても、家族が仲良く助け合って（支援）、互いが支え合って幸福感を味わっている家族は、貧困ではない（支援関係度がお互いに高い）。ＧＤＰの低い国々などでも多くの人々が生き生きと生きているのは、このようなことによると考える。**物質的もしくは精神的な何らかの原因により、すべての支援関係度がほとんど0になることを本書の貧困の定義とする。**マザー・テレサの試みの意味は、支援関係度０の人々に自ら手を差し伸べて、彼らの他者からの支援関係度を高めている活動なのである。彼女は次のような発言をしている。アメリカの孤独な老人たちの生活をみたときのことである。インドの飢えや死病に取り付かれた人々を救うことは、モノに満たされ、病気もないこれら老人方の精神的孤独を救うことに比べたら、よりやさしいことに思えると。米国の孤独な人々を救うのがより難しいのは、物質的には相対的に豊かであるにもかかわらず、支援関係度がほとんど0であるような状態にあるからであり、その支援関係度が下がった原因が、より複雑で、多様だからである。それはモノの貧困より解決が難しい。しかしいずれの場合も、本書の貧困の定義より自分のために他者が動いてくれる、人のために自分が動くことができる指標（支援関係度）、**この指標を高めることが貧困解決にきわめて重要**なのであるという結論が導出される。

ここで経済学者アマルティア・センの研究との比較を行なってみよう。セン（2002）によると、貧困とは、潜在能力を何らかの理由によって搾取されている（奪われている）状態であるとする。私もこの定義に賛成だ。しかしながら、ではそのような状態からどのようにすれば回復できるのだろうか。また、どの時点で貧困の克服という目標に到達したことになるのだろうか。センの貧困の概念からは、これらの点が明確ではない。貧困の定義を一歩進める必要がある。すなわち、貧困からの解放は、支援行動によってもたらされる。支援されることによって奪われている潜在能力が回復され、自らも支援することができるようになって、貧困から回復されたことになる。本書において支援関係度で貧困を定義する意味がそこにあり、異なる定義を提唱する価値がそこにある。センの、貧困を正しく評価できる定義から、**貧困がなくなってしまう駆動力を伴った本書の貧困の定義への転換**である[23]。収入が少ないとか貧乏というのはリザルトの時代における定義であり、相互作用のダイナミズムの結果として潜在能力が奪われた状態というセンの定義は、リザルトパラダイムからプロセスパラダイムへの過渡期の定義である。本書の定義は、プロセスパラダイムの世界観の定義になっているのである。

この文脈で、近未来に発生するであろう日本の移民受け入れ問題を考えてみよう。もし情報の共有化、関係化、支援化に失敗すれば、とたんに互いの支援関係度が下がり、ゲットーができることになるだろう。そしてゲットーの中にいる人は不自由や貧困を感じ、それを乗り越えて自らの意思で何かしようとすれば、裁かれる（捌かれる）ことになるであろう。そしてそのようなことが多量に起これば、社会不安につながっていこう。そうならないように、互いが互いを斟酌しあって動的に動きあい、助け合える社会（支援関係度が高い社会）に導いていくべきである。この点でも、支援関係度という指標は有効に利用できると考えている。

さらに戦争を再定義しよう。戦争という活動もこの貧困の定義を拡張して考えれば、互いの**支援関係度を、マイナスにしあう活動**であると定義できる。つまり戦争によって貧困がもたらされるのではなく、戦争そのものを貧困として定義する立場である。したがって、本当に恒久的に地上から戦争をなくそうと真剣に考えるならば、この**支援関係度を高める方向**に各関係者（ステークホルダー）が刻々と舵を切り替えることが不可欠である。

また、逆に言えば、貧困と戦争が一線上に定義できたということは、同時に解決されうる道を拓く。相手と自分を切り離したリザルト量を目標に行動するから、国益や自己利益に囚われ、戦争や相手に貧困をもたらすことに帰結する。互いの関係量すなわちプロセス量を良くするという目標をお互いが掲げれば、貧困や戦争に至りえない。なぜならば、相手の貧困は自分の貧困でもあるからだ。これがプロセスパラダイムのインパクトであり、人類にこのパラダイムが望む（強いる）ところ[24]なのである。

このように「貧困」や「戦争」を定義すると、その波及効果として、負の戦争という概念を構築できる。戦争は支援関係度をマイナスにしあう活動と本書で定義したから、負の戦争とは、支援関係度をプラスにしあう活動である。他者に他組織に他国に支援を仕掛ける活動である。自身が侵犯されないだけの力をつけて、負の戦争をしかけるという国家ビジョンは、来るべきプロセスパラダイムの社会や世界の現実にふさわしいのである。

[正義の定義とリベラルパラドックスの克服]

相手とプロセスを共有化し、関連づけて支援関係を結び、互いの動きを了解しあいながら連続的に「してもらう／してあげる」量を交換し続けることが、貧困と戦争克服のプロセスパラダイム的定義である。これによって貧困と戦争は、活動のプロセスに忍び込めず、結果としても排除されることになる。このように、プロセスパラダイム的に問題を扱うことが、今後はきわめて重要なのである。

多くの人が共有化できる正義が存在するという考えは、リザルトパラダイムの幻想である。リザルトパラダイムの時代には、共有化できる正義が存在するという概念を使って「させる／させられる」ことができた。しかしプロセスパラダイムの時代には、そのような正義はない。プロセスパラダイムにおける正義とは、相手を支援し、相手から支援してもらえている状態を言うのである。この正義の定義を図3－8に示しておこう。リザルトパラダイムの時代には美人という存在を、自分あるいは相手から切り離したところに設定できた。しかし、プロセスパラダイムにおいては、美しさを認めあう関係、あるいは美しい関係（たとえば円満な夫婦関係がこれにあたる）があるのであって、自分と相手の関係を高める行為のプロセスが美となる。平等や自由も、プロセスパラダイムにあっては、互いの関係を切り離して語ることはできない。相手と自分の関係の平等や自由が論じられるようになる。

リザルトパラダイムの定義
- 万人に共有化された形（ルール・基準）としての正義
- させる/させられることの依拠として点・線・面
- 相手と自分は離れている
- 正義者と不正義者が生まれる
- 勝ち負け，競争

プロセスパラダイムの定義
- 万人に共有化された形（ルール・基準）はない
- してもらう/してあげる関係の活動の連続が正義
- 相手と自分は一体
- 正義者と不正義者に別れない
- 勝ち負け，競争はない

図3-8　正義の定義

個人の自由というリザルトパラダイムの時代の自由の概念が、プロセスパラダイムの時代には、相手との関係が本当に自由であるかという方向にシフトする。つまり、相手と自分の自由な関係がより高まる（自由になる）ことが問われるようになるのである。対応能力（判断能力＋責任能力）のあるもの同士の関係間の決定が、個人間の自由な関係を規定するという概念を提言している。この場合、プロセスパラダイムにおいては、判断能力、責任能力そのものが、関係間の判断を扱えること、関係間の責任をとれることにシフトする可能性が高い。たとえば、私たちの世代が自由にエネルギーを使ってよいとし、それを防止しないリザルトパラダイムにおける自由な行為は、将来世代と現世代とのプロセスパラダイムにおける自由な関係（関係の自由）を侵犯する。平等概念も同じである。自分個人が他者に対して平等であるかを問うのではなく、相互浸透しあう両者の関係が、より平等になっていけるということが互いに平等であるということなのである。

自由と効率がトレードオフになってしまうとするリベラルパラドックスも同様である。そうなるのは、機会主義的に「させる／させられる」ことを前提に行動するからである。「させる／させられる」状態下で効率を求めれば、自由が奪われる（あるいは自由を奪ってしまう）。一方、自由に振舞えば、高い効用には辿り着けない。「してもらう／してあげる」ことなくしてリベラルパラドックスは破れず、またそれによって破ることが可能なのである。互いが多少の利他性を発揮して支援を行なう（してもらう／してあげる）ことによって、自由と効用が両立してくるのである。そもそも自由競争が効率を導くとするアダム・スミスの見えざる手が破綻したのは、リザルトパラダイムからプロセスパラダイムにシフトしたからこそ、とみるのが正しい。どういうことかと言えば、リザルトパラダイムの時代には、ある時刻における相手と自身の効用をある程度高い確率で予想できたからこそ、均衡点に向かえたのである。しかしプロセスパラダイムでは、自分が活動に参加した瞬間に状況は変化する。また引き続いておこる刻々の変化と違いが、予想の意味を奪い、見えざる手の原動力を無力化してしまうからである。このような時代には、相手と自分の量を相互浸透させてその関係量を高めてゆくしかないのである。競争効果から支援効果へのシフトである。

複雑性と支援

プロセスパラダイムとカオス

プロセスパラダイムおいては、線形的で予測可能な世界は終焉している。ここまでの記述をもとに、プロセスパラダイムに通常現れるカオス現象の克服に向かっていこう。

カオスは、最近経営学や社会学や経済学において、複雑系との関係でしばしば引用されているが、哲学では「混沌」などと訳され、まったくの無秩序を意味する。しかしここで扱う概念はそのようなものではない。ここで言うカオスは、自然科学（物理や数学など）から出てきた概念で、決定論的な方程式が生み出す予測不能な運動の一形態である[25]。

カオスを経営学的にみれば、たとえば企業やブランドへの消費者のロイヤリティなどが関係するだろう。コンビニはどれも似たような品揃えに見えるが、たまたま翌日の運動会を控えて、練習中に切れてしまった縄跳びの紐を夜買おうとしたら、Ｓコンビニでのみ買えたというようなわずかな満足の経験が重なって、そのコンビニブランドへのロイヤリティやストアロイヤリティが形成されていく。ある包装紙で贈り物を贈ったら、相手からとても喜ばれたというような体験を繰り返してすると、そのブランドイメージが強化される。ブランド戦略の経済合理性の起源は、カオス的な発想にあると言える。

企業文化によるマネジメントも同様である。人々の活動のプロセスの中で、企業文化が有形無形に繰り返し発揮(リヤプノフ指数が正[25])されてこそ、他企業との大きな差が現れてくると表現されるのは正しいであろう。また、商品クレームにたまたま電話で応対した者のちょっとした態度の差異が、その企業全体のイメージに結びついたりする。評判が評判を呼ぶ現象もそうである[26]。

カオスにおいては、どのようなミクロの差も巨視的なレベルにつながっていく。ミクロとマクロは分離できず、ミクロ(個)とマクロ(全体)の区別が問いなおされねばならない。上位の少ない規則が下位の行動を決めえないし、下位の統計学における秩序パラメータのようなものが上位を構成しないこととなる。関係性をもって動きあうプロセスパラダイムの世界は、線形的な関係が成り立たない、カオスの世界である。それは、従来とはまったく異なる合理性を可能にしていくということであり、同時に、その裏返しとして、従来とはまったく異なる問題性を提示してくるとも言える。

わずかな心構えや努力の差が繰り返される状況において、莫大な差になって現れることは、一つひとつの積み重ねが大きな結果を導く原理の裏返しでもある。この現象を利用できるようにすることがプロセスパラダイムに伴うカオスを制することだと考えられる。もともとプロセスパラダイムにあっては、関係性(関係量の変化)だけが問題である。これを問題にすればよいのである。なぜならば、これが動きをもたらすものであり、同時に動きによってもたらされるものだからである。関係が実体の世界である。ところが高度に関係性がある場合には、非線型となり、カオスが発生しコントロール不能となる。そのときには、通常リセットされる（たとえば、コンピュータの暴走の場合などがこれにあたる）。しかし現実の事象では、リセットは容易なことではない。暴発をいかに押さえるかという問題が、最も難しい問題として残るのである。

支援は相手を支援するという意味で関係性を扱っている概念である。しかしそれだけではない。相手の動きに合わせて、相手を利するように動くという意味をもともと含意している。互いがこの動きを取り合えば、動きの中の暴発に対する歯止めになる可能性が高い。カオスの研究者たちは、カオスにおいては「描写型モデルより構成型のモデルが適切だ」と主張する。この文脈で、この構成に支援を取り入れたとき、カオスを伴う複雑な問題が解決される可能性が拓ける（191ページ参照）、と私は考えている（舘岡 2002a）。これが私が考えるプロセスパラダイムとカオスと支援の関係である。

カオスを克服する四つの知恵

プロセスパラダイムにおいては、初期値の微妙な違いが現象の時間発展の中で極大化されるというカオス現象が起こる可能性が高い。ビジネスなどにおける成功と不成功の分水嶺が、最初の状態の微妙な差異によって引き起こされうることを理解されたであろうか。プロセスパラダイムに入って、扱う対象の複雑性が高まってきたため、要因もメカニズムも一見同じなのに、結果は成功と失敗ほどの開きを生むことになる。ではこのカオス現象を克服するために、どのようにすべきであろうか。新たなビジネスモデルを、四つ提案する。

モデル１　両者の中間に入り、中間体として両者を支援する
モデル２　対立項において、相手の本質を内包しながら行為する
モデル３　対立項の不備を互いの対立概念で補完する
モデル４　時間と空間の概念を再構築して解決する

モデル４については、次の章で紹介する。

［モデル１］　両者の中間に入り、中間体として両者を支援する

まずモデル１を説明しよう。たとえば、オート・バイテル・ジャパンという会社がある。この会社は自動車のディーラーと顧客の中間に位置して、ＩＴを駆使して両者を支援している会社である。車が普及していない時代には、このようなビジネスモデルは成立しない。なぜならば、立派な店舗を構えれば、顧客が車というモノに引き寄せられて、十分に車という商品を捌くことができたのである。多少品質が悪くても、車を持てるという魅力から、顧客が些細な不具合は我慢できる時代があった。造れば、売れるという結果が担保された時代だった。日本では１９６０年代頃から７０年代の初めまでであり、中国では現在（２０００年代）がそうである。一方、現在の日本は新車購入が一台目である割合はわずか５％にすぎず、20人に19人は何台目かの買い換え需要である。顧客の目が肥えていることはもちろんだが、車の供給側の技術レベル、品質、性能等もきわめて似通ってきている。したが

って、顧客に購入を決意させるには、良い宣伝をしたからとか、良い車を出したからというような予測可能な線形のリザルト的な手法は通用しなくなってきている。むしろ、顧客一人ひとりの価値観や刻々変わる好みや生活、さらには顧客が人生で実現したいことに肉薄し、それを支援していくことが求められている。最近マーケティングにおいて、開発商品とターゲット顧客の人生シーンを結びつけて、顧客のドラマを作り出すような方法を用いたり、携帯を使う高校生に商品開発プロセスに参加してもらって（ここでも「してもらう」が出てくる）、メーカを支援してもらう方法などが重要視される所以である。つまり、供給側と顧客との関わりが重要となってきた。関わりのプロセスとは両者が時間的に発展していくことであり、カオスが現れる可能性が高い。もともと不特定な市場の莫大な数の顧客にディーラーが直接密接な関係を結ぼうとしたら、大変なことになる。そこに発生する複雑性を克服して、良い関係のみを発展させることは経済的にも不成立であるし、工数的にも莫大となり、内容的にも難しすぎるであろう。

そこで、オート・バイテル・ジャパンは、市場とディーラー間に入って次のことを行なっている。系列横断の正規ディーラー400社と契約を結び、強力なホームページを通してユーザーへの情報提供をする。その中には、メーカと組んでマニアが喜ぶような車の限定販売やオートリース、保険や中古車の斡旋などのサービス、新車のパーフェクトガイド、ロードインプレッション、リコール情報、新車激辛情報など、ありとあらゆるコンテンツが準備され、車に関心のある人を支援する。次に、そのような情報に繰り返して反応してくる顧客側の情報から、メールパーミッション（ディーラーが顧客にメールを出してもよいという許可）を獲得し、強力な潜在顧客メールリストをディーラーごとに提供する。最初に顧客への支援、次にその情報からディーラーへの支援と、支援の連鎖が始まっていくのである。さらに、ディーラー側への支援としては、新規顧客対応48時間以上経過の警告や、メールによるコミュニケーション方法やメールプロモーションスキルなどを教育支援する。こちらも強力な研修やe-ラーニングなどが準備されている。それによって、高い来店誘導率や高い来店成約率を達成している。また、顧客とディーラーとの苦情処理の実践やノウハウも蓄えている。

このビジネスモデルは、莫大な顧客と莫大な新車の情報と多くのディーラーが、それぞれ刻々と動いている複雑性の高いプロセスパラダイムを制しながら利益を上げる仕組みなのである。市場と供給側の間に自身を位置させ、両者への支援を行なうことが本質である。

また別の事例としては、社会的企業家（social entrepreneur）がある。地域や社会の問題を取り上げ、そのソリューションをビジネス化するものである。たとえば、地場産業のタオル生産が下火になってきたとき、風力発電のみでタオルを編み、「風で織るタオル」として売り出し世界で有名になった池内タオルの例がある。これは、複雑化した社会と企業において現れてきた問題を、その両者の間に入って、両者を支援する動きで解決した事例と言えよう。社会的企業家とは、社会と企業の間に入って両者を支援するビジネスモデルの実践者である。

［モデル2］　対立項において、相手の本質を内包しながら行為する

モデル2に行こう。対立項において、相手の本質を内包しながら行為するモデルである。これは社会学の分野の「公共性」の例が分かりやすい。公共性とは、今田（2005）によると、「私心を超えた、民主的な政治経済秩序の形成原理」と定義される。従来の公共性は、社会のインフラの整備であるとか、公平さを社会に実現するために官（お上）が主導するというのが一般的であった。今田はこれを第一の公共性と呼んでいる。第二の公共性は、市民が公論を喚起する草の根運動的なタイプである。いわゆる市民主導型の公共空間である。第一と第二の公共性は、マクロである官とミクロである市民の対立とも言えよう。ここで、今田は第三の公共性を提案している。すなわち、多様化された社会においては、政治がショー化し、市民からの公論を起こすようなことはもはや叶いがたい。そこで登場してくるのがボランティアの活動だと言う。ボランティアは個人（ミクロ）のレベルでは、自己実現という欲求を満たしながら、他者を支援するという意味において、本来官（マクロ）が担っていた役割を代替している。今田はこの第三の公共性が、今後の社会にきわめて有効な行動概念だとしている。これはプロセスパラダイムの視点からみれば、扱う系が複雑になり、より支援的なものが不可避になったということである。高齢者は個人差も大きいので、官が支援しようとしても、どうしても一律の規則（マクロの少ない規則）を適用しがちとなり、規則に当てはまらない者を多数生み出すことになる。また、一人の高齢者も一日の間で状態が変化する。ボランティア活動のように、現場そのものに深く立ち入って、高齢者にとってよいように計らう（支援）存在がなければ、プロセスパラダイムの時代に求められる公共性は実現できない[27]。多様でかつ動いているものは、複雑性が高く、相手（対立項）の本質を含みながら行動することがより有効なのである。

だとすれば、次の当然の疑問として、「マクロ（全体）側がミクロの本質を含みながら行動するとはどういうことなのか？」という問いが生まれてくる。

私は、それはマクロがミクロの支援活動をしやすくすることであると主張したい。個々の人々の自由度（ミクロの本質）を高めながら、その機会主義を排除するようにマクロがミクロを支援するのである。具体的には、たとえばＮＰＯに課税するならば、そのすべての税金をＮＰＯの活動にのみ再投資するのである。これを官（マクロ）による「第四の公共性」と定義しよう。これが、ミクロの本質を含みながら、マクロが行動するということである。ボランティアはミクロがもつ本質的な勝手さの問題を、相手を支援することでマクロの本質を含み、官はマクロがもつ本質的な一律規制の問題を、ミクロの活動をより解放することによって、ミクロの自由度という本質を含みこむ。

ビジネスでも同じである。１３２ページの新車開発期間超短縮で現れた設計からの生産部門への支援は、顧客のニーズを満たすという設計行為において、生産部門のＱ（Quality）、Ｃ（Cost）、Ｄ（Delivery）を高めるという相手の本質を内包しながら設計するということであった。

これが、21世紀の知恵[28]、プロセスパラダイムに必要な支援の効果である。

［モデル３］　対立項の不備を互いの対立概念で補完する

モデル３、「対立項の不備を互いの対立概念で補完する」に進もう。本書では管理と支援を対立概念として扱っているが、管理で解けない問題は支援で解き、支援で解けない問題は管理で解くということである。管理は違いや変化に弱いので、その部分は支援で対応し、支援は際限のない動的プロセスになるから、どこかで結果を切り取るという意味において管理が必要となる。この例としては、図３‐９を参照されたい。携帯電話がパソコン化しつつあることは周知のとおりだが、やはり操作性を

1. **行き過ぎた「管理」の問題を「支援」で**
   管理による画一化を支援による多様性で
   支援の無責任性を管理による評判で

2. **空間の問題を時間で**
   携帯電話の操作：狭い面積を前後で対応
   開発期間の超短縮：別空間での同時進行

両者に影響を与える中間概念としての支援の深い含意

図3-9　対立項による問題の解決

考えると小さいものは不利である。パソコンのキーボードには109個の操作ボタンがあるが、携帯では22個にすぎない。したがって、「お」を打ち込むにも一度ではできないので、「あ」行を5回叩くことになる。これは、空間の不備を時間で補う事例である。

一方、新車開発期間超短縮という時間的に無理な課題を解決するため、コンカレントエンジニアリングの場合もサポートエンジニアリングの場合も、別の空間で同時並行的に作業を進めるもしくは別空間の活動が自空間の作業をなくしてしまう、すなわち空間的努力で時間的不備を補っている。これが、対立項によって相手の問題を支援するビジネスモデル3である。

ところで、モデル4の、時間と空間の概念を再構築して解決するモデルについて、ここでも少しだけ触れておこう。

野中は、「企業の知識ベース理論の構想」(2002)において、「速度の経済」と「忍耐の経済」の両立に関する問題提起を行なっている。忍耐の経済とは、発明などのように、ある程度の知識の集積と熟成が必要な経済行為である[29]。速度の経済については、本書でたびたび述べてきた。速度の経済を高めようとアウトソーシングや派遣社員など本来業務の外部化を進めすぎると、忍耐の経済部分が弱くなる。一方あまり忍耐の経済を重視しすぎると、成果が出なければ、出費が嵩み破綻におちいる。このような場合、相手の不備を時間をずらして支援しあうことができない。なぜならば、速度の経済が進めば、忍耐の経済に戻すのに時間がかかるからである。この問題の解については、さらに第4章で考えていく。

以上述べてきたように、支援には、リザルトパラダイムに必然的に生じる二項対立（ダイコトミー）の二項を接近させ、両者を止揚する効果が備わっていると主張したい。

自己組織化と「利他組織化」

「利他組織化とは」

以上みてきたように、今後主流になってくるプロセスパラダイムの時代に最もふさわしい姿勢は、個人の生き方であれ、企業戦略であれ、国家の政策であれ、いかに相手との関係性を高め、それらの動的な状態を維持しながら、どのように支援関係にまで導くかということなのである[30]。それが前節に述べた「四つのモデル（知恵）」の真の意味なのである。

したがって、意思決定の軸も、各ステークホルダーが相互浸透過程を形成して「支援しあえるようにする」ことが、今後、個人、社会、国家の未来を拓いていくことになるだろう。

この主張をより堅固にするため、新たに「利他組織性」という概念を導入したい。

化学者イリヤ・プリゴジンは、熱力学の第二法則、すなわちエントロピーの増大（無秩序化）の方向とは異なり、自然や生命が秩序を生成することに着目し、「ゆらぎからの秩序」生成、いわゆる自己組織化について述べたが、今田（1998）は、この概念を社会科学に応用している。今田によれば、自己組織化する社会とは、全体よりも個、個のゆらぎを通じて社会秩序が生成される、不均衡やカオスを排除しない、制御中枢を想定しない社会である。このことを平たく言えば、中央の制御ではなく各要素が外界もしくは要素間との相互作用から発生するゆらぎをベースに、秩序や構造を変えながら組織化することであると解釈される。決まった共有化された全体のルールや権威に依拠して、相手を従わせたり相手から従わされたりするのでなく、関係者間の相互作用から生まれる意味によって、お互いを規制する構造や秩序を関係者自らが刻々と構築していくことであると言えよう。

この考えをさらに拡大して、自己組織化によってできあがった組織が何らかの利他的な秩序や構造をもつとき、それを「利他組織化」もしくは「利他システム化」されたと呼ぶことにしたい。そしてその組織がもつ他者を支援したり利する性質を、「利他組織性」と定義する。

たとえば、本書の132ページで述べた新車開発期間超短縮実現のためには、部門間の利他組織化が必須であるというように表現することができる。利他性は個人の自由な意志によってもたらされるものであり、中央の制御を必要としないという意味で、利他組織化は自己組織化を前提にする。というより、リザルトパラダイムでは関係性が既知であるから管理組織でよく、プロセスパラダイムに移行し始めると、関係性が動きだし、互いに相手をコントロールすることが不能となるので、おのずから自己組織的にルールが形成される状況に入っていく。さらに変化が激しくなれば、利他組織性に席を譲ることになる[31]。

先の四つの知恵におけるいずれのモデルも、プロセスパラダイム下での活動において、発生するカオスを克服する仕組みであることが分かるだろう。活動のプロセスにおいて利他組織性が発揮されなければ、複雑性を克服することができないと提言する[32]。

［メルクマールとしての利他組織性］

一般に、**他者が利益を上げれば、その分自分が不利を被るというのは、今や間違いである。それは過去の時代の前提である。**アダム・スミスは、複数の意思決定主体がそれぞれに自らの利益を最大化するように努力すれば、お互いが見えない状況下であっても、神の見えざる手によって、合理的調和に至るとした。しかし、プロセスパラダイムの時代には需要と供給が仮に一致しえたとしても、他国の環境破壊や他国の倫理や文化の違いに触れて、そのような調整結果そのものの意味が色褪る。また、度重なる変化が起これば、ある時間における需要と供給の一致は著しく短命化して意味をなしえない。このような時代には、神の見えざる手に代わって、複数の意思決定主体が互いに相手に対して利他性を発揮することが必須となる。**自分が利益を上げようと思えば、他者に利益を上げさせなくてはならない、もしくは他者から利益を上げさせてもらわなくてはならない時代の到来を迎えているのである[33]。**プロセスパラダイムにおける大きな違いと度重なる変化は神の見えざる手による予定調和を台無しにしてしまう。したがって、プロセスを共有化（お互いに見えるように）して、人々の見える手によって刻々調和を生み出し続けなければならない。神の見えざる手の終焉の後には、人々による利他システム化がとって替わることになろう。

リザルトパラダイムの時代は、結果を重視し、結果量を高めることに汲々とした時代であった。人々は結果に群がり、結果を求め、各人の期待される結果に基づいて行動し、神の見えざる手で一致に向かう。経済合理人とはそのような人の概念規定である。プロセスパラダイムの時代は、プロセス量、言い換えれば、相手との関係量を高めることがポイントである。結果主義の行動指針は自己中心的だが、関係中心においては、相手と関係のある部分には、互いに利他性を発揮することが不可欠となる。モノ造りに代表される製造業においても、サービス業においても、プロセスパラダイムが社会に浸透してゆくにつれて、ますます利他組織性を高める必要があり、そうした取り組みが表舞台に踊り出てくるだろう。新たに開発される技術やシステムも、利他組織性を内包したものとなるに違いない[34]。いやそれどころか、利他組織性の度合いによって差別化が図られることになるだろう。利他組織性は、新たな時代と社会を切り拓いていくメルクマールなのである。

コラム　他者を助けること、助けられること

利他組織性を発揮するには、他者を助けることが最重要である。この命題は真であろうか。

否である。利他組織性が必要となる時代は、自身の解が相手に所属する時代であり、助けることより助けられることのほうが重要なのである。なぜなら、助けることは自分の意思でできるが、助けられることは相手の意思に帰属するからである。支援の意思決定は自分に属し、自分への支援の意思決定は相手にある。相手が支援してくれるか、そうでないかは、支援されるほうからはどうしようもない。相手に利他性を発揮してもらえるようにするにはどうしたらよいかが、支援学に必要なノウハウの本質となる。支援社会においては、自らが進んで相手を支援するだけでは不十分なのである。相手をして支援してもよいと意思決定してもらえる力が必要なのである。支援する能力ではなく、**支援してもらえる能力である**[35]。

リザルトの時代には、管理によって仕事分掌が明確化され、それを「する能力」が求められる。したがって、この延長線上に相手を助ける能力も涵養されるかもしれない。しかし、支援社会に不可避となる相手から「助けてもらえる能力」については、私たちはほとんど無知である。組織が挑戦者の立場で成長している間は互いに助け合うが、一定の成功を収めると、往々にして互いの利権を奪い合うようになっていく。

管理はどちらかというと、コントロールする側が100の力を持ち、被管理者側は0の力学である。もちろん、管理されるほうも意思や感情があるから、そうやすやすとはコントロールされない。だが、だからこそ管理学が発達した。管理がパーフェクトであれば、被管理者は管理側から思うままにコントロールできるという発想が管理学の背景にあるのではないだろうか。だから、コントロールできないときは管理の失敗と定義され、より高度な管理方法へと進化するのである。

しかし、支援の場合はどうであろうか。支援はもともと50対50の世界観である。支援の決意は自

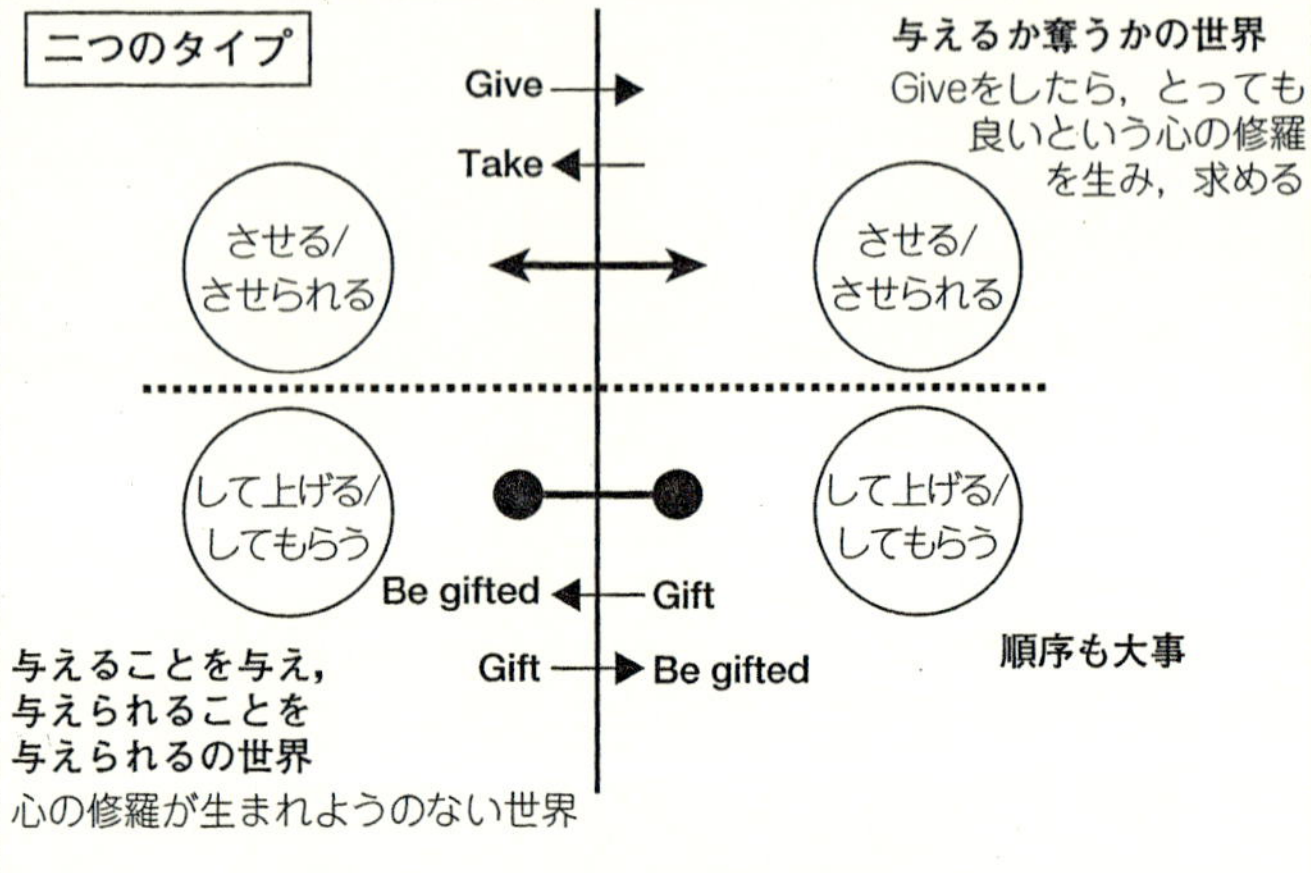

図コラム-3　管理社会と支援社会

分ができるが、支援される場合の決意は相手がする。相手との相互行為の50は自分が握っていても、残りの50は始めから相手が握っている。したがって、管理学に替わって支援学を完成していくには、**支援してもらえる能力**を確立していかなければならない。

　助けられるためにはどうしたらよいのか。相手に自分を助けてもよいと思ってもらえる能力とはどのようなものなのだろう。ここが利他組織化を達成する上で求められるところである。

　もし自分が支配的で相手をコントロールする立場になったときに、相手は自分を支援してくれるようになるだろうか。もし自分が相手のことをいつも、いつも助けないでいたとしたら、そういう人を周りが助けてくれるだろうか。また、もし自分がやるべきことを怠って、ただ助けてくれることのみを求めているとしたら、そういう人を周りの人が継続的に助けてくれるだろうか。支援されるということは、決してやさしいことではないようである。

自ら高い目標を求める者に対して、人は助ける気持ちが湧いてくるのではなかろうか。相手を支援することをいつも行なっている人、つまり支援的な人には、いろいろと情報が集まってくるようである。支援の場合、自身を支援してもらえるようにすることがまず先にある[36]。

管理においては、管理してくるかどうかは始めから管理側がすべて握っているのだから、自分から管理されるかしないとかは問題にならない。管理されるノウハウを学問体系にしようとする学者もいない。管理社会では、あくまで、いかに管理するかがいかに管理されるかより優先される。

それに対して、支援社会では、いかに支援するかはいかに支援されるかよりやさしく、したがって、後者が優先されねばならない。図コラム－3に、このことを概念化して示す。図から明らかなように、管理社会ではさせるものとさせられるものに分かれ、させられる存在が出現する。図の上側の部分だ。一方、図の下側に示されるように、支援社会では、してもらうものとしてあげるものとは、してあげることを相手からもらうという意味で互恵的であり、奪われるものが現出しない。

第4章

支援の本質

空間と時間の「本当の」関係——複雑性の制御
新世紀の知恵
二元論超克への道
［コラム］　完全な合理性と不完全な合理性

空間と時間の「本当の」関係——複雑性の制御

空間的支援と時間的支援

私たちの扱う対象が変化の坩堝と化してきつつある中で、その変化を吸収、調整するには、仕事のプロセスの上下流で各々のプロセスを共有化し、支援関係を構築することが必須であることを述べてきた。たとえば、自動車業界においては開発期間を40ヶ月、30ヶ月、20ヶ月にし、さらにシングル化しなければならないときにそれが現出した。このことを第3章で検証した。検証は付録に詳しい。これは、時間的支援の実例である。環境問題も、実は将来世代の問題の解を現在の私たちが握っているということであって、将来世代は私たちと協働できないから、この場合将来世代は私たちから支援してもらうしかない。これも時間的な支援例の一つであろう。

時間的支援とは、わかりやすく言うならば、

あなたがしたことを後で誰かがさらに発展させる文脈において、後の人に配慮したり、後の誰かからあなたが配慮されたりする、時間的に橋渡しされた支援関係のこと

である。つまり、関係をもつもの同士が、時間を媒介に支援する関係である。

一方、関係をもつもの同士が、空間を媒介に支援する関係もある。これを空間的支援と呼ぶことにする。**空間的支援**とは、

あなたがすることを誰かが別の空間で同じようなことをする文脈において、別空間の人に配慮したり、別空間の誰かからあなたが配慮されたりする、空間的に橋渡しされた支援関係のこと

である。

これは、グローバルな企業提携や連携におけるビジネスプロセスを整合化する局面で現れる。たとえば図4-1にあるように、以前は、日本a社は日本から、米国a社は主に米国から部品を調達して

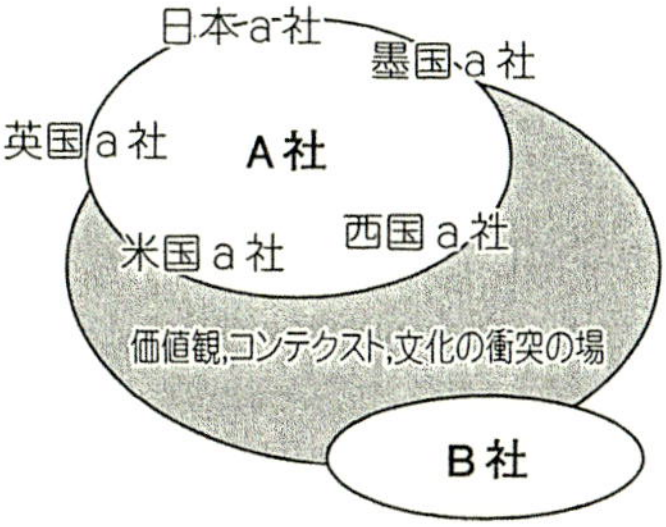

図4-1　グローバル展開のモデル

いた。それがしだいに世界中のすべての地域から調達するように、空間的に拡大してきた。しかも、A社はまったく商習慣も価値も言葉も違う他国のB社と最近提携した。両者で相乗効果を出さなくてはならない。グローバルソーシングを行なおうとしたら、部品の品質保証契約を一つにする必要が生じる。制定法か判例法かは国によって違うし、契約本文の表現の明示性に対する解釈と含意もそれぞれ異なっている。また商習慣も違う。こうした場合、いかに契約や一連の商行為を収束させたらよいかが、空間的拡大に伴う違いの調整問題となる。実に多くの時間と無駄とも思われる会議が続く場合が多い。自身の価値や文化やコンテクストを相手に押し付けても互いに受け入れられないのは自明である。

この問題の解決にも、支援型行動様式がきわめて有効である[1]。このような空間的支援の場合は、自身の活動のリンクを空間的に拡大し、お互いを支援しあうのである。具体的には、相手側との契約を展開するときに、相手のためにこちら側が立会い、説明能力を高めたり、契約作成過程に相手側の何割かの仕事（共通部分）を取り込んで達成してしまうわけである。

空間の違いを支援する支援関係度を１３７ページの時間的な支援関係度と対比させて以下のように定義しておく。

$$S_i^{(s)} = \frac{\text{自身の違いに関係する他者の総仕事量の中で他者が支援してくれる仕事量}}{\text{自身の違いに関係する他者の総仕事量}}$$

このように、**支援には二種類ある。**空間的な違いに対する支援と時間的変化に対する支援である。次に、複雑性の観点から、この二種類の支援をさらに深めていこう。

空間的複雑性と時間的複雑性

現在私たちが直面している難題は、「差異」をいかに調整するかに帰結する。差異とは、37ページで述べたように、違い（空間的な差異）と変化（時間的な差異）のことである。

たとえば、新車開発期間をシングルにする努力において、ある時点での設計変更の解決策を実行する場合、初期の対応の仕方の微妙な違いが時間発展の中できわめて大きな差となって現れてくる可能性がある。これはたとえ要因数が一定であっても時間的に起こってくる複雑性の問題であり、ここでは時間的複雑性（temporal complexity）と定義する。

一方、これもすでに述べた例だが、通常の先進国での女性解放運動も、発展途上国では一部の相対的に特権を持つ女性の運動として、理論の外に置き去られた女性たちの疑問や反発という意図しない問題が起こってしまうかもしれない。これは、対象領域の範囲の設定が不十分であったこと、すなわち空間的拡大による要因の増加に伴う複雑性の問題であり、空間的複雑性（spatial complexity）と定義する。そして、時間的な変化は限りなく速く、空間的な違いは限りなく大きなほうに向かっているのが、現在の問題の本質である。相手からみれば、自分が空間的・時間的な違い・変化となっていることになる。青島（2002）は２００２年組織学会年次大会で、アーキテクチャの視点を複雑な経営現象、システムと絡めて展開している。そこで扱われている複雑な経営現象は主に空間的複雑性に入るものである。複雑性の問題を時間と空間に分けて捉えることはきわめて重要であると指摘しておく。**複雑性には二種類ある**ということなのである。ビジネスにおけるそれぞれの実例を、あげてみよう[2]。

【空間的複雑性の実例】

この例の一つとして、A社がM車を造る場合の企画段階のプロセスを対象にしてみよう。仮に、この車の商品コンセプトを「ワイズ、ビビッド、ノーブル」としよう。この車の内装設計（前面の計器部分やシートなどの設計）をするとき、従来のように国内のみで販売する場合とこの車を欧州市場、南アフリカ、サウジアラビアなどの中近東などにも投入する場合とでは、明らかに複雑性が変わってくる。デザインや材料選定において、欧州での好みや流行、南アでの調達可能性、中近東での耐熱性能などが、新たな考慮要因として増える。さらに、発表時期を各々どうするか、またプロジェクト間の部品の流共用化率をどのように設定するかなど、検討要因が飛躍的に増大するのである。

［時間的複雑性の実例］

この例の一つとしては、前にも述べたが、ストアロイヤリティと顧客の満足度があげられる。翌日が運動会という夜10時頃に、縄跳びの紐が練習中に切れてしまったとき、コンビニで交換用の紐が買えたとする。こうした経験の連続が満足度を上げ、ロイヤリティを形成していく。しかし、一方では、満足水準はどんどん高まるから、わずかな失敗による不満誘起の機会も増加していく。このようなケースでは、カオスが現れてくる可能性が高まる。

過去においては、地域内の商店街や百貨店などは固定的であり、営業時間もほとんど同じであった。サービスの内容も似通っており固定的で、ロイヤリティは予想範囲内であり、競争の差別要因とはなれず、利益源泉への影響も小さかった。モノ不足の時代には、モノを手に入れることが先決でどこから買うかは二の次である。しかし、プロセスパラダイムの時代（供給側も消費側も参入参出が激しく、両者の環境がどんどん変わる状態）には、比較的固定的だった店へのロイヤリティ（顧客とお店の両者によって生み出される量、すなわちプロセス量）が、情報の流動性を媒介に目まぐるしく動き出してくる[3]。ロイヤリティの扱いと変化が、店の利得の大小に大きく関わってくるのである。

以上はほんの一例にすぎないが、空間の広がりと時間の狭まりによって、従来の問題が複雑性を伴った難題に変わることが容易にうかがえるだろう[4]。このようにプロセスパラダイムに一般に現出する二種類の複雑性をどのように克服したらよいのだろうか。それには、時間概念と空間概念の本質に迫ることを避けて通れない。つまり、『時間と空間の本来の関係性を理解すること』[5]から始めなければならない。また、この試みは、支援の本当の本質および合理性を導出するものとなることが後に分かることになるだろう（197ページ参照）。

時間概念と空間概念の新構築（時間と空間がなくなるということ）

［時と時の間、空と空の間］

時間というものと空間の関係を図4-2に示す。この図はきわめて模式的に表されているが、エージェントaとエージェントbがある時点において、別の空間[6]で同じ方向に歩いている（活動している）とする。この場合、互いから互いは見えないとする。ある時間後に両者は遭遇するが、それは彼らの今にとっては未来の時間になる。ここに、エージェントcが両方の空間（場所）を見る（知る）ことができているとする。この時点でcは両者が出合うことを知っているので、出合うべきでないa、bであれば、どちらかにたとえば携帯電話で連絡し、その現象を回避させることが可能となる。つまり、**時間**とは空間列に点在する別の活動であり、**別の空間**のことなのである。別の空間が在ることによって、時間が担保されているのである。

一方空間のほうはどうであろうか。空間は時間から本当に独立的なものであろうか。図から分かるように、空間のほうは、もし時間がなかったなら、エージェントa、bは同じ方向に歩こうとしてい

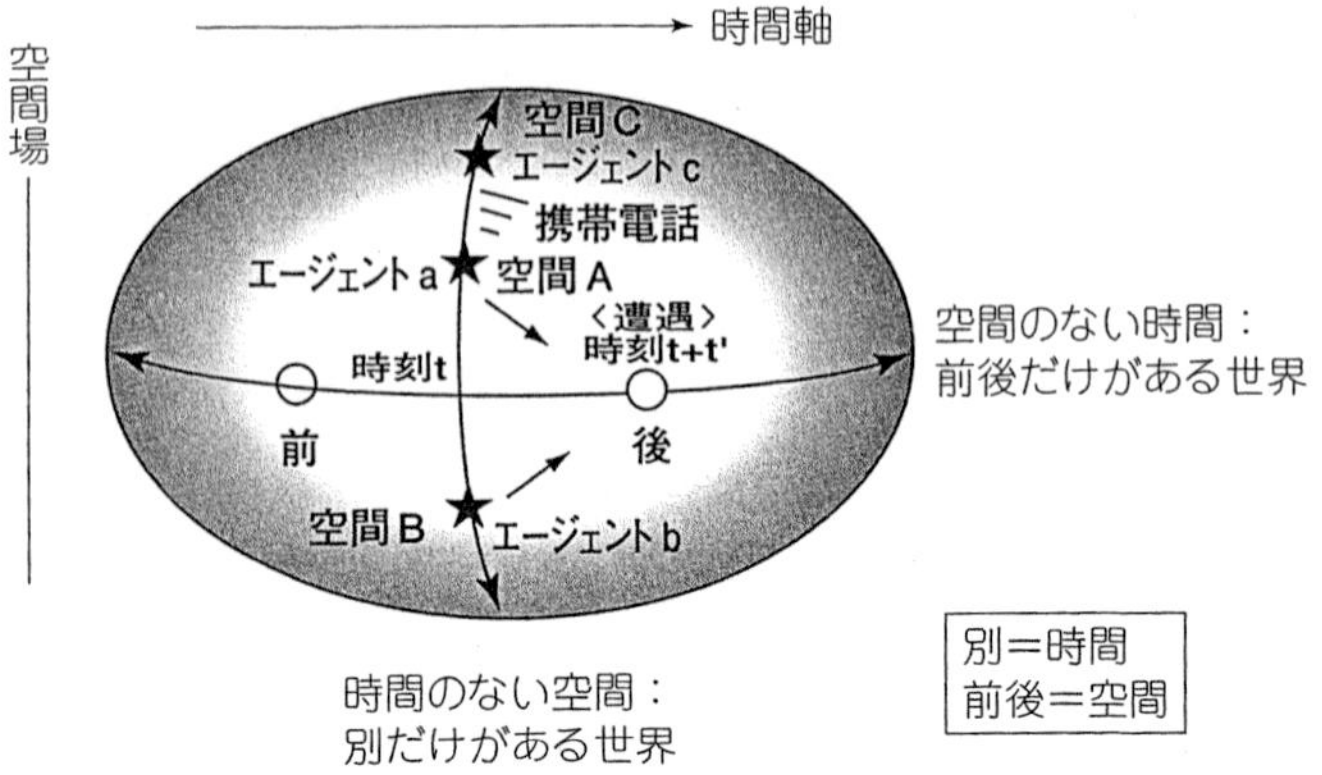

図4-2　時間と空間の関係

るという瞬間だけがあって、永遠に遭遇はしないのである。つまり、時間の前後があることにおいて、空間が担保されるのである。つまり、**空間**とは時系列に並んだ活動の順序であり、**時間の前後**と言える。

つまり、別の空間（場所）での活動がなかったなら、時間は生まれてこず、活動の前後がなかったなら、違った空間は存在しない。常識では空間と時間があるから、活動ができると考えられているし、そう教えられる。しかし**発想のコペルニクス的転換**が必要である。活動（変化）のほうが本質である。活動を媒介に、時間と空間が織り成し互いを担保しているのである。同じ時間に別の空間があるから、時間が生まれる余地があり、同じ空間に時間の前後があるから、別の運動が入ってこられる。つまり、時と時の間（時間のこと）が空間を生み出す可能性を担保し、空と空の間（空間のこと）が時間を生み出す可能性を担保するのである。したがって、空間や時間が単独で実在するのではなく、それぞれの間のほうが実在し、一方の間が他方の空間であり、他方の間がもう一方の時間である。空間が膨れ

表4-1　複雑性を制することと支援との関係

複雑性	乱れ・矛盾・混乱	原因	対策（未発生）	対策（吸収）
空間的	時間の経過と共に起きてくる	違いが変化を生み出すから	別空間の活動の整合性	時間の前後の支援関係
時間的	ある時間に空間の大きな差となる	繰り返しの変化が違いを生み出すから	時間の前後の整合性	別の空間間の支援関係

出すのは、時間があるからで、時間が動き出すのは別の空間があるからだ。つまり、両者が交差することにおいて、空間と時間が存在してくるのである。このような時間と空間の本来の関係を私たちはあたかもそれぞれが独立に存在するかのように感じ（錯覚し）ているのである[7]。

[複雑性を制することと支援]

このように時間と空間の概念を新構築して、空間的複雑性と時間的複雑性をみるならば、空間的複雑性は時間の経過と共に乱れた活動になることを意味し、時間的複雑性はある時点での予測不能な空間的差異となって現れてくる。価値という視点からこのことを逆説的に述べれば、価値あることとは、世代間で継承されていくことであり（長い日本の伝統を誇れること）、また空間的なより広い範囲で有効性を有すること（アメリカンスタンダードの汎用性）である。つまり、伝統が続くということは、別空間の動きに矛盾がないということであり、空間的拡がりをもって有用性があるというのは、時間的に混乱が現れてこないことなのである。

空間間の違い（空間的複雑性）が変化を生み出してくるのだから、

時間の前後で関係性をつなげて支援関係を結んでおけば、変化が吸収されるのであり、時間間の変化（時間的複雑性）が違いを生み出してくるのだから、空間と空間の間をつなげて支援関係を結んでおけば、違いが吸収されるのである（表4-1を参照）。このことは132ページや185ページで示した内容に対応する。

このことがプロセスパラダイムにおける支援の意義と価値であり、複雑性を吸収しうる合理性の源泉なのである。したがって、プロセスパラダイムに伴う複雑性を克服しようとするならば、支援の時代を避けて通ることはできないことを含意する。さらに言えば、論理的に真に空間的複雑性と時間的複雑性を越えるには、時間と空間のない状況を創出する他はないと考える。

ところで、この二つの複雑性はこのように都合よく別々に起こるのであろうか。もちろん、空間的複雑性と時間的複雑性は同時に起こってくるから、同時に対処することが求められる。

新世紀の知恵

では、ここで本当に空間的複雑性と時間的複雑性を越えるシステムを見出してみよう。

ナビゲーターとプロセスパラダイム

『知る』ということ

前節の空間と時間概念の新構築に「知る」ということを結びつけてみよう。知るということの決定的意味と価値をみていきたい。最近は知価社会とかナレッジマネジメントとかが注目されているが、知がもたらす効果の本質はどのようなものだろうか。

図4-2において、エージェントaもbも時刻tにおいて、互いのことを知らないから、時刻$t+t'$後の未来において、出合うという現象を避けられなかった。もし、どちらかa、bが両方の空間の時刻tにおける両者の活動を何らかの方策によって知ることができているとすれば、未来の遭遇を予測し、それを回避することが可能となる。つまり、別の空間の出来事を正確に『知る』ことは未来を知ることになる。一方、自分自身の空間における時系列の活動を正確に『知る』ことができれば、別の空間の出来事がどうなっているかが分かることである。換言すれば、**知ることによって、時間が超えられ、空間も超えられる**ということなのである[8]。

〔もう一つ先の支援〕

時と時の前後がなくなると、空間のみとなり、空と空の間がなくなると、時間のみとなる。

このことより、もう一つ先の支援モデルとして図4-3を提言する。これは横軸が時間軸で縦軸が

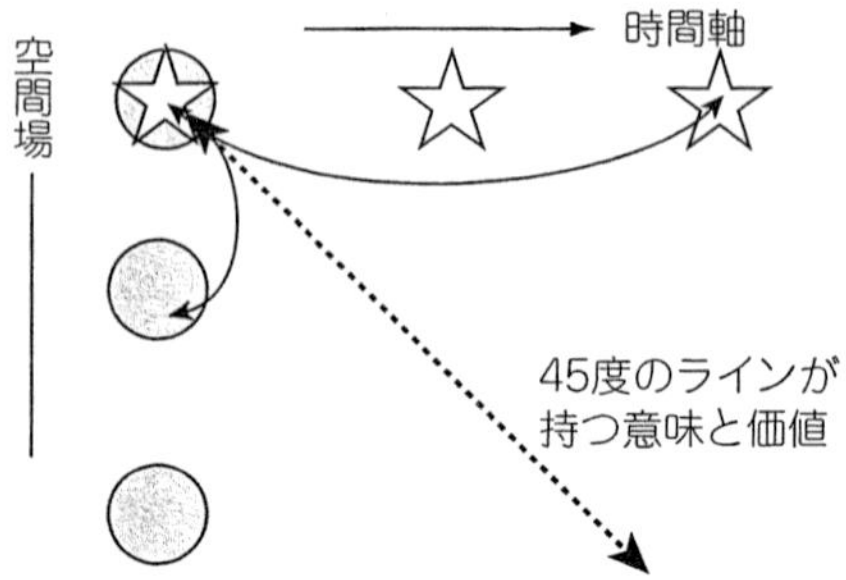

図4-3　“もう一つ先”の支援モデル

空間場である。活動は45度線上にあり、それらが空間的にも時間的にも関係するエージェント（一切）と支援的に関連づけがなされている姿である。このようなモデルが現実に構築できれば、時間と空間が越えられたことになり、同時に起こってくる空間的複雑性と時間的複雑性は起こらなくなることが自明となる。つまり、別空間の活動は、時間の前後を整えてあげる方策が有効で、時間の前後に起こる複雑性は、今ここにおける空間間の支援が構築されていることが必須となるのである。［1章のA子さんのデート問題に適用してみよう。次から次へと起こってくる別の空間からの外乱（たとえば、C君の登場やチケットが来週の試合のものであったこと）は、次の時間への過程で整えてあげれば（B君によるC君の彼女への配慮やチケット嬢が会員であるB君のチケット購入状況を調査する）、解決するのである。一方、A子さんの妹Eちゃんの突然のパニック状況は、もしA子さんが日ごろからこのカップルというA子さんにとっての別空間の活動を支援していたならば、このようなことは起きてこない。］同時に起こる複雑性を克服する鍵概念は、時間と空間を支援で紡ぐナビゲーターとなると提言する。そのようなモデルの可能性は、ナビゲーションシステムにある。

時間と空間が単独で存在しえないという指摘は重要である。なぜならば、両者の交差点に活動、すなわち存在があるということを明らかにしたからである。同時に両者が相手によって生まれるのである。別の言い方をすれば、活動は、二つの直交する概念が互いに相手を担保する文脈において、捉えることが可能となる[9]。

たとえば、自宅にいて、これからアークヒルズまで車で行くとする。その時刻t_1において、アークヒルズでも途中の道路においても、別の人々や別の車が活動しているのは自明だ。もし自宅からの道すがら、今後通っていくであろう道路やアークヒルズの様子のすべての変化しているプロセスを刻々と知ることができたら、そしてすべての相手も刻々とあなたの移り行くプロセスを知ることができ、かつ両者が支援関係で結ばれていて、互いに相手に便利に動くとしたら、最も安全に素早く快適にアークヒルズに行けることになるだろう。これを実現させるには、このような支援関係を指示する装置・仕掛けが必要である。

これが、本書が提案する新時代のナビゲーターである。刻々と最適解を支援して、こちらの選択に合わせて、さらに次の最適解を担保する動的な支援を可能とするシステムである。このシステムと現在のナビを比較するならば、道路と自分の位置関係を絶えずモニターし、間違った道を選択したら、その誤りを知らせてくる支援が現在のレベルだ。道路の込み具合というマクロ情報も、多少は考慮されている。しかしながら、非常に便利になったとはいえ、このレベルでは時間と空間を超えることはできない。これからの行動のすべての関係者にも同じ情報が提供されて、瞬時に支援関係が構築され

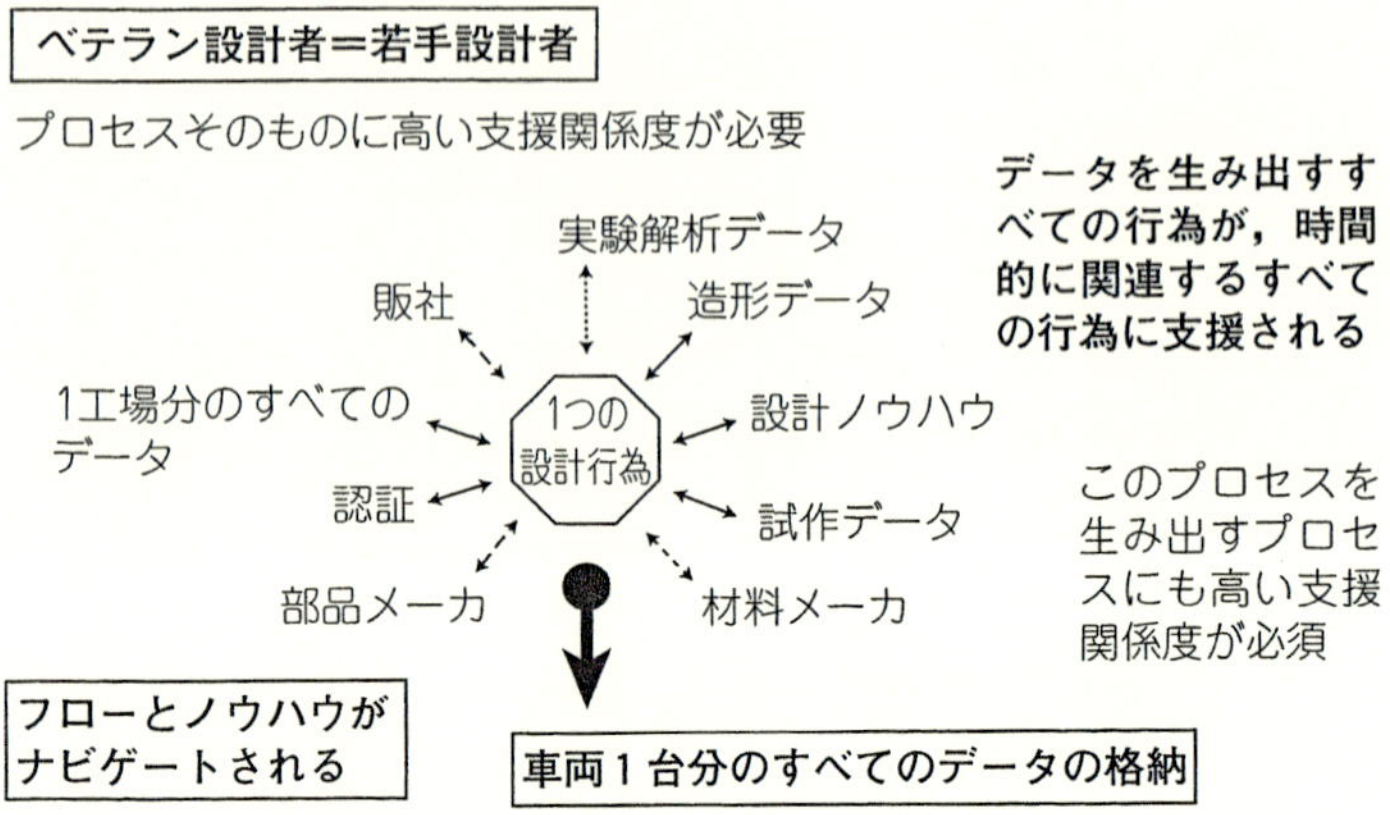

図 4-4　実際の取組みに現れる支援

るシステムまでいくことが要求されてくる。このようなシステムは、もちろん現在の科学技術では到達できていない。これからのシステムである。自分が相手のことを知って相手を支援するように動き、相手も自分の動きを知ってこちらを支援してくることを刻々と担保していくシステムとなる[10]。

　そこまでのレベルには到達していないとしても、現在新車の開発プロセスでは、これに近いシステムが目指されている。車を開発するにあたって、過去においては図面を引き、モデルを作って、実験をして機能を確認してから生産が行なわれていた。これは現物を介する仕事の進め方である。しかし現在では、もはやモノを介せず車一台分の情報を生み出すようになってきている。このデータの中にはロボットのティーチング情報も含まれる。車の情報と車を造る情報のすべてを格納できれば、新車が開発されることになる。後は、そのとおり工場で造ればよいのである。

　したがって、このデータを生み出すノウハウと、すべてのプロセスがナビゲートされているシステムが構築されるならば、新米の設計者でも配属直後からベテランと同じようなパフォーマンスを発揮できるようになる。これはナビゲーターによって道の分からない人間が誤りなく目的地に到着できるプロセスパラダイムの効用と等価である。このようなシステムを、参考のために図４‐４に示そう。

支援の真のレジティマシー

ここで、支援の合理性の起源をより深く考えてみたい。支援の本当の本質および合理性を導出する試論を展開する。支援が単に管理の対概念として、行き過ぎた管理を補償するものなのか、はたまた支援は独自の意味と価値と意義を有するのかである[11]。

１１０ページで述べたように、リザルトパラダイムでは構成する参加者の各々の役割、仕事分掌が決まっており、それを誰かが不十分にしか果たさないことによって問題が生成される。予定された計画が、誰かの能力不足やサボりによって、穴が生じ、期待効果とのズレが問題となり、そのズレを修正するのが問題解決過程ということになる（だから能力主義（メリトクラシー）が云々される）。

一方、プロセスパラダイムが主流になってくると、問題の様相は異なってくる。違いや変化が日常茶飯事化された世界では、計画を立てても、すぐ状況が変化してしまうために意味をもたなくなる。むしろ、参加するエージェントが各々の（必ずしも共通の目標でない）目標を共有化したとしても、問題は相手を不十分に支援することによって生成されるとみる。各々の参加者が有する期待効果とのズレの修正過程である問題解決を行なおうとすれば、支援が不可避になるわけである。

さて、ここからさらに深い支援概念の本質を明かしていこう。

今田（2001）は、人がなぜ支援するのかという本質的な問題に対して、人間にはフロイトが提唱しているイドと同じレベルの概念として、ケア衝動を提唱し、支援との関係も記述している。つまり、人は他者に何か危険が迫ったとき、とっさに手を差し伸べるが、それはケア衝動があるからだというのである。現代社会の諸矛盾の背景には、ケアの視点の欠如、軽視があるのかもしれないという。この指摘は、支援行為の契機をどこに求めるかに関する最初の試論と言えよう。

私は、支援を先験的なケア衝動として捉えるのではなく、支援が存在の原理そのものに関わっていると考える。ここでもう一度図4-2を参照されたい。時間は空間によって担保（支援）され、空間は時間によって担保（支援）されていた。今担保を支援という言葉で置き換えてみたが、相反するものが互いを支援することによって、存在が担保されるというのが私の支援概念の最も深い捉え方であり、提唱する試論である。

たとえば、「無用の長物」という言葉を日本語学習者が勉強するとき、「無用」つまり役に立たないということと、「長物」つまり長いものという言葉の個々の意味を知ったとしても、全体がもつ、時代遅れとか、取り替えられなくてはならないとか、滑稽なニュアンスには至れない。長物と無用とが「長くて場所だけをとっているもの」という、両者を紡ぐ概念に到達できて初めて、全体として新しい創発が起き、新たな意味を獲得する。組織も同じである。ある部門が他部門を引き立て、他部門があることによって自分の部門が生かされるとき、自部門の活動の意味と価値が他部門の存在を通して変わり、関係において新たな存在意義を有してくるのである（これは他部門も同じである）[12]。身体の健康も同じであって、病気が治るということは、個々の器官の機能が支援関係に戻ることである。癌が生命を破壊するのは、他の器官との支援関係を排斥・拒絶するからである。生命、人体は、支援によって紡がれた組織と言える。各組織が刻々と互いを知り合いながら、他と支援しあう関係の効用によって成立しているのが人体ではないだろうか[13]。全体の生命体の活動が本質である。

連続した支援関係そのものが、存在の原理なのである。支援を考えよ、支援から考えよ、支援で考えよというのは、そういう意味である。自分がサボったり手を抜くのがなぜ悪いのかということは、簡単なようで説明がなかなか難しい。リザルトパラダイムでは、自身に課せられた責任を果たせないから、他者に迷惑をかけることになり悪いということになる。しかし、プロセスパラダイムでは、自分を磨いておかないと、相手を支援できる機会を失うことになり、結局は互いの関係性を高めて存在を担保することができなくなるから悪いのである。

持続可能性ということ

最近、持続可能性（sustainability）ということがいろいろなところで叫ばれている。持続可能な社会の実現とか、持続可能な移動手段の達成とかである。一昔前までは、サバイバルゲームなどと言って、競争に勝ち残ることが生き残りと等価であった。ところが、現在では競争に勝てても、より大きな環境の中では、継続的な生き残り、すなわち持続可能性を確保できるとは限らない。なぜであろうか。持続可能とは何かを突き詰めてみよう[14]。

そもそも持続可能かどうかが問題になってきたのは、なぜなのだろうか。１９９５年に、持続可能な開発のための世界経済人会議がスタートした。ＷＢＣＳＤ（World Bussiness Council for Sustainable Development）である。この会議傘下の産業別プロジェクトＳＭＰ（Sustainable Mobility Project）の報告によると、車や鉄道などのモビリティーは、現在の傾向が継続した場合、たとえ優れたメーカがメーカ間の競争に勝ち残ったとしても、左記の理由で持続可能ではなくなるそうである。

①人と物の輸送活動はさらに加速されるだろう。
②温室効果ガス（ＧＨＧ）の排出は増加、特に途上国では大幅かつ急速に増加する。
③渋滞は、先進国と途上国のほとんどすべての主要都市部で悪化する。
④騒音はおそらく減少しない。
⑤使用する材料、土地、エネルギーはすべて増加し、それと共に輸送資源の「利用跡」は増加の一途をたどる。

もちろんこれらの問題は以前から発生していたが、改めて問題にされるのは、急速な中国やインドの近代化によってその規模が桁外れに大きなものとなってくると予想されるからである。そして、それが自然の許容値を簡単に超えてしまうからに他ならない。

エネルギーを使えば、その供給が必要となる。また、便利を享受した分の負の影響が残る。以前はそのマイナスが自然によって補償されてきた。太陽のエネルギーであり、自然の回復能力である。マイナスとプラスはいつもセットで生じている。にもかかわらず、人間は飽くことなく一方のプラスのみを求め続けるから、マイナスが自然の許容範囲を越えてしまった。持続可能でなくなってきたのである。このマイナスの側面への手当てをすることが、持続可能な世界を維持するためには不可欠だ。

しかしながら、現在のWBCSDの用意した持続可能への道標は、左記のようなものである。

①従来型の排気エミッションを、世界のいかなる地域においても、公共の健康に懸念を及ぼさないレベルまで削減する。
②輸送関連の地域温暖化ガス排出量を、持続可能レベルまで抑制する。
③交通事故による死亡および重傷数を、特に途上国において大幅に激減させる。
④輸送関連の騒音を削減する。
⑤渋滞を緩和する。

これは、従来の地球の回復力を当てにした範囲での対策である。これで本当に根本的な対策、十全なる対策と言えるのだろうか。数字目標を達成しそこに収まれば持続可能となると考えて安心するのは、早計であろう。持続可能であり続けるためには、存在の原理を無視したり、逆行することはできない。それに素直に従うか、もしくはそれに乗るしかない。存在の原理は、前項の時間と空間の関係のように、一方だけが存在して他方がないというようなものではない。両方の存在があって、それが互いを支援する文脈において実は一つの持続可能性が担保されていくという仕組みになっている。
　この存在の原理を光合成サイクルで考えてみよう。自然界における最も基本的なエネルギーは太陽エネルギーである。これを取り込み地上のエネルギーとして同化させるのが、植物による光合成である。二酸化炭素と水から太陽のエネルギーを利用して自分の養分を作り、酸素を吐き出す。

光合成
$6CO_2 + 12H_2O$ + 〈光エネルギー〉→ $C_6H_{12}O_6 + 6O_2 + 6H_2O$
緑による酸素溢れる地球。換言すれば、光合成とは、植物が光エネルギーを取り込んで、酸素を生み出すこと

呼吸
$6CO_2 + 12H_2O$ + 〈活動エネルギー〉← $C_6H_{12}O_6 + 6O_2 + 6H_2O$
生命体による酸素消費。換言すれば、呼吸とは、生命体が酸素を使って、エネルギーを取り出すこと。

　動物の呼吸は、酸素を消費しエネルギーを取り出して、二酸化炭素を排出する。植物の光合成と動物の呼吸は、互いが互いを支え合っている[15]。もし欲深い植物がいて、養分を蓄えるだけ蓄えて、酸素も放出をしないとしたら、どうであろう。動物の呼吸によって、二酸化炭素ができてこないから、自身の養分を作ることが叶わなくなる。右式のように光合成は呼吸（燃焼）によって担保されている

のである。また、呼吸も光合成によって担保されている。このように自然のシステムは、二つの直交する活動を準備しており、互いの活動が支援関係にある。これにより、持続可能なのである。

車の問題の解決も、同様なものでなければならないだろう。車の便利さは、同時にそれと同じだけのインパクトをもつ不便利を生み出している。たとえば排気エミッションである。エミッションを極力少なくするという節度も大切ではあるが、根本的には、エミッションを科学して、エミッションの有害酸化物質を還元化して有効物質に変換できるシステムをセットで準備しておき、それらを支援関係に連結させるというのが、モビリティーの持続可能性を真に担保することになるだろう。人知は、自然の仕組みの人間にとってのプラス面だけを得ようとして科学技術を発達させてきた。これからは、同時に発生するマイナス面を事前に研究し、マイナスとプラスが支援しあうようにしていくことになるだろう。これは21世紀の不可欠なガイドラインであり、私の予測である。それが存在の原理により近いのであり、人知を一歩高めた科学なのである。

このことは、経済の領域でも同じである。資本主義における先進国と途上国の関係をみてみよう。先進国はその技術によって付加価値を高めた商品を造りより大きな利益を上げ、競争に勝とうとする。だが勝者の利益のスピードと量は、敗者のマイナスの量とスピードの裏返しだ。勝者になるために、途上国の安い労働力とモノ不足のマーケットを利用する。すると途上国に生産拠点が移動して先進国にリスクが生まれてくる。それに抗するために、次に先進国は金融工学などと言って、富の再吸収や囲い込みを行なったり、場合によっては紛争を起こしたりするかもしれない。しかしながら、このような態度は人類の持続可能性を破壊する。大切なことは、富を生み出すシステムの構築にばかり走るのではなく、その富を生み出させてもらった側とも支援しあえるようにする経済を、いかに確立するかである。それが資本主義に終止符を打つことであり、ポスト物質社会の形成ということになるだろう。現在のリザルトパラダイムの価値創出競争を続ければ未来が担保されなくなり、持続可能性を前面に出しすぎれば、現在の活動が鈍る。両者を止揚する、具体的な動的な支援システムが求められている。

加藤（1991）によれば、民主主義的な決定方式を採用した段階で、従来の封建主義的な決定システムは廃棄され、共時型の決定システムが採用された。したがって民主主義的な決定方式は、未来の関係者（ステークホルダー）を含む問題には効力を発揮することができないとしている。過去から現在への決定システム[16]の変化は、過去が現在を規定する通時システムから、現在が現在を決定する共時システムへの変換であったとすれば、今後求められる変化は、未来を含んだ通時と共時が両立するシステムであると私は考える。次節で触れるが、従来の論理学では超えられなかった二項対立の二項を相互浸透させて、**プロセスパラダイムの動態性と支援**によってそのようなシステムが実現される。世の中が、リザルトパラダイムからプロセスパラダイムに動いてきているということは、この新しいシステムを実現するように、人類が求められているということなのである。

これが21世紀の知恵であり、このたびの共生は、富めるものと貧しき者の併存としての共生ではなく、両者の支援関係において、富むとか貧しいとかの意味と価値のすべてが変わることを意味している。そこでは貧者と富者をそれぞれ単体として扱うのではなく、富者と貧者の関係がどうなっているかが問われるのである。関係（プロセス量）が存在となる世界である。二項対立の共生の真の解決は、後で述べるコーズパラダイムの時代に達成されるだろう。

二元論超克への道

論理矛盾の打破

［古典的論理命題の解決］

本書も終わりに近づいてきた。支援が存在の原理を構成していること、そしてそこから支援が現在求められている持続可能性という概念に真に親和性が高いことを述べてきた。ここでは、哲学の最も難しい論理問題で、いまだ解明されていない古典的問題に焦点を当てて、新しいパラダイムの有効性を別の側面からみてみよう。次の会話から始めよう。

A「私はね、何でも答えることができるから、私に答えられそうもない質問をしてごらん。」

B「では、あなたが答えることができない質問は何ですか。」

一見何気ない会話であるが、これを解釈してみよう。もし、Aさんが、その質問が何かをBさんに答えたら、Bさんは、さっそくそれをAさんに質問として投げかけるだろう。そこで、もしAさんが答えることができなかったら、最初の「私はね、……」がうそとなる。もし答えることができれば、Bさんが尋ねた「あなたが答えることができない質問」ではなくなってしまう。さあ、Aさんは何と答えるべきであろうか。あるいは、答えることのできる問いであろうか。読者の皆さんも、今までの支援の概念をふまえながら考えていただきたい。

この問題の答えだが、プロセスパラダイムの視点からは、Aさんは次のように言うべきだ。

A「それは、何でも答えることができると言っている人に、あなたが答えることができない問いは何ですかと尋ねた人がいたとき、その問いを発した人への、その人の答えです。」

この答えは、リザルトパラダイムの答えとは違って、相手との関係を内包している。この答えを解釈してみよう。

まずAさんは、何でも答えられるということにおいて、確かに答えている。さらに、Aさんをもってしても答えることができない答えとなっている[17]。

つまり、論理矛盾をなくそうと思えば、矛盾した状況を鏡のように映し返し、関係の量に持ちこめばよいのである。一つの結果（リザルト）の表現は他に対して排他的である。良い、きれい、正しいは悪い、醜い、間違っているを含まない。何でも答えられると言うことは、何か答えられないことを含まない。何でも答えられるあなたが答えられないものは何かと言われたとき、リザルトパラダイムの排他性が効いて、答える行為は出口を失う。リザルトパラダイムの二元論では、どうしても解決できない。しかし、プロセスパラダイムではこれを解決することが可能だ。つまり、プロセスパラダイムでは、二元的に対立する概念を他者と関係づけて、それを動きの世界にもっていく。悪いことばかりする善人を育てることができるかと問われれば、リザルトパラダイムでは答えられない。悪いことと善いこととは共存しないからだ。しかし、他者に悪いことをさせないことが善であるのだから、他者が悪いことをする前に自分がするような人を育てればよいことになる。

〔イスラムとユダヤの問題〕

右記の論理矛盾の打破をイスラエルとユダヤの問題に適用してみよう。

イスラムの聖地エルサレムは、ユダヤの聖地ではありえない。
ユダヤの聖地エルサレムは、イスラムの聖地ではありえない。

これには論理矛盾はない。しかし、

イスラムの聖地エルサレムは、ユダヤの聖地エルサレムでもある。
ユダヤの聖地エルサレムは、イスラムの聖地エルサレムでもある。

これは強い宗教的信条（リザルト）の時代には、互いに受け入れがたい論理矛盾であろう。あくまで論理上の問題として、つまり実践できるかどうかは別として、この問題を解決するには、相手のエルサレムを聖地と思う関係量を取り入れて、次のようにする（動かす）しかないだろう。

ユダヤがエルサレムをイスラムの聖地と思う量に比例して、イスラムがエルサレムをユダヤの聖地と思い、イスラムがエルサレムをユダヤの聖地であると思う量に比例して、ユダヤがエルサレムをイスラムの聖地と思う。

そして、**互いが互いの聖地と思えれば、この難問は克服されていく。**

互いが、この地上に同じように持続可能性を実現しようとすれば、今までのリザルト（管理・二元論の世界）の思想では不可能だ。ガザ地区までイスラエルが撤退をしなければ、テロ[18]は続く。イスラエル側にとって、撤退は民族の利権に反する。この解決は、相手を受け入れて（相手の量を自身の量に関連づけて相互浸透させて）、支援関係で止揚していくしか方法はないだろう。支援で考えることによって、初めて二項対立の世界から抜け出ることが可能になるのである。

図コラム‐3を参照されたい。よくギブ・アンド・テイクと言われるように、ギブが先でテイクが後だと言われる。これはテイクばかりをする人々への牽制である。しかし、この考え方はリザルトパラダイムの考え方なのである。なぜならば、ギブをした人間は、次の瞬間に他者からテイクをする権利が生じ、それを当然として期待するからである。プロセスパラダイムでは、してもらう／してあげることを交換する。この場合、してあげた人は、相手からしてあげることをしてもらったのであり、してもらった人は、相手に、相手からしてもらうことをしてあげたのである。この場合、どちらも失うものは何もない。ギブをした人は相手からテイクされたのであり、テイクをした人は、相手にギブをさせたのであるというリザルトパラダイムの現象とは、本質的に異なっている。

だからこそ、自分の一歩の前進と相手の一歩の前進を実現する支援関係を構築する必要があるのである。それが前記の論理矛盾の克服方法であり、前節で述べた持続可能性の真髄である。アフリカのケニヤの海岸地方から来た人々は、相手に何かをしてあげた人が「ありがとう」と言う文化をもっているそうである（西江 2001）。してあげることができる自分を感謝し、その善行を（拒否せずに）可能としてくれる相手に感謝するのである。

エルサレムの聖地問題も、イスラエルがパレスチナにしてもらうことによって、してあげる気持ちが生まれるのであり、パレスチナもイスラエルからしてもらえることによってしてあげることが継続する[19]。そこでは相手の一歩の前進は自分の一歩の前進の量であり、自分の一歩の後退は相手の一歩の後退の量である。その量の実現こそは、してもらう／してあげることによってのみ実現されていく。させる／させられることが基本であるリザルトパラダイムの世界では、決して辿り着けない新たな時代の黎明を導く行動様式なのである。

１９５ページで述べた次世代のナビゲーションも同様である。アークヒルズに行こうとした瞬間に、そのルートのすべてから「してもらう」のであり、自分も関係するルートのすべてに「してあげる」のである。関係がなかったもの同士が、関係ができた瞬間から支援によって、互いを互いによくする

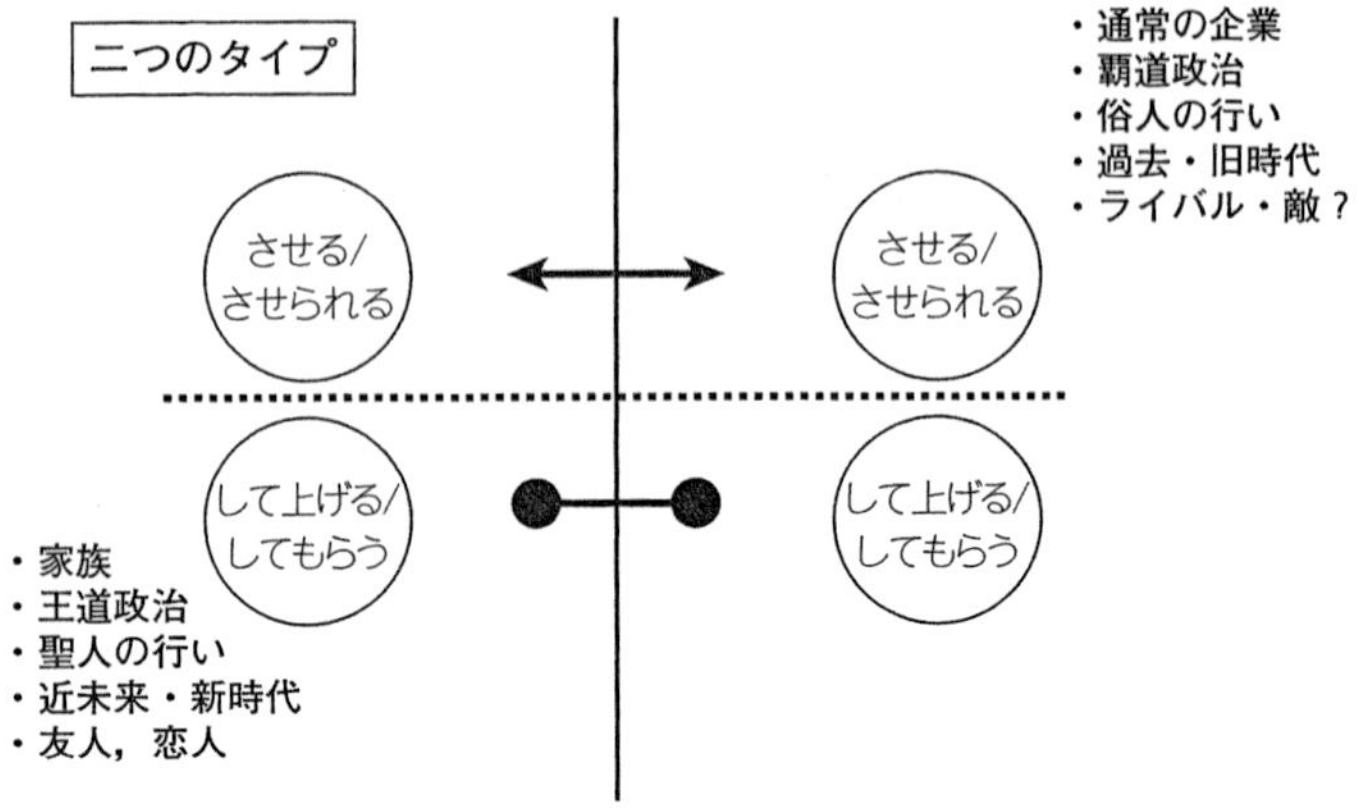

図 4-5　キャッチボールということ

関係性が高まっていく。これでは問題が起きようがないであろう。

覇道政治や王道政治をどのように定義したらよいかも同じである。「させる／させられる」を交換するのが覇道政治であり、「してもらう／してあげる」を交換するのが王道政治であると定義したい。図４－５を参照されたい。

「してもらう／してあげる世界」と「させる／させられる世界」とでは、かくも大きな隔たりがある。

相手の前進と自分の前進、相手の後退と自分の後退

支援の関係でみると、相手の後退は自分の後退であり、相手の前進は自分の前進だ。リザルトパラダイムでみると、自分と相手は相反する[20]から、相手の前進は自分の後退であり、自分の前進は相手の後退となる。プロセスパラダイムで扱われる差異とか関係という概念は、一人

ではもちようがない。リザルトの時代の美人は、ある程度万人がそう思い、空間的にも時間的にもある程度普遍性がある。しかしプロセスパラダイムの美は、美しい夫婦関係とか、仲の良い国家間関係というように、関係の中にしかない。

最近MOT（Manegement of Technology）などと言って、技術や情報によって、他者や他の組織や他国に圧倒的な差を生み出す経営が標榜されている。経済活動というゲームの状況下にあって自身や自社や自国をいかに支配側に導くかがその前提にある。これは管理を中心とする西洋的な従来の経営手法である。もはや、時代は敗者を生み出さない、新しい経営学の出現が望まれているのだ。その基本は、管理ではなく、支援を受け入れることから始まっていく。

管理だと一番がありビリができる。善悪が生まれる。それぞれを別のモノとして切り離した上での数値的比較が可能だからだ。だからこそ、目標を前もって定めることができ、それに向かって管理が必要となるのである。一方、支援のほうは目標そのものが相手との関係において刻々と変わっていく。なぜならば、支援は切り離されている二者をつなげて、その支援関係度を高めるように数字をとるからである。そのような基本量が支援の基本単位であり、それが自然の姿、存在の原理に近いことをすでに述べた。

『三国志』という有名な中国の歴史書がある。この中に馬超という英雄が出てくる。彼は、曹操に自身の父親から親戚一同まで謀殺され、復讐に燃える。彼には韓遂という友人がいる。韓遂は知略に優れ、馬超は武勇に勝る。この二人が共に助け合っていると、曹操といえど敗北の連続を余儀なくされた。馬超の強さは韓遂の戦略で発揮され、韓遂の作戦も馬超の勇があればこそ最高度に効果を発揮する。彼らの支援関係度は高い。

ところで曹操の参謀たちは、離間の計によって二人を引き離し、馬超は結局敗走することになってしまう。馬超の勇も韓遂の計も、リザルト的には減ってはいない。にもかかわらず敗れたのは、その二人の間の支援関係度が下がったからに他ならない。

支援は、相手によって自分が際立ち、自分によって相手が光ってくる関係である。成熟した組織間関係に支援が自然に生まれてくるのは、このことに対応する。管理は相手にさせるのであり、あるいは相手によって自分が従わされる。

支援の基本単位は「してもらう／してあげる」である。馬超は韓遂からしてもらっていたのであり、また韓遂にしてあげていたのである。生かしあっていたのである。

１９８ページで触れた、「分かる」という現象に立ち戻ってみよう。一つの文章を理解するとき、まず言葉の意味から入る。たとえば、ある日本語の文章を日本語学習者が読むとどうなるだろうか。まず、単語レベルでの問題解決が行なわれる。これが管理のレベルである。次に単語間や語句間や文間の関係が理解されていく。そして、それらが統合されて、つまりお互いに担保（支援）しあって、一つの構成体（意味）が把握される。

これは管理、協力、支援というふうに進化している。繰り返して読むことによって意味が分かるようになるのは、この進化のプロセスを促進するからである。

管理の数学と支援の数学

では、ここでこれらの支援関係にある量を数学的に表現してみよう。

支援においては、両者がどれくらい助け合っているかが問われることになる。支援の数学とは、正にこの支援関係にあるエージェントもしくはプレイヤーの間の量を扱う数学である[21]。主体[22]と相手が初期値3をもつとする。二人の利得をセットで表現すれば、（自分、相手）で（3,3）と表現できる。管理（リザルトパラダイム）の数学では、相手から2奪われれば、（1,3+2）となり、相手から2奪えば、（3+2,1）となる。

しかしながら、支援の数学では、相手によって、自分が担保されているから、自分は（0+3）で、相手は（3+0）となる。自分の後半の3は相手の3であり、相手の前半の3は自分の3だ。（0+3）と（3+0）が交差して、（3,3）ができあがっている[23]。これが相反するものの交差点[24]に存在が誕生しているという意味である。交差点とは支援のことであり、支援（交差）の連続そのものが存在なのである。

リザルトパラダイムつまりは管理の世界では、表面的に見えうる自分側の3だけに焦点が当てられ、あたかも独立に扱えるように錯覚した。だから同じように（3,3）と記述されても、管理の数学の（3,3）と支援の数学の（3,3）では、まったく構成が異なっている。管理においては、いつの間にか、相手の3が自分の3だと思い込んでしまった。もしくは思いこまされてしまった。また、自分の3は相手の3であることを忘れてしまった。管理の数学では、相手から2奪えば、すなわち自分のために相手に何かをさせれば、自分は5になるが、支援の数学では相手から2奪えば、すなわち相手のために自分がしてあげないならば、相手の3は自分の3であるから、自分が1となってしまう。これが210ページで述べた、相手の一歩の後退は自分の一歩の後退ということである。つまり、くどいようであるが、支援の数学の基本単位は「してもらう／してあげる」なのである。

つまり、自分の量を相手がもち、相手の量を自分がもっている世界観である。だから両者の関係が悪くなれば、とたんに問題が起こってくる。これがエルサレムの問題において、

ユダヤがエルサレムをイスラムの聖地と思う量に比例して、イスラムがエルサレムをユダヤの聖地と思い、イスラムがエルサレムをユダヤの聖地であると思う量に比例して、ユダヤがエルサレムをイスラムの聖地と思うのである。

という解決策を導き出す。支援の数学では、してあげもせず、してもらえもしない存在は支援関係度が低く、孤立して早晩滅びる。したがって、活動の持続可能性を求めるならば、存在の原理を認識し、支援の数学を受け入れればよい[25]。

支援の数学は相手との関係において成り立つから、最小単位は（1）ではなく（1,1）である。このとき、自分の1は相手の1であり、相手の1は自分の1である。それが支援関係にあってお互いに存続し、攻撃関係にあればお互いに存続しえなくなる。これが105ページで示した相互浸透過程であ

る。168ページのカオスを克服する四つの知恵も、すべてこの数学を前提にしている。

この世の中には、自分の1というものはなかったのである。(1)を基本にするから、奪うことが生まれてくる。(1,1)を基本にすると、与えることしか出てこなくなると言えるであろう[26]。

相手からしてもらえることによって、自分があり、自分がしてあげることによって相手がある。そして両者があるのである。本書が示すところは従来の道徳や宗教の理想とも整合している。このような量を数学で適切に表すことができれば、カオス現象が数学的に解決されていくであろう。経済もいよいよ支援の数学を基本として、新たな時代の扉を開くときに直面したのである。

「コーズパラダイム」への展望

リザルトパラダイムの時代には、基本的に相手と自分が切り離されていて、自分が相手にさせたり、自分が相手からさせられたりしてきた。その正統性は、関係する人々が共有化している、もしくはしていると思い込んでいる価値とか法やルールに依拠する[27]。

プロセスパラダイムに入っていくと、相手と自分の関係を活動の中で刻々と高めるような行動様式が求められるようになる。すなわち支援である。そこでは、今現在の活動の局面で、関係するもの同士が「してもらう／してあげる」ことを交換できるかどうかだけが問題となる。既存のルールも権威も、刻々と動く活動の局面では、何の役にも立たない。動いていくこの支援関係の活動の過程が全員に見えていることが大切なのであり、誰が誰を支援したのか、しなかったのか、プロセスが透明化されることが大切になる。その実現は、現在よりさらに発展したＩＴによってもたらされるだろう。１枚の1万円札はどの札も1万円の価値だ。しかし、もしお札にタグが埋め込まれていて、辿って来た歴史がすべて分かるとしたら、マネーロンダリングのような汚い経路を通った札に人々は1万円の価値を見出すだろうか。時間的なプロセスまでもが透明化されうる時代が目の前に迫っている。もう一息である。

さてここで、完全に支援社会ができた後の、その先のことを考えてみよう。支援社会への導入を記述している段階で、その先に言及することに意味があるかは論議を呼ぶところであろう。しかし、あえてそこを考察し、本書の締めくくりとしよう。

私が一貫して求めてきたことは、今起こっている変化を記述できる、日本発の普遍性のある概念を構築することである。それが本書で述べてきたリザルトパラダイムとプロセスパラダイムであり、そのシフトである。しかし、実は、最初にこのパラダイムシフトを発表した１９９６年から、私にはその先のパラダイムが心にあった。それは、コーズパラダイムである。時代は、リザルトからプロセスへ、そしてプロセスからコーズに向かっているというのが、私の考えであった（舘岡 1998）。

だがコーズパラダイムを記述するのはあまりに難しいので、本書でもここまで沈黙して、もっぱらリザルトパラダイムからプロセスパラダイムへの移行について述べてきた。

時間軸で捉えてみると、リザルトパラダイムのリザルトは、それが生み出された時点ですでに過去の出来事である。すなわち結果というものは、過去の取り組み・やりとり・努力の総和と言える。したがって、リザルト系のパラダイムは過去を扱っている。リザルトを高めるには、過去を高めておくしかなかった。

これに対して、プロセスパラダイムは現在のやりとりを制御する試みであり、この意味で現在に生きている。すなわち時間軸は現在にある。日産もルノーも違いを克服するためには、自分たちの過去の文脈や価値を離れて、今現在、ルールを創りながら進んでいくしかない。現在のプロセスを高めることが、プロセス系のパラダイムや社会に適合的である。

では、コーズパラダイムの時間軸はどこにあるのだろうか？

もちろん、ご推察のとおり未来にある。ところで、未来はどこにあるのだろうか。189ページの時間と空間の新構築で述べたように、別の空間の活動の中に自身の未来がある。現在は革新的な情報技術の発展によって、別空間の活動に影響を与えることが可能となっている。将来のさらなる情報技術の発達によって、195ページに述べたように、自身の将来活動と関わるすべてのプロセスを知ることが可能となりつつある。自空間を含めて、関連するすべての空間のプロセスそのものを瞬時に変えてしまうのが、コーズパラダイムの真骨頂である。偶然の出遭いを科学する、もしくは演出できるようになるのである。コーズを高めれば、そのようなことが起こりうるであろう。

リザルトはプロセスの結果であり、プロセスはコーズの存在によって始まる。リザルトを変えようと思ったら、そこに至るプロセスを変えるしかない。プロセスの質を高めよう思ったらコーズそのものを変えるしかないのである。リザルトはプロセスの特定の空間のある瞬間の断面であり、プロセスはコーズのいくつかの空間にわたるある時間幅を有する断面であるとも言えよう。畢竟、コーズこそが本質で実体である。

このとき大切となる概念が、「してもらうことをしてあげる／してあげることをしてもらう」ことである。リザルトの時代には、結果を得るために過去を高める必要があった。だから計画との誤差を少なくしようとしたのである。プロセスの時代には、してあげたり、してもらったりして、違いと変化に対処することが可能となる。

もちろんプロセス系の社会にはリザルトがないということではない。リザルトもプロセスも存在する。リザルトの意味が薄れ、プロセスがより重要視されるというのがプロセスパラダイムなのである。同様に、コーズ系の社会にはプロセスもコーズも存在する。ただ、プロセスの意味が薄れていくのである。リザルトパラダイムにおける失敗は、「させることができない人／させられない人」を生み出す。プロセスパラダイムでは、「させる／させられる」がなくなり、このような問題はなくなる。しかしながら、プロセスパラダイムでの失敗は「してもらえない人／してあげない人」を生み出す。あえて誤解を恐れずに表現すれば、コーズパラダイムでは、「してもらうことをしてあげる／してあげることをしてもらう」量が、瞬時にすべての活動系に横溢する[28]。したがって、プロセスパラダイムの問題はなくなる。

コーズ系社会はいまだ時の向こう側にある概念であり、厳密な定義は難しい。しかし、次のような例をあげれば分かりやすいかもしれない。

医学で、病気の現象をなくそうする対処療法（癌があれば、切る）がリザルト系の治療である。プロセスパラダイムの治療は未病治療であり、病が起きない生き方等を研究する予防医学である。コーズ系は、生命力そのものを高める治療法（治療法と言えれば）である。そして時代は予防医学（プロセスパラダイム）に移ってきている。そしてコーズ量をはっきりとつかめた未来は、予防そのものがあまり必要なくなるかもしれない。経営学的に言えば、ずば抜けてアイデアが優れすぎており、従来の経営手法を用いることもなく、バランスシートや損益計算書を必要としないでも、価値が生まれ続ける世界である。

このように見ていくと、自然科学も社会科学もより高い合理性の実現に近づく過程こそがパラダイムシフトの本質だと言えよう。パラダイムの進化を通して人類はより本質的な方向に向かわさせられていると言えるのではなかろうか。

支援社会の先の、社会の雛型として、自分以外のすべてのものとの支援関係度が、互いに1になることを実現した社会を提案したい。これを支援社会に対する、調和社会と命名する。

互いの支援関係度が0を越え、1より少ない社会が支援社会である。支援関係度が1の社会が調和社会である。換言すれば、「してもらう／してあげる」ことのみの社会が調和社会となる。「してもらう／してあげる」ことのみが充溢すれば、そのこと自体の意味も価値も消失していくだろう。

支援社会は関係性の空間的増大と時間的短縮の中で、「してあげる／してもらえる」ことの交換で構築が進む。しかし、いかなる場所でも、いかなる時でも支援関係を刻々と担保し続けることを可能とするためには、「してあげることをさせてもらえる／してもらえることをさせてあげる」という利他性を超えた利他性（超利他性）が求められてくる。この関係をパラダイムシフトとの関係で表4-2にまとめておこう。つまり、最初は自分の量のすべてをどうするかであり、次は自分と相手の量を半分ずつ空間的にも時間的にも支援しあう時代に入り、最後に、自分の量が自分以外のすべての相手

表4-2　コーズパラダイムへ

	リザルト系社会	過渡期	プロセス系社会	過渡期	コーズ系社会
時間軸	過去	過去+現在	現在	現在+未来	未来
交換する量	させる/させられる	右と左の共存	してもらう/してあげる	右と左の共存	してあげることをしてもらう/してもらうことをしてあげる
組織・社会	管理組織・社会	左右共存	支援組織・社会	左右共存	調和組織·社会
大切なもの	過去の努力の結果	左右共存	現在刻々の活動の過程	左右共存	将来を起こす種·活動
発揮するもの	能力を磨く	左右共存	利他性を磨く	左右共存	天分を磨く
組織性	自己中心性	自己組織性	利他組織性	左右共存	超利他組織性
行動様式	管理	協力／協働	支援	左右共存	調和
問題	単体問題	左右共存	2体問題	左右共存	多体問題
解の所在	解が自分	左右共存	解が相手	左右共存	解が互いにすべての相手
要素との関係	系外の観察者	左右共存	系内の参加者	左右共存	内外の系と一体
対象	切り離された形（形としての実体）	左右共存	絶えざる相互作用（プロセスとしての実体）	左右共存	絶えざる支援プロセスを生み出すアイデア·意·志のような見えないもの（コーズとしての実体）

の量によって構成されるコーズパラダイムの合理性の時代に突入していくのである。

支援が辛く感じられ放擲すれば、過去の行動様式である管理社会に戻るだけである。しかしそこは動きが速くなっているから、やはり支援の方向に引き戻される。調和が辛く感じられ支援原理に戻っても、そのときには調和社会に戻らざるをえない何かが働くであろう。自身の量が、自分以外のすべての他者からの支援によって構成されていることが現実のコーズパラダイ

表 4 - 3　市場原理・組織原理と支援原理

	市場原理	組織原理	支援原理
決定原理の特徴	価格などの市場のシグナル（M_1）	権限による命令（O_1）	利他性に基づく自発的決定（S_1）
メンバーシップ・参加者間の特徴	自由な参入・退出（M_2）	固定的・継続的関係（O_2）	利他性を具備した自由な参入・退出（S_2）もしくは，責任感・信頼に基づく準継続的関係
エージェントの行動規範	機会主義（取引関係）支援関係度＝マイナス	全体主義（契約関係）支援関係度＝0	支援主義（支援関係）支援関係度＝プラス

ムでは、調和社会に戻らなければ、自身が成立しない。それこそがコーズパラダイムの力であろう。

調和社会は、自分以外のすべてのものが自分を支援してくれる社会であり、同時に自分が、自分以外のすべてを支援する社会である。完全支援人の完成である。ここに至って当然貧困も、戦争も、移民問題等もない社会が開かれることになることは自明である（161ページ参照）。

21世紀はこのような社会になって欲しいものである。しかし概念的に論述し、定義し、提案することはできたとしても、これを自らのものにするための活動は今始まったばかりである。このような社会の実現を目指すことを「支援主義」と名づけよう。21世紀は支援主義が台頭する時代になってくるのではなかろうか。支援主義の基をなす原理を、市場原理と組織原理と対比して、表4-3にまとめておく。

市場原理がもたらす機会主義は相手を出し抜こうとするので、支援関係度はマイナスであり、組織原理では、相手を利するまではしないが、同一組織ということで支援関係度はマイナスにはならない[29]。この流れは、欲や利己の克服への動きとも言える。支援関係度がプラスに転じたとき、組織も社会もまったく違った意味と価値をもつ社会が始まっていくことになる。そして、その連鎖が支援社会をダイナミックにもたらしてくることになるだろう。

そして、歴史は今その方向に動き始めたのである。

コラム　完全な合理性と不完全な合理性

完全な合理性は不完全な合理性より、合理的である。この命題は真であろうか？否である。なぜならば、不完全な合理性は扱う要因が多すぎたり、その初期条件のグレードが多岐にわたり（連続的で）決めにくかったりする[30]ので、扱いにくいだけであって、完全な合理性より問題解決能力[31]がより小さいというわけではないからである。たとえば、産業集積において、ある中小企業群が協力をして何かを達成する場合、企業a、b、c、d、eがそれぞれ異なった能力を有していて、相補的に働くとする。その拠出能力を各5と設定すれば、その合計は25と予想される。この世界は、完全な合理性の経済である。一方、実際に仕事を行なう場合には、協働作業となる。各企業は、他の発注先からの発注量や納期、従業員の状況変化など多くの制約条件のもとで参加する。したがって、予定どおりの能力供出が得られるとは限らない。逆に、企業間の相性や創発によって、それぞれが7のアウトプットを出すこともありうる。また、企業間関係において、支援まで発展すれば、出来高の合計が50になることも夢ではない。このような場合、タコ壷モデル（参加者がタコ壷のように独立しており、相互作用をもたないモデル）によって出来高の予想を行なうのが通常であるが、タコ壷間の関係の設定を、現実に合うようにすることは大変困難だ。が、だからといって、不完全な合理性は、上記の例から分かるように完全な合理性より低い合理性とはならないのである。

ローダンが『科学は合理的に進歩する』（1986）において科学的な理論は、真でも確実でも進歩的でも高度に確証されているわけでもないと言うとき、それは何を意味しているのだろうか。よくコントロールされた実験から法則が見出されたとき、長い時間的な淘汰のなかで、新たな理論が生み出され、最初の法則が意味や価値を失うこともまれではない。私は、空間の科学から導き出された法則であるからこそ、時間的耐性が保証されえないということを意味していると考える。統制群との違いを扱う空間的な科学はリザルトパラダイムと親和的であり、20世紀までの科学と言い換えてもよいかもしれない。完全な合理性も時間的には完全ではないのである。

さらに言えば、科学において最近最も重要視されてきた予想可能ということを考えてみよう。通常の実験や科学的操作の成果として、私たちが行なうのは、関係性の線型化なのではないだろうか。x、yを片対数や両対数でプロットして、線形近似ができると安心するのが、よくある科学的たしなみである。しかし、このような関係を見出して、わかったとか、突き止めたと思うこと自体が古くなってきていると提言したい。むしろ、複雑なまま受け入れ、従来の見出された線形の関係を越える合理性を、プロセス（関係）量をもとにどのように生み出せるのかの探求に入ってきたのだ。

プロセスパラダイムの科学は、変化を扱う時間的な科学と言えるのである。次々と変化にさらされ、違いが生み出され、また違いが変化を生んでいく連鎖の坩堝にあっては、不完全な合理性しか、もともと論じられないことになる。不完全な合理性はプロセスパラダイムと親和的である。

そして、完全な合理性はやりつくされてきた。なぜなら、それは形（物質）の科学だからである。

空間の科学は、違いを対象とするから、万人が良しとする形（目標）を描ける。関係者はその形（目標）に合わさせられる。だから「させる／させられる」を交換することになる。空間の科学が最も大切としている理論や法則は、宇宙の別の空間（異なる位置）でもそれらが等しく成立することである。だから今日の物理法則は地球上や太陽系だけでなく、アンドロメダ星雲やマゼラン星雲でも同じことが起こると信じられている。また、そのような理論でなければ価値も置かれない。

一方時間の科学では、相手が別の空間から入ってきて、自らと他者との関係の変化が対象となる。したがって、両方が半分ずつで形（目標）が描けない。変化の過程で形（目標）が刻々と現われてくる。もし変化そのものをよきものとしようとすれば、互いに「してあげる／してもらう」を交換するしかないのである。そして時間の科学で最も求められてくる法則や理論は、どの一つの時間変化に対しても等しく成立することとなる。変化の過程で支援を互いに交換できれば、争いはどのような時間でもなくなっていくだろう。

時間発展の中で現象を捉え、心の側面を重視する時間的な科学が今後は発展していく。支援は、不完全な合理性を高みに導く第一級の行動様式なのである。

終章 新時代へのメッセージ

２００５年1月20日（現地時間）ＣＮＮ放送のブッシュの就任演説によると、世界に渦巻く怒り、テロリズム、安全への脅威などは、他国の自由の欠如によってもたらされているとしている。そして、自国の自由という最大の価値を守るためにこそ、何をアメリカ国民はなさねばならないかを問うている。その上で、自国の自由を他国に拡大することが唯一の解決策だとして、支持者から喝采を浴びていた。

本当に、そうであろうか？

本書が示すところによると、アメリカやイラクなどで起きるテロリズム（ゲリラ戦）の解は、アメリカの対策にはないのである。相手がその解を握っているということを深く理解しなければならない。また、アメリカの自由の概念が長い歴史と文化を異にして歩んできた他の国々にそのまま抵抗なく受け入れられるとはとても思えない。アメリカは神ではないだろう。第一、アメリカ自身が他国のシステムを受け入れることにたやすく首を縦に振るかである。高々、地球環境の温暖化という誰しもが将来世代に負わねばならない責任を推進する京都議定書さえ、容易に受け入れようとしないのがアメリカである。また、自国がリードして創った戦後の平和、安定に必要な国際連合という枠組みに、何年も会費を納めなかった国がアメリカなのである[1]。

もし、一国が他国に輸出してよいもの・ことがあるすれば、それは支援のみである。それ以外のことを輸出しようとすれば、必ず影のように不善が伴ってくるのである。仮に、他に輸出してよいものがあるとすれば、相手がそれらを望むときのみである。それとても、その輸出の成功は難しいのである。歴史をみれば、かつての日本がそうであった。西洋人の植民地支配からアジアの弱小国を解放し、日本を中心とした大東亜共栄圏を造る行為は、無残な結果を残し、今なおアジアの心の傷になっている。20世紀はアメリカが一番だった世紀ということに反対する人はそれほど多くはないかもしれない[2]。資本主義と自由主義と民主主義が20世紀のリザルトパラダイムに適合的だったからこそ、アメリカが伸びられたとするのが、本書の導く結論である。プロセスパラダイム、コーズパラダイムに地球の現実が向かっていることにおいて、この三種の神器は今大きな転換を求められている。

賢明な読者諸氏ならすでに言葉が浮かんでいるように、資本を中心にするのではなく、心や精神を中心にし、支援主義を標榜し、自分と世界の他の人々や将来世代、世界の他の人々や将来世代と自分がお互いに担保しあう存在原理に則って進むことが、自国も世界も将来世代も生き残っていける道である。

東洋の思想家の老子は、「一、二を生じ、二、三を生じ、三、万物を生ず」と言っている（奥平1996）。その上で、「一そのものは道（タオ）から生まれてくる」としている。本書によって、道（タオ）が支援そのものであることが分かった今、その実践を始めていくことが、人間の精神が21世紀に向かうということになるだろう。

そして、そうしたことに転換できる国々や企業や組織が生き延びていくことができ、家庭も個人も病気に罹らず、健康で楽しい人生[3]を送っていくことができるのである。

自身、自組織、自国の仕事をしっかり果たして、一部他者、他組織、他国を支援していき、また一部他者、他組織、他国から支援してもらうことから、自身がすべてを支援し、自身がすべてから支援してもらうことに至る道こそが、今現在人類に残されたたった一つの生き残りに通じる道である。

これを支援の哲学と呼んで本書を閉じることとしよう。

注

［まえがき］

1　一見すると、数学ほど中立的なものはないと感じ、このような指摘はあたらないと思うかもしれない。確かに、自分の利益の最大化とか、相手と自分との利益の差を最小化するとか、数式によるモデル化は可能である（テーラー 1995, pp.137-155）。この文脈において、数学が中立という主張を展開することができるかもしれない。しかし、「あること」と「ないこと」を別（独立）のものとして扱ってしまえる、ということにおいて、数学はベンサムの経済モデル人の行動様式と整合的なのであるとするのが私の主張である。詳しくは２１３ページ、管理の数学と支援の数学を参照されたい。

2　アダム・スミス自身は、必ずしもこのような功利主義的な議論は展開していない。『道徳感情論』（1759）でもわかるように、彼の合理性はどちらかというと、理想的に振舞う人という面を含んでおり、哲学的である。自己の利益のみを最大化する血も涙もないエージェントの想定という部分のみが強調されてきたのは、産業革命以降の時代背景が関係していると考えられる。その意味では、ベンサム（1789）やホッブス（1651）の思想のほうが、経済合理人モデルに近いと言えよう。

3　このようなことを前提に経済活動を組み立てるにもかかわらず、社是や経営理念ともなれば、「顧客満足の最大化」とか「社会への貢献」とかが標榜されるのは不思議である。他者を利する概念が内包されている。なぜだろうか、この点は注目に値する。

4　アダム・スミスはマンデヴィルの蜂の寓話に力を得て理論をつくったと言われる。そこでの蜜蜂は自己利益の最大化を目指す欲深な存在なので、本書の蜂の扱いに違和感をもつ方もいるだろう。しかし、20世紀までの物の豊かさを第一義とする価値観や物の生産に伴うマイナス面を自然が代償してくれていた前提は衆知のとおり崩れて来ている。蜂は外敵に対して針を使えば、自ら死ななければならない。物の豊かさの後、心の豊かさを実現する新たな世界観構築に再び蜜蜂の生態が本書で引用されるのも偶然ではないかもしれない。

5　あるバイオの小さな実験の結果により生み出された生物が繰り返して繁殖し、地球のすべての生命を脅かすことは、ＳＦの世界の話ではなくなってきている。このような実験は秘密裏に進められ、管理が難しい。また、インターネットやモバイルなどで評判が評判を呼んで、短期間に市場の勝ち組と負け組が二極化される現象もコントロール不能である。このような時間発展が本質の現象は、従来の科学やシステムでは対応が難しい。

6　支援は必ずしも協力／協働と同義ではない。同じ目的をもったもの同士が異なる資質や資源を提供しあって目的を達成するのが協力／協働であり、厳密には支援ではない。協力や協働との違いをふまえた支援の定義は、後述（86ページ）する。

7　本書は前章をふまえた展開になっているので、もちろん序章から終章まですべてをお読みいただきたいが、支援概念の理解だけであれば、第2章、第3章で十分である。第4章は、多少専門的である。付録、注は、研究者向きである。

【序章】

1　農林水産省総合食料局の食料自給表によると、2001年で一人当たりの国内の平均の供給エネルギーは2600kcalであった。これに対して、厚生労働省の『厚生白書』の「国民の栄養の現状」によると、消費側は約2000kcalである。単純な計算は危険であるが、この計算を基にすれば、2931万食が毎日捨てられている（2001年、日本人口12700万人として）。

2　彼女の承諾を得て、基本的に私の受信箱にある状態を再現した。ただし、名前は仮名であり、若干文章を補正した。

3　私も、彼女の基本的に受信箱にある状態で再現する。

4　構成的という意味は、自身がその問題の傍観者ではなく、参加者であり、システムを構成しているという意味である。システムを構成する自身の変容がシステムの問題に解をもたらすとすれば、その問題が構成者たちの変容の道標となるということである。

【第1章】

1　製鉄やプラスティックの主要な原料であるエチレンの製造プラントも家内工業で購われえないことは自明である。製造に必要な数千度や数百気圧という世界は分業の力でないと同じく扱えないのである。

2　一般に、第一のパラダイムシフトは狩猟から農業化社会への移行であり、ゲマインシャフトの社会の実現である。第二のパラダイムシフトは、ゲゼルシャフトの実現であって、農業から工業化社会への移行である。

3　むしろマズローは、歴史の現実からその動きを見出したと考えるべきかもしれない。ただしその後の動きは、最近のボランティア活動の台頭、自分探し、NPOなどの動きなどをみると、マズローの自己実現の欲求の方向と一致する。

4　シェークスピアも『ハムレット』の中で、人生の岐路においての選択の難しさを問うシーンがある。選択後の時間発展の中で、選択した人生ともう一つの人生を人はやり直して比べることは叶わないからである。計画段階の良し悪しは比べられても、本当に実践段階でそのような結果となったかは比べられない。

5　20世紀をイズムの世紀とする見方がある。本書では、20世紀は管理の時代と表現する立場である。資本主義であれ、社会主義であれ、計画と管理が機軸になって発展した時代であった。しかし、21世紀は支援への展望が開けていく時代である。支援主義の時代になるというのが、本書の主張である。支援の射程をこのように捉えている。

6　詳しくは、172ページで検討する。

7　この発見が、本書を生み出す基底となっている。

8　日本の自動車メーカの場合は、必要な部品を7割程度部品サプライヤーから購入しているが、欧米系は5割程度である。地域によって事情は多少異なっている。

9　日本では、開発期間は1980年代で40ヶ月、90年代の前半が30ヶ月、後半は20ヶ月を割り込んで来ている。現在は10ヶ月を切ろうと凌ぎを削っている。このシングル化の動きを本書では自動車開発期間超短縮と呼んでいる。欧米の場合は、日本が20ヶ月のとき、米国で平均36ヶ月、欧州で33ヶ月であった。この1・6、7倍程度の差は、現在も続いているとみてよいだろう。

10　次に、MIS（Management Information Systems 経営情報システム）の時代に入っていく。すなわち、管理業務に適用できないかという発想から、生産管理システム、購買管理システム等「管理」に適用され、経営管理資料の作成が行なわれていくのである。しかしながら、このようなMISの取り組みは、実際の経営の複雑性に対して、十分に追随できるものではなかった。MISが採用した一つのモデルで表現できるほど、企業活動は甘くはなかったのである。企業活動は動いているのであり、最初から決め撃ち的な管理システムを用意しても、フレキシビリティがたりないため、当初の管理業務を容易に置き換えることはできなかったのである。しかしながら、MISの目指すべき機能が、経営管理者が決定を行なうときに、それを支援するものと位置づけられていたことは評価される（遠山 1995）。

11 もしくは、最初のモデル（強者が弱者を飲み込む形）も多少入っているかもしれない。

12 現実には交易条件等も考慮し、購買力平価で比べる必要があるが、本書では大筋を把握するに留める。詳細な議論はかえって主旨を離れるであろう。

13 ジニ係数などで比べると、先進国のほうが富裕層と貧困層の差が小さいと思われるかもしれない。しかし、絶対額の差でみると、貧富の差は先進国のほうが大きいのである。

[第2章]

1 世界の地震史において、阪神大震災の損害は最大である。

2 災害発生後72時間以内に各ボランティア団体が情報交換をして救助活動のために連携をとるネットワークである。大災害が起こったとき、72時間＝3日間は行政など通常の社会システムが機能マヒにおちいり正常に働かない、しかし一方、被害を受け重傷を負ったり瓦礫に埋もれたりした人の命は72時間以内に助け出されなければ救うことはできない、といった認識から生まれている。

3 第1章でも触れたが、「支援」を競争に生き残るために必要とする立場は支援の合理性を訊ねる試みであり、主要なテーマではある。しかしながら、支援を経済合理性の観点のみから訴求することは私の本意ではない。第4章で述べるように、支援は哲学とも言えるのである。

4 支援の多様性・多義性を押さえておくことは重要であると考える。たとえば競争相手でも、相手を奮起させる意味で意図せざる支援になっていると今田（1997）は指摘している。競争相手のように存在そのものが支援となっていたり、夫婦や友人関係のようにきわめてプライベートな助け合い関係もありうるであろう。このような関係の行為を支援として扱ってよいかも微妙である。また事業を起こすことも、大きくみれば、従業員や社会を支援していることになるし、それにより事業者が自己実現できれば、事業主が従業員や社会から支援をされていることにもなるだろう。このように支援というものは、立場や文化や習慣や価値や意味の置き所によって、きわめて多義的なものだし、多様なものになる。もちろんこのようなものを支援とみないこともできる。本書では結果として支援となっているような支援や、きわめて個人的な関係に現れる支援を直接の研究対象とはしていない。しかしながら、本書のアウトプットは、これらの関係にも汎用し、解釈できるものである。

5 『支援学――管理社会をこえて』（2000）では、Supportologyという言葉が使われている。新たな学問領域を感じさせる言葉である。支援学は産声をあげたばかりの赤子である、と述べられている。しかし、この本の中では、支援に対する思い入れはまちまちで、定義に関しても一致していない点には留意すべきであろう。

6 筆者の「支援の理論化と実証化に関する研究――利他的なビジネスモデルがもたらす経済合理性」（2004）は、支援概念を正面から扱った筆者の知る限りでの国内外最初の博士論文である。

7 現存する諸先輩の支援研究者の論文について忌憚のない意見を書くことに多少抵抗を感じる。正直を是に、あくまで私見として述べるものである。反論を担保するというアカデミックの基本的姿勢（ポパー 1934）を尊重するものである。

8 支援の定義が難しいのは、厳密に言うと、互いの関係に対する互いの情意までもが入る可能性があるからである。たとえば、援助者が援助対象を助け続けられることを自尊の情に結びつけてしまっている場合もありうる。

9 グラミンバンクは、貧困の人々の自立を促すマイクロクレジット（少額無担保融資）のことである。創設者はムハメド・ユヌス氏である。その後、利用者は予想をはるかに超えて増え続け、現在では200万人以上、利用総額は10億ドルを超える。さらに、驚異的なことには返済率が98％、踏み倒しはたったの2％であるという。手がける機関は、アジア、アフリカ、中南米に広がり2186にも達している。

10 「パラダイム」をいかに表現するかは、もちろん重要ではあるが、ここではパラダイムのシフトとして現実の変化を表現しようとしている点で、一歩メタ概念になっていることに留意する必要がある。

11 大文字という表現は、A・コイレ＝H・バターフィールドの定冠詞つき単数・大文字の科学革命と、T・クーン流の複数・小文字の科学革命を区別する科学史の用語法を踏襲している。個別科学のパラダイムを小文字のパラダイム、一連の個別諸科学を通底する総体としての科学のパラダイムを大文字のパラダイムと呼び分ける（吉田 1999）。

12 動いている現在をプロセスとして扱っていかなくてはならないことが、後に詳述するプロセスパラダイムの圧力である。

13 ピーター・チェックランドが導入した方法論であり、Soft System Methodology の略である。柔軟にシステム思考を行ない問題解決を図ろうとするもので、一般に七つのステージからなっている。目的やゴールそのものを決めながら、問題解決を同時に行なっていく。

14 過去の一定のやり方、成功体験が邪魔をして、現在の問題群を解決できない場合、まず過去の学習を捨て去る（アンラーニング）ことから始めなければならない。

15 ロードプライシングの場合、経済合理性の観点から一定の価格が車に課せられる。これを渋滞の状況や他の多義的な価値軸と連動させて、時間と共に刻々と金額を変えて課金すると、よりプロセスパラダイム的になると言えよう。

16 プロセスパラダイムが完全に実現されていない中で、これを推量するのはたやすくはない。しかし、たとえば開発期間超短縮が実現されると、原価部門が収益計算をしながら、設計者が仕様を決めたり、競合メーカも超短縮で車を出してきたりするので、絶えず競合条件が変わってくる。したがって、最初に決めた仕様が、絶えず外部環境の変化にさらされて、開発や生産の途中で、最初の指令がどんどん変わらざるをえなくなるのである。

17 コンカレントエンジニアリングには、このような部署間の境界の解を協力して解くということに加えて、それぞれの仕事のプロセスを重ねて同時進行的に仕事を進めるという時間的な要素が入っている。しかし、これも自身の業務分掌を超えないという意味で相互浸透している過程とはなっていない。

18 このサポート（support 支援型）エンジニアリングという言葉は、本書で初めて使用される言葉で、私のオリジナルである。21世紀に入って、自身のプロセスを他者のプロセスへ時間的もしくは空間的に侵入させて、相手を支援してしまう仕事のやり方である。プロセスパラダイムの時代には、このような仕事の進め方が主流になっていくのである。

19 他人を救済する責任を軽減する不法行為法の一原則である。人を救おうとして、問題が起きた場合、その責任を軽減しようとするものである。

20 本書では、パラダイムと適合的でない行動をとることが失敗に通じるという立場をとる。すでにプロセスパラダイムに移行しているのにリザルトの行動をとるなら、問題の連続（閉塞感）を生む。そこでプロセスの行動をとるということそのものが問題解決なのである。リザルトパラダイムではエージェントは活動の外にいられるので、問題と解は別のものとなる。しかし、プロセスパラダイムでは、エージェントが問題の一部となるので、問題と解は限りなく近づいてくると言えよう。対策と結果も同様である。

21 応答責任論は、新しい考え方で、ステークホルダー（利害関係者）が応答を通して責任をとろうとするプロセスそのものを責任の実体と考える立場である。ここでも、リザルトからプロセスパラダイムへの動きが現れてきたと言えよう。

22 ＴＱＭの世界は目標と方策の整合性がとれており、要素還元的でもある。ＴＱＭで定めた目標はコミットの達成によって達成される。ＴＱＭ越えという意味は、コミットの上にターゲットを設定すると、組織にコンフリクトが生じる。それらのコンフリクトの解決がコミット以上の効果を出すのであることに留意が必要である。つまり確信犯的にいたるところでコンフリクトを生じさせ、それらを互いに支援させて解決させていくところがＴＱＭ越えのポイントである。これはリザルトパラダイムにおいては、関係性が既知であるため最適性を議論できるのに対して、プロセスパラダイムにおいては、両者の支援の度合いによってターゲット水準が変わるため最適性は論じられず、不完全な合理性を高みにもっていくことが行なわれるのである。詳しくは第4章コラムを参照されたい。

23 一般に、囚人のジレンマ型ゲームにおいて、非協力ゲームとして両者の利得を（裏切り、裏切り）以上に導くにはどうしたらよいかは、ゲーム理論の一つの大きな研究分野である。提携（協力）ゲームにしたとしても、そこに容易には至らないことが知られている。2手先まで見通すことが求められる。

24 コーズパラダイムがどのようなものかは、今後の課題である。時代はリザルトパラダイムからプロセスパラダイムへ、そしてプロセスパラダイムからコーズパラダイムへと進化しているというのが、私の基本的主張である。物事には原因（コーズ）があって、過程（プロセス）を通って結果（リザルト）に至る流れがある。コーズパラダイムの名称そのものは、これを遡ることによって導出した。ただし、原因‐結果という線形的な意味を持つコーズ（原因）ではなく、プロセスそのものを生み出してくる根源的な対象を指している。

［第3章］

1　個人的には、リザルトパラダイムがモダンの管理の時代であり、プロセスパラダイムの支援がポストモダンの時代と考える。なぜならばリオタールのいう近代の大きな物語（Lyotard,1979）は、少数の人間が計画を立て大勢の人間がそれを実行するというリザルトパラダイムと親和的である。一方、プロセスパラダイムの時代には、違いと絶え間ない変化が実体となるので、小さな物語とならざるをえないからである。さらに、第4章の最後に論述するコーズパラダイムが、その後に続くと考えている。

2　利他性の経済学で扱われる量は、他者に対して開かれたプロセス量となる。

3　支援はプロセス量（関係）において生じるから、通常一方から他方への関係づけのための持ちかけないし打診行為が最初に行なわれる。支援側からの持ちかけもありうる。

4　この場合、エージェントに利他性が要求されることになる。利他性＝支援ではないが、相手を利するという意味で、個々のエージェントの利他性が支援行動を拓いていくのかが検証すべきポイントとなる。

5　実際の業務において、このような関係づけがいったん付けられると、標準書や仕組みとなって制度として定着するのが通常である。

6　私はゲーム理論を、リザルトパラダイムからプロセスパラダイムへの過渡期の方法論と考えている。なぜならば、相手の出方によって効用が変わる（プロセス量における違いや変化を扱える）ことを理論の前提に組み込んでいるからである。しかし、ある時点での利得を止めて考えるということにおいて、リザルトパラダイムの色彩が濃い。方法論のパラダイムシフトについては、本書では紙幅の関係で触れない。

7　無限回繰り返し囚人のジレンマでのフォークの定理やしっぺ返し戦略は継続確率の高いゲームで有効である。これらの研究では、利己的な動機のみに基づいて協力が達成されるかという問題意識に基づいている。本書では、何らかの理由で（たとえば、全体の効果に対する自覚、相手に対する思いやりや配慮などにより）、プレイヤーが利他性を発揮した場合の定式化をした。支援を前提として、その支援に必要な最小の利他性を議論しているところが新しいアプローチとなっている。

8 θ_i、w_iはｉプレイヤーの利他性と仕事量である。また、関係づけのために上流側及び下流側に新たに発生してしまう仕事量の割合がそれぞれｃ、ｅである。ｄは関係化によって下流側に発生する仕事の軽減量の割合である。一度少なくなった仕事量は仕組みとなり継続するのが、実務として一般的である。

9 実際の仕事にかかる日数は企業秘密なので触れられない。しかし、かなり近い値が使われている。詳細について興味のある方は、付録を参照されたい。

10 正確に鍵概念を表現すれば、支援にはプロセスの共有化が含まれているから、プロセスの共有化（関係づけ）と利他性ということになるだろう。

11 サフィックスtは時間（time）である。時間的な変化に対する支援関係度を表わしている。空間的な違いに対する支援関係度はs（space）で示す（１８６ページ参照）。

12 賢明なる読者諸氏ならばお気づきのように、プロセスの共有化と利他性は、A子さんのデート問題の解と同様であることに留意されたい。これがプロセスパラダイムと支援のインパクトなのである（44ページ参照）。

13 この単位は支援行動の単位である。

14 顧客第一主義の真髄は、顧客への絶えざる支援となるというのが本書の主張でもある。

15 読者の皆さんはどちらの会社で働いてみたいだろうか？　上司としてなら管理的会社、部下としてなら支援的会社だろうか。私としては、どちらであっても支援的会社で働いて欲しいのであるが。動的な多対多のプロセスパラダイムの世界では、管理的会社は行き詰まってしまい、支援的会社のみが生き残っていく。

16 社会学者が、家族原理が社会の構成原理になりえないかと語るとき、その実体は依然として不明瞭である。これに対して、本書では家族原理によって出現する社会とは「してあげる／してもらう」ことを基本単位として活動が行なわれる社会であると定義する。

17 私は、第7回の国際ビジネス研究学会全国大会での藤本隆宏氏の発表「自動車産業における国際合併と国際提携について」の後に、彼に日産とルノーの連合に関して日本のモノ造りと欧米の財務を中心としたMBA式の経営手法の合体は大きな差別化を生み出すだろうことを述べた。連合直後のことであり、今後の成否が不確かなときだった。日産は、その後大きなパフォーマンスを生み出しつつあると言える。

18 これらの記述データは、私の20数年にわたる研究生活の中で他社の関係者から集めたデータの一部である。

19 この部分はグローバルスタンダード論と関係が深い。どこか特定の強力な一国のやり方と考えるのではなく、パラダイムシフトと整合性をもつものがグローバルなスタンダードであるというのが筆者の見解である。

20 技術開発の方向性もエージェント間のプロセスの重なりを高める技術開発が時代のパラダイムと整合的である。また、そのような環境から新たな技術が生まれてくると言えよう。

21 変化に対しては、禁酒法を成立させた底力がある。

22 アインシュタインが21世紀の希望として日本人を語るとき、彼はこのような日本人の間主観性を重視する特性に注目していたと私は考えている。日本訪問後の離日の前日、『大阪朝日新聞』に彼は次のように語っている。

「予が一ヶ月に余る日本滞在中、特に感じた点は、地球上にも、また日本国民の如く爾（しか）く謙譲にして且つ篤実の国民が存在してゐたことを自覚したことである。世界各地を歴訪して、予にとつてまた斯くの如き純真な心持のよい国民に出会つたことはない。……。」（金子 1981, pp.245-246）また、滞在中には、次のようにも語っている。「日本には、われわれの国よりも、人と人とがもっと容易に親しくなれる一つの理由があります。それは、自らの感情や憎悪をあらわにしないで、どんな状況下でも落ち着いて、ことをそのままに保とうとするといった日本特有の伝統があるのです。……個人の表情を抑えてしまうこのやり方が、心の内にある個人自らを抑えてしまうことになるのでしょうか？　私にはそう思えません。この伝統が発達してきたのは、この国の人に特有な感情のやさしさや、ヨーロッパ人よりもずっと優れていると思われる同情心の強さゆえでありましょう。」（杉元 2001, p.142）

23　定義するという行為自体はリザルトパラダイムに整合的である。なぜならば、定義するということは定義対象から自分を切り離して外面的に表現することだからである。ところが、プロセスパラダイムにおける定義では、定義対象に自身の活動が含まれるので、プロセスパラダイム的に問題を定義するとその解決策までもが内包されることになる。というのも、動いているものを自ら動きながら定義しようとすれば、自分の動きによって定義対象のプロセスが変化し、またその変化したプロセスによって自分が変化することになる。その動きの連鎖が定義に内包されることがプロセスパラダイム的に定義するということの要件だからである。

24　この切り替えができないことが、現今の閉塞感を生み、人類の悩みとなっているというのが本書の主張である。

25　カオスの特徴は、相空間においてリヤプノフ指数の少なくとも一つが正になるということである。リヤプノフ指数とは無限小離れた二つの軌道が分離する、もしくは近づく度合いである。わずかに離れた二つの軌道が時間とともに指数関数的に分離していくことを意味している。さらにフーリエモードに変換すれば、連続スペクトルが現れることに対応している。このような状況は日常的に起こっている。すなわち、対象がある方向に縮み、別の方向に拡大するような軌道の束が、非線型性によって折りたたまれ元の近傍に戻るという簡単なルールの繰り返しで起こるとされる。

26 私たちは動きの世界に入ってきたということである。動的な多対多を人類が本当に扱えるかという問題提起がある。自然科学の領域でも、あるバイオの小さな実験の結果により、生み出された生物が繰り返して繁殖し、地球のすべての生命を脅かすことは、SFの世界の話ではなくなった。このような問題にいかに対処したらよいかを本書は扱っている。

27 複雑性が高まると、ミクロの統計学における秩序パラメータのようなもの（公論）が、官（マクロ）を是正しなくなる。また、官（マクロ）の少ない規則が下位（市民・ミクロ）の行動を決めえなくなってくる。たとえば、本文でも既述しているが、官の一律規則は複雑性が高まると、多くの例外者を生み出す。一方その多様な例外者を救おうとして公論を起こそうとしても、多様すぎて影響力を持つほど大きな集団にはなりえない。なぜ第三の公共性が有効になってきたかを解き明かすものであり、どのようなときに第三の公共性を採用すべきかの判断基準を提示するものである。つまり、扱う系の複雑性が低ければ、従来の二項対立でも十分機能するのである。

28 カオスの克服、複雑性を制することは現代の最大の課題である。だからこれを克服することは、21世紀の知恵であると筆者は考えている。したがって、ビジネスの世界だけのことではないのである。

29 ここでの経済行為とは付加価値を生み出す活動である。

30 ここでは支援に関して二つの合理性に言及している。一つはプロセスパラダイムに伴う複雑性に対処するためには、支援行動が必要であるということ。二つ目は、両者の関係性を高めながら、互いが変化する動的な、リザルトパラダイムでは得られない時間発展の効果（くり返しの効果）を実現するのにも支援行動が駆動力になるということである。

31 このような組織性の変化は、113ページで触れた、管理、協働、支援の合理性に対応している。では、過渡期において自己組織性が有効だったとして、その前のリザルトパラダイムの時代はどのような態度が合理的だったのだろう。それは、本書の23ページに示したように、コントロールセンターから出発した、組織による管理・統制である。つまり、上位者の自己中心性と言えよう。自己中心性から自己組織性、そして自己組織性から利他組織性への流れの中で、利他組織性が最も進化した概念であることが分かるであろう。

32 プロセスパラダイムに最も必要となる知恵は利他組織化である。

33 関係性がない、もしくは関係性が固定的なリザルトパラダイムの時代には、自分がある部分を担えば、他者にその残りの部分があてがわれるという意味で、自己の利益は他者の不利益となる。二元論の世界である。しかしながら、すでに関係性が構築され、その関係性が機能しているプロセスの中において、その関係に変更が起こるときには、そしてその変更がお互いから見えない理由で起こるときには、一方が支配的に他者と自分との関係性を規定できない。まず事情を聞くところから始まり、相手に対するお互いが身を多少切るような提案（利他性）によって、解決に辿り着くのが通常である。プロセスパラダイム（動いているものを自ら動きながら扱うことを求められる時代）の世界観とは、絶えずこのような調整が活動実体となるのである。したがって、他者を助けることによって、自己の利益の最大化がお互いに達成されるのである。関係しあうもの同士が関係を切ることなく、さらなる新たな関係を構築していく知恵である。

34 A社における新車開発期間超短縮を実現するシステム開発には、利他組織化が随所に現れているが、企業秘密であり詳細には語れない。ただし、自身の仕事が終わった時点で他者の仕事の何割かが終わる、もしくは他者のノウハウが自身の仕事に役立てることができるサポートエンジニアリングを実現するシステム開発が行なわれている。

35　私は、このような支援してもらえる能力を機軸にしたマネジメントを「**支援マネジメント**」と呼んでいる。支援マネジメントとは、相手を支援するマネジメントのことではなく、相手をして自分の仕事の他に他者から支援してもらえるようにするマネジメントであり、自分をして自分の仕事の他に他者から支援してもらえるマネジメントである。支援してもらえる能力のマネジメントなのである。

36　管理が自分から出発するのと異なり、支援は相手から始まる。支援をしてもらって、次に支援をしていくという順番がよいと筆者は考えている。

〔第4章〕

1　時間的支援の場合には過去や未来に各エージェントがリンクし、互いを支援しあうことによって新たな問題解決能力を創出したのであった。新車開発期間超短縮の例など。

2　市場間の関係性や部品間の関係性なども影響を与えるだろう。青島矢一氏（2002）の主張するように、内部要因における関係性の強さが強いほど複雑性が増加し、弱いほど複雑性が減少するということは必ずしも言えないことにも注意が必要である。

3　満足に感じるかどうかは個人差があり、個人の閾値の問題となる。個人がこの閾値に対してどのような特徴をもっているか、また、その値が繰り返していくこともこのモデルに時間的複雑性をもたらしていくだろう。ロイヤリティは満足度のみで決まらないことは自明であるが、ここではその厳密性までは言及しない。主要な要因であることに間違いはない。

4　このように複雑性が表面化して、それを正しく扱うことが求められるのは、プロセスパラダイムの時代に入ったからである。管理者側から、変化の時間同定ができないことと違う空間に対するルール化の管理権はもはや誰にもない。

5 「時間」と「空間」の関係をこのように記述したのは、私のオリジナルである。実際には2001年より私があたためてきた概念であり、いくつかの学会などの機会に発表している。

6 別の空間という表現に違和感を感じる向きの方がいるに違いない。同じ空間の別の地点にすぎないと。しかしながら、そうとするならば、時間の違いも同じ時間の違う時間地点にすぎないということになる。この意味でやはり別の空間とみるのが正しいのである。

7 ところでこのように時間と空間を新構築すると、自分という存在があって、その自分の時間は過ぎていく（たとえば老化現象）のだから、別空間の活動など時間に関係がないかのように思われ、反論があるかもしれない。しかし、老化現象という生理的な化学反応そのものが、別空間の分子と自空間の分子の遭遇によって起こることを考えれば、やはり時間と空間は相互に担保しながら、存在することが分かる。ここでも活動が本体である。

8 知るということは透明化と等価である。プロセスの共有化（透明化）と支援によって、A子さんのデート問題のようなプロセスパラダイムの問題を解決できるということは、知ることと支援によって、変化と違いの問題を解決できるというように言い換えることが可能である。

9 つまり、活動とは互いに直交する概念を生み出し続けることとなる。

10 このシステム実現のためには、自分が相手のことを知って相手を支援するように動き、相手も自分の動きを知ってこちらを支援してくることをお互いが知れている状態を刻々と担保することも求められるだろう。支援契機を高める仕組みである。

11 64ページに前述した、自身の効用を満たさんがためであっても、支援の価値を完全には否定しえない背後にある支援の本質とは何かを訊ねる試みである。

12　解るとか治るということは、構成するエージェントが互いの支援関係を構築した状態であるというのが本書の支援の概念である。組織も同じである。組織が誕生し、組織を構成するエージェントが支援行為を選ぶというリザルト的発想ではなく、組織そのものが成熟した状態は互いに支援されている状態であり、構成員はそこに向かっているというプロセス的な考え方なのである。

13　ある時刻における血管のある細胞の未来は、それより数十センチ上流の血流の中にある。その血流とその細胞の遭遇と引き続いて起こる相互作用によってその細胞の現在が創られると言える。そして、次の遭遇によって、最初の遭遇が過去となる。

14　昔は勝てば、他者よりいろいろなものが得られた。しかし勝っても生存がやっとの時代になり、やがて勝っても生き残れない時代に私たちは突入していくのではないか。

15　両者がまったく同じ反応の裏表であることに留意されたい。

16　封建主義的な決定方法は、過去の例や権威に基づく通時システムである。今後共時システムと両立が求められる通時システムは未来を含む通時となる。

17　リザルトパラダイムの時代の言葉というのは、一般に言葉と言うのは、むしろ私たちが使ってきた言葉というのは、一つの状況に対して一対一の言葉の表現があって、それによってそういう状況が独立にあたかも存在するかのように切り出してしまう錯覚を私たちに論理的には与えるのである。

18　このテロという言葉は、ＣＮＮなどのメディアや先進諸国で頻繁に使う言葉である。パレスチナ側にとっては、民族防衛闘争であり、むしろゲリラ戦ということであり、逆に相手側こそテロリストに見えるだろう。

19　くどいようであるが、プロセスパラダイムの時代には相手との関係（プロセス）量が高まることをする。プロセス量が実体の世界である。

20　相反という表現は必ずしも適切でない。自分からも相手からも切り離された量を扱うというのが適当である。たとえば、100万円が自分から相手に移れば、自分の後退が相手の前進になるという含意である。支援の量は、相手が失うと自分も失うのであり、自分が得れば、相手も得るのである。

21　実はこの自然の中で存在を続けるものでは一方だけの量はあるようでないのである。それは本章の最初でみた、時間と空間の関係でも同じである。関係している量を基本量とするのが、プロセスパラダイムの世界観と言えるだろう。それが支援の数学の扉を開くのである。

22　そもそも主体を周りと切り離して設定できるという前提がリザルトパラダイム的と言えるだろう。

23　189ページで述べた、時空の関係がまさにこの関係となっている。時間が別空間の活動によって担保されているという意味は、時間が（空間，0）と表され、空間が時間の前後によって担保されているいう意味は、空間が（0，時間）と表される。これが交差（支援）しあうことによって、（空間，時間）が存在として現出する。これが時間と空間の存在原理を支援の数学で表したものである。

24　交差点の連続が存在という表現は、大塚寛一氏（1968）の表現を参考としている。

25　本書が縷縷主張してきた、プロセスパラダイムの時代に入ってきた現代において、管理の数学の有効性が妥当的であるかを問うことはそれほど破天荒なことではあるまい。それどころか新たな数学の単位を構築する必要に迫られて来ているとさえ考えている。なぜならばプロセスパラダイムでは、上司の命令を担保しようとすればするほど、閉塞感が部下にもひるがえって会社にも国家にも瀰漫してしまうからである。かつて、会社の不祥事を中堅管理者が担って会社の存続を保っていた行動様式はリザルトの時代には一定程度残念ながら有効に機能していたと言わざるをえないが、プロセスの時代になれば、透明化の波によって、逆にどのような悪評が会社に致命傷を与えるか分からないのであり、そのような対応をとる会社は激減してきている。むしろ、真実を素直に認めて、迷惑をかけた関係者をいち早く会社が支援できるかが会社の将来の成否を分けてくる。なぜそのようになくてはならなくなってきたかというと、支援関係によって存在が継続するということが露呈してきたからである。このように自身の会社の量は、迷惑をかけた関係者（相手）の量によって構成されているからである。このようにプロセスパラダイムにあっては、リザルトパラダイムのように自分の量を表わせる数学だけでは不十分となる。相手の量を内包した自分の量、すなわち相手と自分の両方によって立ち現われてくる量を表わせなくてはならない。その量を表わせる数学の単位が必要となることを提言しているのである。

26 このような数学によって、物理や哲学や数学の今まで解けなかった問題が解けていく可能性があると考えている。数学も動的なものになっていかざるをえないということであり、時間と空間が交差（互いに支援）して、両者が同時に生まれるという時空の関係の援用効果である。

27 そのようなルールや権威を万人に知らしめるために、お城や儀式や広報によって皆が知っていることを自分が知っている状態にさせられたり、自分が知っていることを皆も知っているということを知らされることが大切であった。それも繰り返してである。それが、プロセスパラダイムに入っていくと、自分の城は相手の城ではないし、相手の儀式は自分の儀式ではない。このような中では相手にさせたり、自分がさせられたりできなくなる。

28 このような表現はプロセスパラダイムの残滓を残したものである。コーズ量とは、そのようなリアリティを実現できる特徴をもった量である。

29 ある種の部門間の競争関係（出世競争等）がある場合は、組織においても支援関係度がマイナスになることがありうるが、ここでは大半の人を対象にしている。

30 初期条件のわずかな違いが時間発展する中で、大きな違いとなって現れるような場合、連続した値の中から初期条件を人間は区別して再現できない。

31　本書の合理性の定義は、ローダン（1986）のものを採用する。すなわち、自然界は最も正しい合理的な解がアプリオリに決定していて、それをとるのが進歩という構図ではなく、最も問題解決能力の高いものを選定できることが最も合理的であるという立場である。

【終章】

1　アメリカの高官の発言をいくつか引用してみよう。「国連などというものはない。あるのは国際社会だ。それは、世界に残された唯一の真のパワーである米国によって率いられる。国連のことを、あたかも自動的に機能するかのような抽象的な存在とみなし、頼るのは、過ちだ」「今、国連の分担金を払うべきではない。重要なのは、国連は財政危機にはないということだ。我々が直面している国連の危機とはその正当性だ」「もし、今日、国連安保理をつくり直すとしたら、常任理事国は一つだけだ。それが世界の力の配分を正確に反映しているからだ。その一つとは米国だ」（2005. 5. 14 朝日新聞朝刊より）。こうした発言を繰り返す高官が国連大使に選ばれようとしている。朝日新聞の誤訳であることを願う一人である。

2　筆者は反対であるが。物質的豊かさ、つまりはお金持ちと軍事力が一番強大であるということが、一番の物差しとはならないであろう。

3　病気に罹らないことと、楽しい人生を送れるということは、いずれも細胞間や人間間の支援関係度が高いことに本書では統合されている。

あとがき

本書のワードプロセッサの指を納めてみて、改めて読者の皆さんがどのように受け止められたかについて興味が募る思いである。人類は、近代化以降、分業を効率的に行なうために「管理」の合理性に進んだ。しかし、管理は行き詰まってしまった。周りのもの・ことが自分を含めて一刻も留まることのないプロセスパラダイムに突入して、「協働」や「支援」の合理性に進み、実践する時代に入ってきたというのが本書の主張である。関係性が高まると、自分の影響がいつどこに複数の誰にどのように波及していくかを把握することはできなくなってしまう。また、自分の解を相手がもっている場合、相手がどの程度広く深く有効にその解をもっているかは自分からは正確に見えない。また、その解を相手がどの程度供出してくれるかも、相手の意思決定に委ねられる状況となってしまう。このような難調整過程を克服するのが支援である。今、私たちはリザルトパラダイムを超克する時代に直面している。このような時代には、自分の量とか相手の量というような独立した量はなくなっていき、相互に浸透していくようになる。この相互浸透した部分が支援によって紡がれていくのである。

ところで筆者が、パラダイムシフトを持ち出したのは、日本発、アジア発のパラダイムシフトを構築・確立したかったからである。西洋人が、それによって思想や技術において、影響を受けてもよいと考えたからである。それが「リザルトパラダイム」から「プロセスパラダイム」であり、「プロセスパラダイム」から「コーズパラダイム」へのリアリティのシフトである。

本書はまた、支援を哲学の観点からも論究した。つまり、存在というものは対によって成立しているという提言である。しかも、その対が互いに相手を支援することによって、存在が継続していくことを述べた。これを時間と空間の概念を例に展開した。組織の拡張性（extendibity）や持続性（sustainability）も同じである。自分ひとつだけでの存在というものはありえないのである。他者と自身が話すとき、自分の属性、たとえば、美人であるとか美声であるとかは、相手にしか見えない、相手に提供されるものである。相手も同じである。花も自分はそれを構成することはできても、自分からは見えず、美しさは他者に見られることによって生じる。このことを深く理解して、「してもらう／してあげる」ことの扉を大きく開くことが、今人々に求められており、それが今現在起こりつつあるパラダイムシフトに適合的な姿を提供するのである。このことを読者の皆さんはどのようにお感じになられたであろうか。

本書を世に送り出すにあたり、御礼を申し上げたい方々がいる。

まず、大塚寛一先生、国恵夫人に御礼を申し上げたい。先生の思想は、最も高い知的刺激であり、夫人の息遣いは、最も高い生き方への今なお道標である。

本書の前半は筆者の東京工業大学社会理工学研究科博士論文がベースになっている。論文審査の主査の今田高俊教授に感謝申し上げる。副査の木嶋恭一教授、武藤滋夫教授、飯島淳一教授、猪原健弘助教授には、お世話になった。本書を世に出すことが御礼の一端となれば幸いである。また、今田研究室武藤正義氏にも感謝する。彼との議論には裨益された。本書の後半の部分は、その後の筆者の研究成果である。この過程においては舘岡洋子に感謝する。彼女は、協働的な学習と習得を専門としている。彼女が提唱した読解過程を共有しながら自己を変容させる「ピア・リーディング」は、本書のプロセスパラダイムの実践例でもある。また、兄舘岡康晴にも感謝する。彼との哲学に関する議論は、いつも私に元気をもたらすものである。

最後に、本書の編集の労をとってくださった塩浦暲氏に深く感謝申し上げたい。出版に際し、ひとかたならぬ支援をいただいた。

筆者の講演活動を通して、「支援」を研究しようとする学究の徒、実務家が集い始めている。それが、支援研究会の活動となって現在進行中である。経営の分野ばかりでなく、法社会学の分野やNPOの分野など範囲は拡張している。管理はすでにやりつくされている。これ以上、新しいものは出てこないだろう。支援はこれからの領域だ。本書を読まれて志をもたれた方々は、是非この研究会に合流していただきたい。支援の奔流形成を構成していただきたいと強く願うものである。

本書および今後の実践研究が、平和への進化に些少なりとも貢献すれば、筆者として望外のよろこびである。

満天から星が抱く満山荘にて

平成18年2月11日

舘岡康雄

（追記）支援研究会へのご参加、お問い合わせ、本書へのご示唆、ご感想などは、shienken@yahoo.co.jpにお願いいいたしたい。

初出一覧

［本書で提唱した各概念の初出は以下のとおりである。
ただし、本書のために内容を全面的に改めた。］

序章　もう一つ先の合理性へ　書き下ろし

第1章　管理の終焉

管理組織・システムという近代化と西洋化

「〝支援〟の理論化と実証化に関する研究――利他的なビジネスモデルがもたらす経済合理性」東京工業大学社会理工学研究科博士論文、第1章　〝管理〟から〝支援〟の時代へ、2004.

管理の豊饒

"Miscommunication in Business Arena: the need for 'Process Communication'", *Proceedings of the 4th Conference of Pan-Pacific Association of Applied Linguistics*, pp.228-234, 1999.

管理の破綻

"The Crisis of Manufacturing in Japan and Korea: the shifting paradigm as seen from the perspective of an automotive engineer", *East Asia Research Exchange Program Report —— Forcusing on the Third Japan-Korea Management Forum*, Sanno Global Management Research Center, pp.57-64, 2001.（発表１９９９）

「新車開発期間超短縮を実現する戦略的行動様式の変容――ミクロ行動における利他性がもたらす効果について」『研究開発マネジメント』第11巻、pp.68-78, 2001.

第2章　支援の黎明

支援研究の必要性

「"支援"の理論化と実証化に関する研究――利他的なビジネスモデルがもたらす経済合理性」東京工業大学社会理工学研究科博士論文、第2章　"支援"研究の変遷、2004.

パラダイムシフトと支援

「新車開発におけるパラダイムシフト――組織・取組・イネーブラーの観点より」、『1999年度組織学会研究発表集』組織学会、1999, pp.223-226.
「エージェントの利他性がもたらす経済合理性――支援定義の精緻化とその含意」『経営情報学会誌』Vol.10, No.2, 2001, pp.35-51.

支援の合理性

「支援マネジメントの可能性――相互浸透過程における責任の扱いと達成について」『日本経営診断学会論集』Vol.5, 2005, pp.69-80.

第3章　支援の拡大

支援パラダイムの合理性を検証する

「新車開発期間超短縮における支援行動の有効性に関する研究」『品質』日本品質管理学会、Vol.32, No.3, 2002, pp.100-110.

支援パラダイムと新たなる社会レジームおよび複雑性と支援

「〃支援〃の理論化と実証化に関する研究——利他的なビジネスモデルがもたらす経済合理性」東京工業大学社会理工学研究科博士論文、第5章　結論と考察、2004.

第4章　支援の本質

空間と時間の本当の関係（複雑性制御）

「パラダイムシフトと〃支援〃——新たなる社会創生を目指して」『2003年春季全国研究発表大会予稿集』経営情報学会、2003, pp.9-15.

「エージェントの利他性と企業行動——複雑性の克服を目指して」『2004年度組織学会研究発表大会報告要旨集』組織学会、2004- pp.249-252.

新世紀の知恵

「もう一つ先の〃支援〃——時間概念と空間概念の再構築」『2004年春季全国研究発表大会予稿集』経営情報学会、2004, pp.244-247.

二元論超克への道　書き下ろし

〈組織の社会技術シリーズ〉　★は刊行済　（書名は、変更することがあります）

次々発生する根幹企業の重大事故や不祥事。モラル向上を唱えたり、法の整備や工学技術に解決を求めるだけでは対応できない。組織の危機管理には、社会技術からのアプローチが必須なのである。最新の研究成果に基づいて危機発生のメカニズムと対策を多角的に解説する、組織マネジメント必携のシリーズ。

★1『組織健全化のための社会心理学──違反・事故・不祥事を防ぐ社会技術』
岡本浩一・今野裕之 著

★2『会議の科学──健全な決裁のための社会技術』
岡本浩一・足立にれか・石川正純 著

★3『属人思考の心理学──組織風土改善の社会技術』
岡本浩一・鎌田晶子 著

★4『内部告発のマネジメント──コンプライアンスの社会技術』
岡本浩一・王晋民・本多＝ハワード＝素子 著

★5『職業的使命感のマネジメント──ノブリス・オブリジェの社会技術』
岡本浩一・堀　洋元・鎌田晶子・下村英雄 著

著者紹介

舘岡康雄（たておか・やすお）
1953年，東京都に生まれる。東京大学工学部応用化学科を卒業。日産自動車中央研究所材料研究所入社，研究開発部門，生産技術部門，購買部門，品質保証部門を経て，人事部門にて，NMW（ニッサンマネジメントウェイ）の確立と伝承に従事。
現在，静岡大学大学院教授。
1996年より，プロセスパラダイムを提唱し，支援に関する講演活動を開始した。2005年に，賛同する人々によって支援研究会が設立され，現在活動中。博士（学術）。

研究分野：複雑系，パラダイムシフト，支援
「エージェントの利他性がもたらす経済合理性」2001年（経営情報学会2002年度論文賞）
「新車開発期間超短縮における支援行動の有効性に関する研究」2002年（日本品質管理学会）
「パラダイムシフトと支援マネジメント」2005年（日本経営診断学会）
など

新曜社

利他性の経済学
支援が必然となる時代へ

初版第1刷発行　2006年4月1日
初版第5刷発行　2018年11月5日

著　者　舘岡康雄
発行者　塩浦　暲
発行所　株式会社 新曜社
〒101-0051
東京都千代田区神田神保町3-9　幸保ビル
電話　03(3264)4973・FAX　03(3239)2958
E-mail: info@shin-yo-sha.co.jp
URL: http://www.shin-yo-sha.co.jp/
印刷・製本　株式会社 栄　光

ISBN978-4-7885-0990-0　C1030

索　引

◆さ行

◆た行

◆な行

◆は行

◆ま行

◆や行

参考文献

〈和書〉

［あ］
青木昌彦・奥野正寛, 1996『経済システムの比較制度分析』東京大学出版会.
青木昌彦, 1997「日本経済の構造転換」『日本記者クラブ会報』1997年10月3日記録版, 第89号, pp.1-15.
青島矢一・延岡健太郎, 1997「プロジェクト知識のマネジメント」『組織科学』第31巻, 第1号, pp.20-36.
青島矢一, 2002「アーキテクチャの視点」『2002年度組織学会年次大会報告要旨集』組織学会, pp.59-66.
飯島淳一, 1995「支援の定義」『「支援」概念の基礎づけに向けて』オフィス・オートメーション学会支援基礎論研究部会編, pp.8-9.
飯島淳一・村田潔・ 渡邊慶和, 1995「支援の分類」『「支援」概念の基礎づけに向けて』オフィス・オートメーション学会支援基礎論研究部会編, pp.10-21.
池上嘉彦, 1984『記号論への招待』岩波新書.
井上薫, 1994『現代企業の基礎理論――取引コストアプローチの展開』千倉書房.
今井賢一, 1992『資本主義のシステム間競争』筑摩書房.
今田高俊, 1987『モダンの脱構築――産業社会へのゆくえ』中公新書.
今田高俊, 1997「管理から支援へ――社会システムの構造転換を目指して」『組織科学』第30巻, 第3号, pp.4-15.
今田高俊, 1998「脱管理を通じた自己組織化――神戸製鋼ラグビーチームを事例として」『現代社会学研究』第11巻, pp.27-48.
今田高俊, 2000「支援型の社会システムへ」『支援学――管理社会をこえて』支援基礎論研究会編, 東方出版, pp.9-28.

今田高俊, 2001『意味の文明学序説――その先の近代』東京大学出版会.
今田高俊, 2005『自己組織性と社会』東京大学出版会.
イリイチ, イヴァン著, 玉野井芳郎・栗原彬訳, 1982『シャドウ・ワーク――生活のあり方を問う』岩波現代選書.
ヴィゴツキー, L. S. 著, 柴田義松訳, 1962『思考と言語　上・下』明治図書.
植田一博・岡田猛編著, 2000『協同の知を探る――創造的コラボレーションの認知科学』共立出版.
エコノミスト編集部, 2004「50年後の世界の経済大国は中国とインドだ」『エコノミスト臨時増刊 2004.10.11. 中国ビジネス勝ち組みの秘密』, pp.38-41.
NHK経済プロジェクト, 1988『時代を読む――世界の経済学者7人が“現在（いま）・未来（あす）”を問う』サイエンス社.
オーブレー, ロバート・コーヘン, ポール著, 小林薫訳, 1996『「考える組織」の経営戦略』ＰＨＰ研究所.
大塚寛一, 1968『明けゆく世界』日本精神復興促進会編, 日本精神復興促進会.
奥平卓・大村益夫訳, 1996『中国の思想6――老子・列子』徳間書店.

［か］
加藤尚武, 1991『環境倫理学のすすめ』丸善ライブラリー.
金子務, 1981『アインシュタイン・ショック』河出書房新社.
カプラ, フリッチョフ著, 吉福伸逸・田中三彦・星川淳・上野圭一訳, 1994『非常の知』工作舎.
河原寛, 1997「情報ネットワーク化の進展と自動車産業」『産業年報』No.21,（財）国民経済研究協会, pp.102-110.
環境庁企画調整局調査企画室, 1999『環境白書（総説）』大蔵省印刷局.
岸田秀, 1977「日本近代を精神分析する――精神分裂病としての日本近代」『ものぐさ精神分析』青土社, pp.11-36.
北地達明・烏野仁, 1999『Ｍ＆Ａ入門』日本経済新聞社.
ギデンズ, アンソニー著, 佐和隆光訳, 1999『第三の道』日本経済新聞社.
クーン, トーマス著, 中山茂訳, 1971『科学革命の構造』みすず書房.

(Thomas Kuhn, 1962, *The Structure of Scientific Revolutions*.)
久木田純, 至文堂「エンパワーメントとは何か」『現代のエスプリ』11 月号, 1998, pp.10-34.
グッドウィン, R. M. 著, 有賀裕二訳, 1992『カオス経済動学』多賀出版.
公文俊平・高原康彦・今田高俊, 1987「自己組織パラダイムの潮流」『一般システム研究の成果と展望』GRS 研究会発行, pp.255-269.
グレイザー, B. G.・ストラウス, A. L. 著, 後藤隆・大出春江・水野節夫訳, 1996『データ対話型理論の発見――調査からいかに理論を生みだすか』新曜社.
ゲイツ, B. 著, 大原進訳, 1999『思考スピードの経営』日本経済新聞社.
ケヴィン, ケリー著, 服部桂監修, 福岡洋一・横山亮訳, 1992『「複雑系」を越えて』アスキー.
小橋康章, 1995「問題意識――なぜ支援について考えたいのか」『「支援」概念の基礎づけに向けて』オフィス・オートメーション学会支援基礎論研究部会編, pp.4-7.
小橋康章, 1997「支援の定義と支援論の必要性」『組織科学』第 30 巻, 第 3 号, pp.16-23.
小林薫編, 1994『エレメンタル国際経営』英創社.
小林二三夫, 2001「小売業の新マーチャンダイジングシステム研究――国際商品調達への対応」『JAFT』第 38 号, 2001, pp.130-134.
小林康夫・ 船曳建夫編, 1994『知の論理』東京大学出版会.
小松楠緒子, 1997「新しい医師 - 患者関係モデルとその可能性――R.M. ビーチの Deep-Value-Pairing モデルを中心に」『保健医療社会学論集』8 号, pp.40-48.
御領謙, 1993『認知心理学への招待――心の働きとしくみを探る』サイエンス社.

[さ]

斉藤実, 1995「統合的コンカレントエンジニアリング――開発期間 1/2 モデルの提案」日本機械学会第 5 回設計工学・システム部門講演会講演論文集, pp.237-238.
堺屋太一, 1998『「大変」な時代』講談社, pp.117-120.

坂下昭宣, 1992『経営学への招待』白桃書房.
塩野七生, 1982『チェーザレ・ボルジアあるいは優雅なる冷酷』新潮文庫.
清水博, 1996『生命知としての場の論理』中央公書.
週刊ダイヤモンド編集部・ダイヤモンドハーバードビジネス編集部, 1997『複雑系の経済学』ダイヤモンド社.
菅富美枝, 2004「他者指向的自由主義と「社交」」『法の他者』仲正昌樹編, 御茶の水書房, pp.65-96.
スミス, アダム著, 水田洋訳, 2003『道徳感情論』岩波文庫.
セン, アマルティア著, 大石りら訳, 2002『貧困の克服――アジア発展の鍵は何か』集英社.

[た]
高安秀樹・高安美佐子, 2000『経済・情報・生命の臨海ゆらぎ――複雑系で近未来を読む』ダイヤモンド社.
瀧川裕英, 2003『責任の意味と制度――負担から応答へ』勁草書房.
竹内一夫, 2004『脳死とは何か』講談社.
田坂広志, 1997『複雑系の経営――「複雑系の知」から経営者への七つのメッセージ』東洋経済新報社.
舘岡康雄, 1998「経営に適応可能なパラダイムシフト構築に関する研究」産能大学修士論文.
舘岡康雄, 1999「新車開発におけるパラダイムシフト――組織・取組・イネーブラーの観点より」『組織学会研究発表大会講演論文集』組織学会, pp.223-226.
舘岡康雄, 2001a「エージェントの利他性がもたらす経済合理性――支援定義の精緻化とその含意」『経営情報学会誌』第10巻, 第2号, pp.35-51.
舘岡康雄, 2001b「企業活動における“支援“の有効性について――グローバルビジネスの調整局面を実例として」『経営情報学会誌2001年秋季全国研究発表大会予稿集』経営情報学会, pp.301-304.
舘岡康雄, 2001c「新車開発期間超短縮を実現する戦略的行動様式の変容――ミクロ行動における利他性がもたらす効果について」『研究開発

マネジメント』第11巻, pp.68-78.
舘岡康雄, 2002「新車開発期間超短縮における“支援”の有効性に関する研究」『品質』第32巻, 第3号, pp.100-110.
舘岡康雄, 2003a「パラダイムシフトからみた自動車産業におけるマーケティング変遷に関する研究」『日中MBAビジネス・シンポジウム報告書』産能大学国際経営研究所, pp.38-46.
舘岡康雄, 2003b「パラダイムシフトと“支援”— 新たなる社会創成を目指して」『経営情報学会誌2003年春季全国研究発表大会予稿集』経営情報学会, pp.10-15.
舘岡康雄, 2005「支援マネジメントの可能性——相互浸透過程における責任の扱いと達成について」『日本経営診断学会論集Vol.5 ——経営診断学の基礎理論と未来展望』pp.69-80.
舘岡洋子, 2005『ひとりで読むことからピア・リーディングへ——日本語学習者の読解過程と対話的協働学習』東海大学出版会.
チウェ, S-Y. マイケル著, 安田雪訳, 2003『儀式は何の役に立つか——ゲーム理論のレッスン』新曜社.
チャールズ, C. レイガン著, 鹿又伸夫監訳, 1993『社会科学における比較研究——質的分析と計量的分析の統合にむけて』ミネルヴァ書房.
辻井博, 1996「アジアの成長と食料問題」『エコノミスト』1996年3月号, pp.140-157.
テーラー, マイケル著, 松原望訳, 1995『協力の可能性——協力, 国家, アナーキー』木鐸社.
ディール, H, ジェフリー, 2001「クライスラーのアメリカ式系列」『バリューチェーン・マネジメント』DIAMONDハーバードビジネスレビュー編集部, pp.119-152.
寺島実郎, 1998『国家の論理と企業の論理』中央新書.
電通総研編, 1996『NPOとは何か』日本経済新聞社.
テンニエス, フェルディナンド著, 杉野原寿一訳, 1957『ゲマインシャフトとゲゼルシャフト——純粋社会学の基本概念』岩波文庫.（Ferdinand Tönnies, 1887, *Gemeinschaft und Gesellschaft: Grundbegriffe der reinen Sosiologie*.）
土場学, 1995「社会的価値と合理性——社会的ジレンマに関する実験心

理学的研究とゲーム理論的研究の対話の試み」『理論と方法』第 10 巻, 第 2 号, pp.115-132.

遠山暁, 1995「情報システムにおける支援」『「支援」概念の基礎づけに向けて』オフィス・オートメーション学会支援基礎論研究部会編, pp.47-51.

トフラー, アルビン著, 徳山二郎監修, 1980『第三の波』日本放送出版協会.

戸部良一・寺本義也・鎌田伸一・杉之尾孝生・村井友秀・野中郁次郎, 1991『失敗の本質――日本軍の組織論的研究』中公文庫.

ドラッカー, P. F. 著, 上田惇生・佐々木実智男訳, 1989『新しい現実――政府と政治, 経済とビジネス, 社会および世界観にいま何がおこっているか』ダイヤモンド社.

ドラッカー, P. F. 著, 上田惇生・佐々木実智男・田代正美訳, 1993『ポスト資本主義社会―― 21 世紀の組織と人間はどう変わるか』ダイヤモンド社.

［な］

中村陽一・日本 NPO センター, 1999『日本の NPO』日本評論社.

難波和明, 1997「軍事における支援」『組織科学』第 30 巻, 第 3 号, pp.44-50.

西江雅之, 2001『西江雅之自選紀行集』ＪＴＢパブリッシング.

西山賢一, 1996『生命学からネットワーク時代のパラダイム』メディアスケープ・フォーラムⅡバイオパラダイム・セッション 2, 大日本印刷株式会社 ICC 本部「メディアスケープ・フォーラム」事務局.

西山賢一, 1996「やさしい経済学――複雑系からみた経済①～⑧」日本経済新聞社, 1996 年 12 月連載.

日本自動車工業会編, 2004『2004 年（平成 16 年）版 日本の自動車工業』日本自動車工業会.

ネイスビッツ, ジョン著, 竹村健一訳, 1983『メガトレンド』三笠書房.

根来龍之, 1996「方法論的相補主義と経営革新――方法論的相補主義の憲法的ルール」『日本経営情報学会 96 年夏季シンポジウム要録集論文』, pp.58-67.

野中郁次郎・加賀野忠男・小松陽一・奥村昭博・坂下昭宣, 1978『組織現象の理論と測定』千倉書房.
野中郁次郎, 2002「企業の知識ベースの理論の構想」『組織科学』第36巻, 第1号, pp.4-13.

[は]
博報堂生活総合研究所, 1984『ソフトウェーブ――未来潮流と先導集団』日本能率協会.
浜口恵俊編, 1993『日本型モデルとは何か――国際化時代におけるメリットとデメリット』新曜社.
ハヤカワ, S.I. 著, 大久保忠利訳, 1985『思考と行動における言語　原書第四版』岩波書店.
林吉郎, 1994『異文化インターフェース経営』日本経済新聞社.
ハンディ, チャールズ著, 1993「企業経営の“連邦主義”原理」『DIAMONDハーバード・ビジネスレビュー』4-5月号, pp.4-15.
弘岡正明, 1992「高分子産業における基礎研究――現状と展望」『プラスチックエージ』Vol.38 May, pp.142-149.
ファースン, リチャード著, 小林薫訳, 1997『パラドックス系――行動心理学による新ビジネス発想法』ハヤカワ書房.
FOURIN編, 1997「2000年に向け規模と速度と部品製作を競う世界自動車各社」『自動車調査月報』No.137, January, pp.1-7.
FOURIN編, 1997「サプライヤーの役割拡大で品質コスト要求高める米国Big3」『自動車調査月報』No.137, January, pp.8-13.
藤田恒夫, 1997『経営情報基礎論』酒井書店, pp.107-129.
深山隆明, 2003「飽食後――食べ残し天国ニッポンの惨状」『週刊エコノミスト』11月18日号, pp.88-91.
フクヤマ, フランシス著, 加藤寛訳, 1996『信なくば立たず』三笠書房.
ポップコーン, フェイス著, 佐々木かをり訳, 1999『クリッキング――売れる17の波（トレンド）』WAVE出版.
ポパー, カール著, 大内義一訳, 1971-72『科学的発見の論理』恒星社厚生閣.

［ま］
前川徹, 2003「EC ビジネスの成否をわけたもの――ネットバブル崩壊後の EC ビジネス」経営情報学会, ポスト知識ビジネス分科会例会.
松島憲之, 1999「大再編成時代に突入した自動車業界」フォーリンプレスセンター.
マッハルプ, フリッツ著, 高橋達男・木田宏監訳, 1969『知識産業』産業能率短期大学出版部.
松丸正延, 1997「経営工学と支援」『組織科学』第 30 巻, 第 3 号, pp24-32.
松丸正延, 2000「管理と支援のシナジー」『支援学――管理社会をこえて』支援基礎論研究会編, 東方出版, pp.110-121.
ミッチェル, アーノルド・オグルビー, ジェームズ・シュウオーツ, ピーター著, 吉福伸逸監訳, 1987『パラダイム・シフト――価値とライフスタイルの変動期を捉える VALS 類型論』阪急コミュニケーションズ.
宮智宗七, 1997「“グローバルスタンダード”に関する 3 つの論点への視点」『アナリスト』経済発展協会, pp.2-16.
武藤滋夫, 2001『ゲーム理論入門』日本経済新聞社.
村上陽一郎, 1990『科学史はパラダイム変換するか』三田出版会.
村田潔・飯島淳一, 1997「情報システムにおける支援」『組織科学』第 30 巻, 第 3 号, pp.33-43.
村田潔, 2000「企業組織における支援――組織構造, 組織制度, 組織文化と支援」『支援学――管理社会をこえて』支援基礎論研究会編, 東方出版, pp.122-137.
モラーン, ロバート・リーセンバーガー, ジョン著, 梅津祐良訳, 1997『グローバルチャレンジ――次世代国際企業の条件』日経ＢＰ社.
師岡孝次, 1994『長寿の健康科学―― 120 歳まで生きるには』日本プランニングセンター.

［や］
山内昶, 1994『経済人類学への招待』筑摩書房.
山内直人, 1999『NPO 入門』日経文庫.
山下洋史, 2000「日本企業の組織特性と「支援」概念」『支援学――管理社会をこえて』支援基礎論研究会編, 東方出版, pp.138-161.

山本敏和, 1992「消費者ニーズ適応のためのリードタイム短縮活動——ダイハツ“総合生産システム”の開発」『IE Review』, 第33巻, 第3号, pp.29-36.
吉田民人, 1999「21世紀の科学——大文字の第2次科学革命」組織科学, 第32巻, 第3号, pp.4-26.

[ら]
ラインスミス, S. 著 , 小林薫訳, 1994『グローバリゼーションガイド』サイマル出版会.
ローダン, L. 著, 村上陽一郎・井山弘幸共訳, 1986『科学は合理的に進歩する——脱パラダイム論に向けて』サイエンス社.

[わ]
渡辺慶和, 1996『システム分析の基礎Ⅱ』産能大学.
ワトソン, ジェームス著, 江上不二夫・中村桂子訳, 1986『二重らせん』講談社文庫.（James D. Watson, 1968, *The Double Helix: A Personal Account of the Discovery of the Structure of DNA*.）

〈洋書〉

[A]
Adams, Robert, 1996, *Social Work and Empowerment*, London: Macmillan Press.
Automotive Engineering (Ed.), 1997, “Evolution of Body Engineering in the Auto Industry,” *Automotive Engineering*, June, pp.105-107.

[B]
Barker, Joel Arthur, 1989, *Discovering the Further: Paradigms*. St. Paul, Minn.: ILI Press.
Bentham, Jeremy, 1789, *An Introduction to the Principles of Morals and Legislation*, ed. J. H. Burns and H. L. A. Hart, Oxford University

Press.(山下重一訳, 1967『道徳および立法の諸原理序説』中央公論社.)
Brish, S., 1987, "Program Management," *Automotive Engineering*, Vol.95, No.12, pp.80-82.

[C]
Cannon, Tom, 1996, *Welcome to the Revolution: managing paradox in the 21st century*, London: Pitman Publishing.
Coleman, S. James, 1994, *Faundations of Social Theory*, London: The Belknap Press of Harvard University Press.

[D]
Daneshgari, P., M. Romanowski, and T. Stimson, 1996, "Application of QFD Correlation Matrix Technology to Engine Development Time," SAE 960546, pp.61-68, International Congress and Exposition, Detroit, Michigan.
Daneshgari, P. and M. Romanowski, 1997, "Reduced Development Time Utilizing Correlation Matrices to Identify Parallel Engine Tests," SAE 970271, pp.1-6. International Congress and Exposition, Detroit, Michigan.

[F]
Fayol, Henri, 1930, *Industrial and General Administration*, Pitman, London.(佐々木恒男訳, 1972『産業ならびに一般の管理』未来社.)

[H]
Haddad, C. D., 1996, "Operationalizing the Concept of Concurrent Engineering: a case study from the U.S. auto industry," *IEEE Transactions on Engineering Management*, Vol.43, No.2, May. pp.124-132.
Hobbes, Thomas, 1909, *Leviathan*, W. G. Pogson Smith(ed.), Oxford: The Clarendon Press.

[K]

Kinberley, W. and D. Scott, 1996, "Design Perspective: the new intelligent concurrent engineering age," *Automotive Engineering*, Vol.21, No.3, pp.30-34.

Krishnan, V., S. D. Eppinger, and D. E. Whitney, 1995, "Accelerating Product Development by the Exchange of Preliminary Product Design Information," *Journal of Mechanical Design*, Vol.117, December, pp.491-498.

[L]

Lave, J. and Wenger, E., 1991, *Situated Learning: legitimate peripheral participation*, Cambridge University Press, Cambridge（佐伯胖訳, 1993『状況に埋め込まれた学習』産業図書.）

Lerner, Michael, 1996, *The Politics of Meaning: restoring hope and possibility in an age of cynicism*. Reading Mass.: Addison-Wesley.

Lyotard, Jean-Francois, 1979, *La condition postmoderne: raport sur le svoir*. Paris: Editions de Minuit.（小林康夫訳, 1986『ポスト・モダンの条件――知・社会・言語ゲーム』書肆風の薔薇.）

[M]

Macedonia, M, R., 1997, "Transatlantic Research and Development Environment," *IEEE Computer Graphic Application*, Vol.17, No.2, pp.76-82.

Madison, Augus, 2001, The World Economy: A Millennial Perspective, Development Centre of the Organisation for Economic Co-Operation and Development.（www.rh.edu/dept/library/databases/worldeconomy.htm）.

Mcknight, S. W. and Jerry M. Jackson, 1989, "Simultaneous Engineering Saves Manufacturers Lead Time, Costs And Frustration," *Industrial Engineering*, August, pp.25-27.

Mcelroy, J., 1991, "Fast, Faster, Fastest," *Automotive Industry*, Vol.171,

No.9, pp.45-49.

Muffatto, M., 1996, "Evolution of Product Development in Japanese Automobile Firms," *International Journal of Vehicle Design*, Vol.17, No.4, pp.343-359.

Mullender, Audrey and Ward, Dave, 1991, *Self-Directed Groupwork: Users Take Action for Empowerment*. London: Whiting & Birch.

[N]

Natarajan, S. P., 1996, "Rapid Prototyping: the fastest and the latest technology for development of prototype automotive castings," *World Foundry Congress*, Vol.62nd, pp.1-18.

[O]

Ottoson, S., 1995, "TQM and DFQ in Fast Product Development," *Automotive Technology*, Vol.28th, TQM, pp.179-189.

[P]

Palinser, A. S. and Brown, A.L., 1984, "Reciprocal Teaching of Comprehension Fostering and Comprehension monitoring," *Cognition and Instruction*, 12, pp.117-175.

[R]

Robinson, M. H., Whitham, G. P., Schulze, S. A., and Tronel, T., 1996, "Application of Advanced Finite Element Techniques to the Design and Development of Automotive Gaskets," *Society of Automotive Engineering*, SAE-960218, pp.59-66.

[S]

Sawyer, C. A., 1995, "A New Beginning." *Automotive Industry*, Vol.175, No.10, pp.66-67.

Schoeffler G. H., 1989, "A Supplier's Approach towards Reduction of Product Development Time in Automotive Lighting by Simultaneous

Engineering," *Automotive Technology*, Vol.21, No.1, pp.157-163.
Senge, P., 1990, *The Fifth Discipline: The Art and Practice of the Learning Organization*. New York: Doubleday.
Shenas, D. G. and S. Derakhshan, 1992, "Technological Interdependence and Company Organization: the Case of Simultaneous Engineering in the Car Industry," *International Journal of Vehicle Design*, Vol.13, nos 5/6, printed in UK pp.533-541.
Smith, Adam, 1776, *An Enquiry into the Nature and Causes of the Wealth of Nations*. London.
Swink, M. L. and Mabert, V. A., 1996, "Customizing Concurrent Engineering Processes: five case studies," *Production Innovation Management*, Vol.13, No.3, pp.229-224.

[T]
Tailor, F.W., 1911, *The Principles of Scientific Management*. New York: Harper.
Tarek M. Khalil., 2005, "Strategizing for Technology, Competitiveness and Wealth Creation," The 21st Century Center of Excellence Program, Tokyo Institute of Technology, The 1st Annual Symposium on The Science of Institutional Management of Technology, pp.23-62.
Tateoka, Yasuo, 2001, "The Crisis of Manufacturing in Japan and Korea: the shifting paradigm as seen from the perspective of an automotive engineer," *East Asia Research Exchange Program Report — Focusing on the Third Japan-Korea Management Forum*, Sanno Global Management Research Center, pp.57-64.
Tateoka, Yasuo, 1999, "Miscommunication in the Business Arena: the need for 'Process Communication,'" *Proceedings of the 4th Conference of Pan-Pacific Association of Applied Linguistics*, pp.228-234.
Thomas, M. and Pierson, J., 1995, *Dictionary of Social Work*, London: Collins Educational.
Thomke, Stefan, 1998, "Simulation, Learning and R&D Performance:

evidence from automotive development," *Research Policy*, pp.55-74.

Tracy, M. J., Murphy, J. N., Denner, R. W., Pince, B. W., Joseph, F. R., Pilz, A. R., and Thompson, M.B., 1994, "Achieving Agile Manufacturing in the Automotive Industry." *Automotive Industry*, Vol.102, No.11, pp.19-24.

[V]

Vogel, Ezra F., 1980, *Japan as No.1*. Charles E. Tuttle.(広中和歌子・木本彰子訳, 1979『ジャパンアズナンバーワン：アメリカへの教訓』TBSブリタニカ.)

[W]

Walter, F., 1986, "Program Timing: product development's new frontier," International Automobile Technical Congress 21st, Beograd.

付　録　支援は合理的である——利他性を導入したゲーム理論による検証

この付録は，127ページの課題の厳密な数式的展開となっている。利他性の厳密な定義やゲーム理論に興味を待たれない方は，読み飛ばしていただいてよい。

1　利他性と支援行動と仕事量

ゲームの構造

関連するエージェント数を5とし，A，B，C，D，Eを，プレイヤー1，プレイヤー2……と表現する。これらのプレイヤーは，基本的に各自の仕事量の最小化を目指す。それに加えて，ある程度の利他性をもったプレイヤーは他者の仕事を軽減させることも目指す。その結果全体の仕事量が減少され[1]，新製品開発期間の大幅短縮が達成されるかがポイントとなる。

エージェントは5だが，任意の一人のプレイヤーの利得に関連するのは，上流のプレイヤーであるから，2人ゲームとして考えれば十分である。

設計変更がない時

プレイヤー1は仕事を終えると，プレイヤー2に仕事を回す。この時プレイヤー2は，プレイヤー1に関係づけのために打ち合わせを持ちかける。（ここで，下流から上流に申し出るのがポイントである。下流は，上流が自分のために便宜を図って仕事をしてくれれば，相当量の仕事が軽減される（支援される）ことを知っているからである。）この際プレイヤー1は，プレイヤー2の申し出に，応じる（Y）／応じない（N）の2つの行動の選択肢がある。一度プレイヤー1が応じて関係性がつくと，プレイヤー2の仕事が4割減ることがわかったとする（128ページ参照）。ただし，そのために新たにプレイヤー1，2の仕事がそれぞれ3割，1

割増加するとする。すべての隣接したプレイヤー間でこのことが成り立っているものとしよう。各プレイヤーは前後のプレイヤーの利得構造が分かっているものとし，各持ち場での仕事量はそれぞれ10日分とする。

ゲームは無限回繰り返しゲームに似た構造を持つが，意思決定は初回のステージだけで，後は意思決定がないものとする。その理由は，いったん関係性が形成されれば，プレイヤーの支援をする／しないの選択肢はなくなるからである。また，初回のステージで支援に応じないプレイヤーは，次回以降も応じないとする。実際には途中で変わるプレイヤーもいるであろうが，ここではモデルとして両極端を押さえ，現実の仕事量はその間にくると考える。

以上から，ゲームの構造は次の通りである。

- 無限回繰り返し（継続確率δ）に似たゲームだが，意思決定は初回ステージのみとしたワンショットの展開型ゲームである。
- プレイヤー：i-1，i，i+1とする
- プレーヤーiの利他性：θ_iとする
- プレーヤーiの主観的な仕事量：V_iとする
- 効用＝－V_i（各プレイヤーは主観的な仕事量の最小化を目指す）

次に，各プレイヤーの仕事量の現在価値を考える。

プレイヤーの仕事の基本量をw，一つ上流のプレイヤーとの関係づけに要する仕事量の基本量に対する増加の割合をc，それによる仕事の減少量の基本量に対する割合をd，一つ下流のプレイヤーとの関係づけに要する仕事の割合をe，二値関数をχ，iがi+1の関連づけの申し出に応じる（Y）／応じない（N）という戦略の変数α_i，利他性$\theta_i \geqq 0$のもとでプレーヤーiの総仕事量の現在価値をW_i（$\alpha_{i\text{-}1}, \alpha_i$）とおく。具体的な数値は以下のとおりである。

$$w = 10$$
$$c = 0.1$$
$$d = 0.4$$
$$e = 0.3$$

二値関数χを以下のように定義する。ただし，$i=0$の場合は実在しない数式上の形式的なプレイヤーであり，これは$i=1$が配慮されないことを意味している。

$i=0$の時：　$\chi(\alpha_i)=0$

$i=1,2,3,4$の時：　$\chi(\alpha_i)=1 \quad \mathit{if}\ \alpha_i=\mathrm{Y}$

$\chi(\alpha_i)=0 \quad \mathit{if}\ \alpha_i=\mathrm{N}$

ここでプレーヤーiの現実との対比を行っておきたい。プレーヤーiがプレイヤーi+1から関連づけの申し出を受ける時，プレーヤーiとしては次の三つの状況が考えられる。

① プレイヤーiもプレイヤーi-1に同様の申し出をしているところで，プレイヤーi-1からはまだ決定をもらっていない。
② プレイヤーiはプレイヤーi-1に同様の申し出をしていない。しかし，将来はする予定である。
③ プレイヤーiはプレイヤーi-1にすでに同様の申し出をしており，プレイヤーi-1からすでに決定をもらっている。

①，②については同時決定のゲームとなり，③は一人意思決定の状況なので，ゲーム理論を持ち出す必要がない。各々を利他性のない時，利他性のある時で解析をしていく。

《同時決定のゲーム；ケース①，ケース②》

〈利他性のないとき；$\theta_i=0$のとき〉

各プレイヤーの仕事量の現在価値は，無限繰り返しであることに注意すれば，

$$V_i(0,\alpha_{i-1},\alpha_i)=w\left[1+(c-d)\chi(\alpha_{i-1})+\frac{\{1-d\chi(\alpha_{i-1})\}\delta}{1-\delta}+e\chi(\alpha_i)\right]\cdots\cdots(1)$$

となる。この仕事量は利他性を考慮していないので，他のプレイヤーの仕事量を反映しない全く個人的なものとなっている。この式において，

プレイヤーiが配慮する，しない場合のそれぞれのプレイヤーiの仕事量を下表に示す。

表付-1　利他性がない場合の配慮行動とプレイヤー i の仕事量（一般式）

プレイヤー i-1 ＼ プレイヤー i	配慮する（Y）	配慮しない（N）
配慮する（Y）	$w[1+c-d+(1-d)u+e]$	$w[1+u+e]$
配慮しない（N）	$w[1+c-d+(1-d)u]$	$w[1+u]$

ただし，$u=\dfrac{\delta}{1-\delta}$

そこで，プレイヤーiのYの場合とNの場合の仕事量の差を表わせば，

$$V_i(0,\alpha_{i-1},Y)-V_i(0,\alpha_{i-1},N)=ew\cdots\cdots(2)$$

となる。プレイヤー1は配慮されないから，プレイヤー1の仕事量は表付-1の右側だけとなり，プレイヤー5は持ちかけがないから判断はない。

さらに，上表に具体的な数値を代入すれば，以下のようになる。

表付-2　利他性がない場合の配慮行動と具体的仕事量

プレイヤー i-1 ＼ プレイヤー i	配慮する（Y）	配慮しない（N）
配慮する（Y）	$10+6u$	$13+10u$
配慮しない（N）	$7+6u$	$10+10u$

そこで，プレイヤーiのY（応じる）の場合とN（応じない）の場合の仕事量は，

$$(10+6u)-(7+6u)=3 \quad もしくは \quad (13+10u)-(10+10u)=3\cdots\cdots(3)$$

となる。
つまり，プレイヤーiのYの場合とNの場合の仕事量の差は３日である($i=1\sim4$)。

(2)式の右辺は正であるから，プレイヤーi-1の戦略がどうであれ，Yの戦略は仕事量を増大させ，Nが支配戦略となる。これはプレイヤー５を除くすべてのプレイヤーがNをプレイすることになる。これにより，一回の仕事は50日と最長となる。つまり，利他性がない場合には，期間短縮が実現されないことが分かる。

次に利他性がある場合にはどうなるかをみていく。

〈利他性のあるとき；$\theta_i>0$のとき〉

ここで，利他性θは下流の直後のプレイヤーにのみ働くとする。このときプレイヤーは下流の仕事量を，程度θで自分の仕事であるかのようにみなすとする。このような仕事量を主観的な仕事量とよぶことにする。数学的には，プレイヤーiの主観的な仕事量

$$V_i(\theta_i,\alpha_{i-1},\alpha_i)=W_i(\alpha_{i-1},\alpha_i)+\theta_i L_{i+1}(\alpha_i)\cdots\cdots(4)$$

を表す。ここで利他性が働く一つ下の仕事量L_{i+1}は，プレイヤーiの意思決定によってのみ決まるとしている。なぜならば実際の仕事においては，自身の意思決定において相手の仕事の減少量は分かるが，相手がより下流に対してどのような意思決定をするのかは分からないからである(通常の業務分掌で判断し，関係づけは行われていないとして，判断する)。よってL_{i+1}は，下記のように示される。

$$L_{i+1}=w\left[1+(c-d)\chi(\alpha_i)+\frac{\{1-d\chi(\alpha_i)\}\delta}{1-\delta}\right]\cdots\cdots(5)$$

これを基に前述のように，各プレイヤーの主観的な仕事量の現在価値を代入すると，

$$V_i(\theta_i,\alpha_{i-1},\alpha_i)=w[1+(c-d)\chi(\alpha_{i-1})+e\chi(\alpha_i)+\frac{\{1-d\chi(\alpha_{i-1})\}\delta}{1-\delta}]$$
$$+\theta_i w[1+(c-d)\chi(\alpha_i)+\frac{\{1-d\chi(\alpha_i)\}\delta}{1-\delta}] \cdots\cdots(6)$$

前述と同様にこの式において，プレイヤー i が配慮する，しない場合のそれぞれのプレイヤー i の仕事量を下表に示す。

表付-3　利他性のある場合の配慮行動と主観的仕事量（一般式）

プレイヤー i ＼ プレイヤー i-1	配慮する（Y）	配慮しない（N）
配慮する（Y）	$w[1+c-d+(1-d)u+e$ $+\theta_i(1+c-d+(1-d)u)]$	$w[1+u+e$ $+\theta_i(1+c-d+(1-d)u)]$
配慮しない（N）	$w[1+c-d+(1-d)u$ $+\theta_i(1+u)]$	$w[1+u$ $+\theta_i(1+u)]$

ただし，$u=\frac{\delta}{1-\delta}$

利他性がない時と同様に，Y戦略とN戦略の仕事量の差を表してみよう。

$$V_i(\theta_i,\alpha_{i-1},Y)-V_i(\theta_i,\alpha_{i-1},N)=ew+\theta_i w(c-d+\frac{-d\delta}{1-\delta}) \cdots\cdots(7)$$

プレイヤー1は配慮されないから，プレイヤー1の仕事量は表付-3の右側だけとなり，プレイヤー5は持ちかけがないから判断はない。

さらに，具体的な数値を代入すれば，以下のようになる。

表付-4　利他性がある場合の配慮行動と主観的仕事量

プレイヤー i ＼ プレイヤー i-1	配慮する（Y）	配慮しない（N）
配慮する（Y）	$10+6u+\theta_i(7+6u)$	$13+10u+\theta_i(7+6u)$
配慮しない（N）	$7+6u+\theta_i(10+10u)$	$10+10u+\theta_i(10+10u)$

プレイヤーi（$i=1$から4）がＹ戦略をとる必要十分条件は，プレイヤーiの配慮戦略と配慮しない戦略の差が負になること、すなわち(7)式が負になることである。このとき，

$$\theta_i > \frac{ew}{(\frac{d}{1-\delta}-c)w} = \frac{3(1-\delta)}{3+\delta} = \frac{(\text{自身の仕事の増加量})}{(\text{相手の仕事の減少量の現在価値})} \cdots\cdots(8)$$

分子は下流のプレイヤーi+1から持ちかけられた際，プレイヤーiに発生する仕事の増加分であり，分母は関係づけによって軽減されるプレイヤーi+1の仕事の減少分の現在価値となっている。

ここでプレイヤーについて言及しておくと，iが2，3，4すなわちプレイヤー２，３，４の主観的仕事量は表付－３，表付－４のようになる。iが１の時は，前にプレイヤーがいないので，配慮されることがない。このプレイヤー１の利得はプレイヤー２，３，４における一つ前のプレイヤーi-1が配慮しない場合と同等となる。またプレイヤー５は下流からの持ちかけがないので，判断はない。

次にプレイヤーiがプレイヤーi+1から持ちかけられたとき，すでにプレイヤーi-1の決定を得ている場合について考えてみる。

《プレイヤーiの仕事量が決まっているとき；ケース③》

この場合はプレイヤーiの仕事量はすでに決まっているので，プレイヤーi+1からの持ちかけに対して，プレイヤーiがどう判断するかということだけで，一人意思決定の問題となる。①②の場合は，支配戦略による分析であった。この支配戦略は，定義上，相手のとるそれぞれの戦略に対して，最適応答となっている。このため支配戦略による分析は，i-1が配慮する／しないのそれぞれの場合に対する分析を含意している。したがって，ケース③の場合についてもケース①②と同じ結果を得る。

$$\theta_i > \frac{ew}{(\frac{d}{1-\delta}-c)w} = \frac{3(1-\delta)}{3+\delta} = \frac{(\text{自身の仕事の増加量})}{(\text{相手の仕事の減少量の現在価値})} \cdots\cdots(9)$$

つまり，利他性が上記の条件を満たせば，プレイヤーiはプレイヤー$i+1$の関係づけの持ちかけに応じるということを意味している。このモデルで重要なのは，プレイヤーiの決定は他のプレイヤーの決定に依存していないことである。これは内発的な利他性によってのみ関連づけが決って，仕事量に利得が表れることを意味している。θ_iが決まると，YかNのどちらかが支配戦略となるのである。向かい合う相手に対する（その相手からは助けられない）利他性がなければ，期間短縮が進まないことが分かる。得られた利他性がそのプレイヤーに配慮するのに必要な最低の利他性を示しており，その値をプレイヤーが超えるならば，現実的に下流に対する関連づけが進むことを事実として提供しているのである。

ここでθ_iの式の性質を考察してみる。分子は相手の仕事を軽減させるための関連づけのために必要な，自身の仕事量の増分であり，これが大きくなればなるほど，高い利他性が必要である。また，分母は関連づけによる軽減する相手の仕事量の現在価値となっている。つまり，相手の仕事量の軽減量が多ければ多いほど低い利他性でよく，小さければ小さいほど，それに抗して，相手をよくすると言う意味で高い利他性がいることを意味じている。つまり，このθ_iは利他性の属性をよく示していると言えよう。

さらに，θ_iとδについて考察する。利他性を直後のプレイヤーのみに働くと仮定したが，実際には全体の効用に対する配慮も関係すると考えられる。エージェントが暇な状況とそうでないときでは，利他性の発揮される値が変化しよう。また，その相手に対する好意や長期的な関係などもこの数値を左右するであろう。δは仕事の継続率である。上の関係は，継続性が1に近づけば，利他性は少なくてすむことになることを示している。このことは繰り返しの状況下においては，支援行動が現れやすいことに対応している[2]。また，筆者はこれを透明性の視点からも考察してみたい。透明性が高まるということは，大勢の関係者がその人のNあるいはY戦略を直接見るということで，時間的な継続性はなくても，空間的に将来関わるかも知れない人を意識せざるをえないという意味で，利他的な行動を起こしやすくすると考える。つまり，支援行動は透明な状況下で促進されると言える。いずれにせよθの値は，複雑な状況によ

って変化し，結局それらを総合した結果として，期間短縮は最長と最短の間の値をとることとなるのである。

2　数千件に及ぶ設計変更はどのように吸収されうるか？

ここからは，具体的な問題に解答を与えていく。

関連づけがある場合とない場合の総仕事量を較べてみる。

・関連づけのないときはどのステージでも変わらず，

総仕事量＝ 10n

・関連づけのあるときは

初回の総仕事量＝ 13 ＋ 10(n － 2)＋ 7 ＝ 10n

2 回目以降の総仕事量＝ 10 ＋ 6(n － 1)＝ 6n ＋ 4

この結果より，n が 5 のときは，68 %の仕事量まで，関連づけがある場合には減少することがわかった。これは，下流工程に対する上流工程の利他性によってもたらされたもので，支援行動が開発期間短縮を実現し，経済合理性を発揮することを示唆している。ここではすべてのプレイヤーが利他性を発揮することにして計算したが，現実は，一部のプレイヤーがその必要となる利他性を超えることになるから，実際の期間は 50 日と 34 日の間になる。

ここで最も開発期間短縮を阻害する設計変更が起こったときの日数について検討する。ステージゲームにおいて，プレイヤー i の仕事に変更が起こると，プレイヤー 1 まで戻ってもとの仕事の 2 割がやりなおされる。しかし，関連づけがついていると，もとの仕事量は 6 割に圧縮されるのだから，変更後の仕事量は 1.2 日分となる。今，k_i をステージゲームにおけるプレイヤー i の平均の変更回数とする。

・関連づけのないときは，プレイヤー i の期待される仕事量は

$10+2\sum_{j=i}^{n} k_j$ となるから，期待される全仕事量は，

$$\sum_{i=1}^{n}(10+2\sum_{j=i}^{n}k_j)=10n+2\sum_{i=1}^{n}ik_i \cdots\cdots(10)$$

・関連づけのあるときは，プレイヤー1の仕事量が10，他のプレイヤーの仕事量が6であるので，期待される全仕事量は，

$$10+2.0\sum_{j=1}^{n}k_j+\sum_{i=2}^{n}(6+1.2\sum_{j=i}^{n}k_j)=6n+4+1.2\sum_{i=1}^{n}ik_i \cdots\cdots(11)$$

ここで，各プレイヤーが1回ずつ変更し，nを5とすれば，関連づけがない場合には，80日，関連づけがある場合には，56日となることが判った。初回のステージに関連づけをする作業を行うとすると，72日となる。このことにより，利他性によって関連づけが進めば，設計変更による日数の増分をかなり減少できることが示唆された。

次にリードタイムの影響をみていきたい。設計変更によって，上流に仕事のやり直しが発生すると，前述の理由で通常取りかかりまでのリードタイムが発生する。その平均を各プレイヤーとも1日とすれば，それぞれの場合で次のような総仕事日数となる。

・関連づけのないときでリードタイムが発生するとき，

$$10n+3\sum_{i=1}^{n}ik_i$$

・関連づけがあり，リードタイムが発生するとき，

$$6n+4+2.2\sum_{i=1}^{n}ik_i$$

・関連づけがあり，リードタイムがないとき

$$6n+4+1.2\sum_{i=1}^{n}ik_i$$

今，nを5，各1回ずつの変更を行うとすると，それぞれの総仕事日数は，95日，71日，56日となる。初回のステージに関連づけをする作業をすると，83日となる。たとえ自分の仕事が入っていても，また，自分がその設計変更に対応しなくても困らないとしても，他者からの仕事を優先的に進めることにより開発期間短縮を大幅に進めることができることが分かった。

ここで，136ページで定義した支援関係度と期間短縮の関係について

検討してみよう。

各エージェントが，1回の変更が0.4割の仕事量で，5回の変更に対して何回相手の変更に対する支援行動を取るかという点から算出してみよう。たとえば，20％支援関係度とは，各人の変更回数の2割に限って，相手の仕事を優先し，また関係づけもどこか一つの関係がついている場合を想定している。これは定性的で正確ではない。もう少し厳密に言うと，変更に伴う総仕事量と総リードタイムの内，何割に利他性が発揮されて行われたかを表す度合いがを，支援関係度 Si（S は Support の S）である。リードタイムを1日とすれば，

総仕事量＝

$$(1-S_i)10n+S_i(6n+4)+0.4(1-S_i)\sum_{i=1}^{n} ik_i+0.24S_i\sum_{i=1}^{n} ik_i$$

$$+(1-S_i)\sum_{i=1}^{n} ik_i=(4-4n-4.16\sum_{i=1}^{n} ik_i)S_i+1.4\sum_{i=1}^{n} ik_i+10n \cdots\cdots (12)$$

と表される。これを図示すると，図3-4となるのである。この図から分かる最大のことは，支援行動が増えれば，つまり各エージェントの利他性が高まれば，飛躍的に期間短縮が進んでいくということである。

［注］

1　チームの理論で考えると、すべてのプレイヤーが同じ利得構造（全体の時間短縮）をもつとみなせる。しかし現実には、働き手はそれほど全体主義的には動いていない。今日の働き手はまず仕事の局面では個人主義的に考えて行動している。なぜならば全体の文脈は一人ひとりには与えられていない。したがって、チームの理論は有効ではない。現実妥当的な線は働き手がまず個人主義的に行動し、その上で自身から見える、近接するプレイヤーへの利他性を考えるというものになっている。

2　190ページで述べたように、時間的継続性と空間的透明性は等価である。継続確率が高いと支援が進みやすいということは、空間間の透明性が高いと支援が進みやすいということと同義である（2001c）。